新编教师口语

XINBIAN
JIAOSHI KOUYU

江立员　雷意群　主编

苏州大学出版社
Soochow University Press

图书在版编目(CIP)数据

新编教师口语/江立员,雷意群主编. --苏州：
苏州大学出版社,2023.11
 ISBN 978-7-5672-3869-5

Ⅰ.①新… Ⅱ.①江… ②雷… Ⅲ.①教师—口语
Ⅳ.①H193.2

中国国家版本馆 CIP 数据核字(2023)第 207508 号

书　　名：新编教师口语

主　　编：江立员　雷意群
责任编辑：周建兰
助理编辑：刘琛瑶
装帧设计：刘　俊
出版发行：苏州大学出版社(Soochow University Press)
社　　址：苏州市十梓街1号　邮编：215006
印　　装：苏州市深广印刷有限公司
网　　址：www.sudapress.com
邮　　箱：sdcbs@suda.edu.cn
邮购热线：0512-67480030
销售热线：0512-67481020
开　　本：787 mm×1 092 mm　1/16　印张：17.5　字数：373 千
版　　次：2023 年 11 月第 1 版
印　　次：2023 年 11 月第 1 次印刷
书　　号：ISBN 978-7-5672-3869-5
定　　价：56.00 元

凡购本社图书发现印装错误，请与本社联系调换。服务热线：0512-67481020

编写说明

党的二十大报告提出:"坚持为党育人、为国育才,全面提高人才自主培养质量,着力造就拔尖创新人才,聚天下英才而用之。"《教育部关于大力推进教师教育课程改革的意见》(教师〔2011〕6号)提出:"要围绕培养造就高素质专业化教师的目标,坚持育人为本、实践取向、终身学习的理念,实施《教师教育课程标准(试行)》,创新教师培养模式,强化实践环节,加强师德修养和教育教学能力训练,着力培养师范生的社会责任感、创新精神和实践能力。"教育离不开师资,师范生作为未来基础教育的重要师资,只有具备高尚的师德、广博的知识、扎实的技能,才能成为高素质专业化教师。教师口语是教师的重要技能之一,要想有效提升师范生的口语水平,高校必须改革口语课程教学内容,开发优质的口语课程教材。毋庸置疑,目前出版的教师口语课程教材各具特色,但在实际使用时,多数教材总会让人略感不足,具体表现为以下三点:第一,多数教材将语音部分列入,占据教材的较大篇幅。在极为有限的课时内,既要纠正语音,又要训练口语,无法达到理想的口语教学效果。实际上,多数师范院校的教育类专业开设了普通话课程以解决普通话问题。第二,不少教材章节容量占比不够合理。例如,有的教材虽然设置了交际口语、教学口语、教育口语,但交际口语容量占比超过了一半,教学口语与教育口语容量明显偏低。第三,多数教材虽有口语实训,但均侧重于课堂练习,缺乏学生在课后进行自主实训的练习,更无经典性的范例赏析。鉴于此,编者新编了该教材。相对于其他口语教材,本教材具有以下三个特点:

一、体系编排相对完整,章节设置相对合理

作为一个社会人,教师必然要与形形色色的社会人打交道,以充分利用各种教育教学资源,这就需要具备良好的交际口语;作为一个教学者,教师只有懂得如何使用教学口语,才能有效进行课堂教学;作为一个教育者,教师除了课程教学外,还要负责育人工作,只有正确使用教育口语,才能事半功倍。据此,编者将全书编为三篇。上篇为交际口语,共分四章,包含交际口语概述、交际口语技巧、交际口语类型、教师职业交际口语,其目的在于提升师范生的交际口语能力,以建立良好的人脉资源。中篇为教学口语,共分四章,包含教学口语概述、教学口语的表达方式、教学环节的口语、不同学科的教学口语,其目的在于指导教师在课堂上根据一定的教学任务,针对特定的学习对

象，使用规定的材料，按照一定的教学方法，在有限的时间内，为达到某种预期的效果而如何使用有效的教学口语。下篇为教育口语，共分三章，包含教育口语概述、常用教育口语和教育口语的综合运用，其目的是指导教师面对形形色色的学生，针对他们的行为习惯、品格品德，如何使用立竿见影的教育口语。三篇内容互为补充，形成了一个完整的知识体系。

二、理论阐述求精求少，示例简析有效印证

现行不少口语教材理论阐述过于艰深而繁琐，有些教材理论讲述偏多，纯理论的口语知识介绍并不利于学生掌握口语的运用技巧。本教材完全基于大学生应掌握的理论够用且实用的理念，对理论的阐述力求少而精，以清楚、生动、有效为原则。尽量克服众多口语教材重理论、轻实训的通病，几乎在每一个知识点解析后，用一个较为典范的示例来加以有效印证，全书示例累计二百多个。众多的示例及简析，能加深学生对口语知识的理解和对口语技巧的掌握。本教材从字数而论，示例和实训材料两者占全书的三分之二左右，充分展示了重实训的教材编写理念。

三、能力训练独具一格，课堂课后互为补充

教师口语是门技能课，实训应作为该课程的主要任务。现行不少口语教材对口语能力的训练重视不够，训练量不大，训练方式少，训练渠道有限，而且仅限于课堂训练。本教材特别重视能力的训练，在每种能力、每个重要知识点讲解之后均安排了合理的训练。本教材的训练设置了实训平台。该平台分三个栏目，其一为课堂实训，即每完成一项教学任务后，均有相应的验证性的课堂训练；其二为课外实训，即将训练拓展延伸到课外，这种迁移性的训练能充分发挥学生学习的主观能动性；其三为他山之石，即借助较为经典的成功范例，让学生在课余时间进行巩固性的阅读和反思。能力训练体系具有较强的逻辑性。

编者从事教师口语一线教学十余年，在参考诸多编著的基础上完成此教材的新编。江立员负责教学口语与教育口语的编写，雷意群负责交际口语的编写，全书由江立员统稿。由于水平有限，该教材必然存在诸多缺陷，希望使用本教材的师生提出批评建议。我们将竭诚听取意见，不断修订，使之更为完善。本书引用的相关案例等资料，大部分已标明出处，仍有少数无法与原作者联系，故未标注。敬请作者见书后来函来电，我们将按有关规定作出妥善处理，在此亦表示诚挚的歉意和衷心的感谢！

编者

2023 年 6 月 19 日

目录

上篇　交际口语

- **第一章　交际口语概述** / 3
  - 一、交际口语的概念 / 3
  - 二、教师交际口语的特点 / 5
  - 三、交际口语的能力构成 / 7
  - 四、学习交际口语的意义 / 15
- **第二章　交际口语技巧** / 19
  - 一、交际口语的运用原则 / 19
  - 二、交际口语的言语表达 / 22
  - 三、交际口语的体态语 / 30
  - 四、交际口语的礼仪 / 39
  - 五、口语交际时的心理障碍 / 47
- **第三章　交际口语类型** / 60
  - 一、交谈 / 60
  - 二、即兴讲话 / 67
  - 三、即兴演讲 / 70
  - 四、日常辩论 / 78
  - 五、讲故事 / 84
- **第四章　教师职业交际口语** / 94
  - 一、与家长沟通 / 94
  - 二、与领导沟通 / 106

三、与同事沟通 / 108

四、与社区人员沟通 / 110

中篇　教学口语

- 第五章　教学口语概述 / 121
  - 一、教学口语的内涵 / 121
  - 二、教学口语的特点 / 121
  - 三、教学口语的作用 / 124
- 第六章　教学口语的表达方式 / 129
  - 一、复述 / 129
  - 二、描述 / 133
  - 三、解说 / 135
  - 四、评述 / 137
- 第七章　教学环节的口语 / 147
  - 一、导入语 / 147
  - 二、讲授语 / 151
  - 三、提问语 / 155
  - 四、评价语 / 158
  - 五、应变语 / 161
  - 六、过渡语 / 166
  - 七、结束语 / 169
- 第八章　不同学科的教学口语 / 184
  - 一、文科学科的教学口语 / 184
  - 二、理科学科的教学口语 / 190
  - 三、技能学科的教学口语 / 196

下篇　教育口语

- 第九章　教育口语概述 / 209
  - 一、教育口语的内涵 / 209
  - 二、教育口语的特点 / 209

三、教育口语的策略 / 216

- 第十章 常用教育口语 / 220
    - 一、表扬语 / 220
    - 二、批评语 / 224
    - 三、说服语 / 228
    - 四、启迪语 / 231
    - 五、暗示语 / 234
    - 六、激励语 / 237

- 第十一章 教育口语的综合运用 / 251
    - 一、个别教育谈话 / 251
    - 二、群体教育谈话 / 258

- 主要参考书目 / 268

上篇

交际口语

马克思曾经说过:"人是各种社会关系的总和,每个人都不是孤立存在的,他必然存在于各种社会关系之中。"(《关于费尔巴哈的提纲》)如何理顺这些关系、如何提高工作效率和生活质量就涉及交际能力,良好的交际能力是打造良好的人际关系的基石。作为教师,交际的主要对象是学生,但也必然要与社会各阶层人士,包括家长、领导、同事及各行人员进行交际。要想建立良好的人际关系圈,在自己身边形成一种团结友爱、朝气蓬勃、充满正能量的交际环境,交际主体除了需要具备健康的身心、有趣的灵魂和敏捷的思维外,还需要具备较高的交际口语能力。交际口语是教师职业口语的重要组成部分。教师交际口语能力不是一般意义上的口才,它是教师修养、智慧、知识、心理、思维及素养的综合反映。本篇主要从交际口语概述、交际口语技巧、交际口语类型、教师职业交际口语四方面进行介绍,并设计能力实训,以帮助大学生在校期间锤炼良好的交际口语能力。

 交际口语概述

一、交际口语的概念

(一) 什么是口语

语言是人类重要的交流工具,是人类区别于其他动物的重要标志之一。语言主要分为口头语言和书面语言。后面还要介绍到体态语。

口头语言简称口语,特指我们日常生活中大量运用的口头语言。广义的口语是指有声语言,那些经过修饰加工又经人们读出来的,如发言稿、演讲稿等,虽然间或保留了口语的特点,较为通俗、易懂、生动、活泼,但已经是介乎口语与书面语之间的语体了。狭义的口语,一般指那些停留在人们口头、未经过加工的语言。口语是最早被人类普遍应用的语言形式,也是人们使用最频繁、最广泛的交际手段,是人们生活中不可缺少的重要组成部分。

口语与书面语言相比,更加通俗易懂、灵活多变、生动自然,更具浓郁的生活气息,更为贴近人们的生活实际。例如,从语音的角度来说,口语中的语调、语气极富表意性和表情性。说话人往往可借助语调、语气的变化来表达丰富的感情和语意。有时候使用相同的词语,由于语调的高低、长短、强弱不同,也能表达出不同的感情和语意。

(二) 什么是交际口语

交际口语,是指以口语为载体,实现人与人之间交往的语言活动。具体来说,就是交际双方为了特定的目的,在特定的语境中,运用口头语言和适当的表达方式传递信息、交流思想和表达感情的双向互动的言语活动。它一般由以下四个要素构成:

1. 交际主体

交际主体是指交际的参与者,即从事交际活动的个人或团体。其中的团体指各种政府或民间组织,当然也包括媒介组织。交际口语是一个涉及交际主体的互动过程,包括信息表达者的话语选择和信息接收者对话语的理解,少了任何一方都不能构成交际活动。就完整的交际过程来说,交际中表达者和接收者都是交际的参与者,且双方表达和接受的地位随时变换。所以,严格地说,交际的双方都应当视为交际主体。

2. 交际目的

交际口语是一种有意识的活动,无论涉及什么内容,也无论采取什么方式,都是为了实现特定的交际目的而进行的,脱离目的的交际活动是不存在的。即使日常生活的闲

聊也是有某种目的的：或陈述一种事理，希望对方明知；或表达一种请求，期望对方帮助；或提出一个问题，期待得到解答；或抒发一种情感，希冀引起共鸣；等等。不同的交际目的制约着人们的交际行为，只有实现了一定目的的交际活动才是有意义的活动，才称得上是成功的交际活动。

3. 交际环境

交际过程中语言使用的环境称为语境。语境有广义和狭义之分。狭义的语境也叫小语境，仅指谈话主题和上下文，上下文在口语里则表现为前言后语。广义的语境也叫大语境，还包括交际时的社会环境、自然环境及交际场合的各种有关因素，例如时间、地点、条件、交际目的、对象、交际者的素质等，甚至还包括语言表达时的眼神、表情、手势、姿态等。不同的时间、不同的背景、不同的对象都会产生不同的语境。因此，在交际口语中，我们应巧妙地借助语境将话语引向预设目标。比如，选择恰当的时间和地点，关注环境对人的情绪、心理的暗示，等等。

4. 交际载体

交际载体，即人们说的话，简称话语。它是指在特定的语境中人与人之间沟通的具体言语行为。要使交际能够顺利进行，交际双方的语言在语法上是可行的，在语义上是可通的，在语用上是恰当的。交际口语的实践，就是交际主体根据对自己角色和语境的认识，去选择和组织自己的话语，以实现自己交际目的的过程。

当然，在用口语进行交际的过程中，交际主体、目的、语境和话语互为一体，综合发挥着作用，不能简单地把它们割裂开来，这样才能将交际口语升华到理想阶段。

【示例】 一位顾客来到商店，要给年迈的母亲买一个血压计作为生日贺礼，但又觉得价格有点高，他便和老板讨价还价。老板抓住顾客必须买寿礼的心理，说："送老人的东西哪能专挑便宜的，关键是要体现孝心。"顾客毫不含糊地回敬道："确实，重要的是孝心，但假如我以这个高价买回去，她老人家的血压可能也降不下来了！"老板听后同意略降一些价，生意终以八折成交。

【简析】 在这个案例中，交际主体是顾客和店老板，交际目的是实现血压计买卖交易，交际环境是在商店。在交际过程中，交际载体即双方的话语各有千秋：顾客嫌东西贵，便与老板讨价还价。老板抓住顾客送寿礼，不要贪便宜，要体现孝心做文章，想说服对方高价买下血压计。而顾客便不含糊地回敬："确实，重要的是孝心，但假如我以这个高价买回去，她老人家的血压可能也降不下来了！"充分利用以子之矛攻子之盾和联系实际的策略，使老板自陷泥潭，两人的市场交易地位趋向于平等，实现双赢。

(三) 什么是教师交际口语

教师交际口语研究的对象是教师在人际交往中使用的语言，即教师因各种目的需要，在各类社会活动中，与学生、家长、领导、同事及其他社会人员进行交流沟通所运用的口头语言。作为职业交际口语的一种，教师交际口语既包含了一般交际口语的共性特点与要求，又具有教师工作口语的个性特点与要求，即它既要体现语言的规范性、科学性和教育性，也要展示教师作为教育工作者所应有的高尚的情感情趣、丰厚的文化底蕴、良好的沟通能力。

二、教师交际口语的特点

教师交际口语不同于在教学过程中使用的教学口语、教育口语，它是教师在直接性的教育教学活动之外，以教师身份参与其他工作或生活时使用的口语。由于其面对的对象主体是学生群、家长群，同时又兼及其他民众群，因此具有一般交际口语的特征。

（一）规范性

教师的一词一句一腔一调都是他人模仿的对象、学习的范例。如果说教师的行动是无声的语言、有形的榜样，那么教师的语言就是有声的行动、无形的楷模。教师用规范的口语影响着他人，对提高全社会的语言素质有重要意义。教师口语的规范性主要体现在以下几方面：使用标准或比较标准的普通话，发言准确清晰，语调自然流畅；用词规范恰当，表达得体，语义连贯；语法符合现代汉语的习惯，逻辑性强；态势、语气适时适度。此外，它还要受其他社会规范的制约，即教师所说的话应当符合国家的政策法规、道德标准和社会主义的教育方针等。

【示例】　豆豆学奥数觉得很累，也怕听不懂课被同学取笑，豆豆妈妈为此请老师指点迷津，老师说了这样一番话："每个孩子都有自己适合的学习领域，正确的定位很重要。许多学生可以把数学课本学得很好，但是学习奥数怎么也入不了门！每个人的学习特长不同，无可厚非，不能由此贴上'聪明'或'愚笨'的标签。在这样一个拐点上，有些孩子会选择放弃，从此与奥数无缘；有些孩子以坚强的毅力继续学着，也许永远不能达到奥数学习的最高境界，痛苦而艰难地付出着。每一种选择都有自己的理由，没有好坏之分。若换作是我，我会这样做：我不会让他选择放弃，因为我不想过早地让他觉得自己的学习中存在盲点，而且确实也不是盲点。我会问问豆豆：今天学了什么？哪些地方学得特别好？哪些地方没看懂？帮他一起分析。我会每天告诉他，他比昨天又有了新的进步，别的同学上课能有出色的表现，是因为他们在课外学了很多，我们现在起步，只要肯努力，也可以跟上、超过他们。我会每天和他一起分析上课的表现：今天注意听课了吗？今天努力倾听别人的发言了吗？今天遇到新问题积极地想方法解决了吗？……我想，关注这些，要比关注知识本身对孩子更有帮助！但是，不要告诉他，数学很难，这种标签会给孩子带来永远的阴影。"

【简析】　这位老师的这番话很好地体现了教师交际口语的规范性。教师的表述清晰准确，语言通俗易懂，充分考虑到了家长的接受水平；对孩子情况的分析入情入理，针对性很强；以平等的态度与家长交流，充分体现了教师先进的教育理念，并从中折射出教师对教育事业的满腔热爱，也充分展示了良好的教师形象。

（二）互动性

互动性，是指在交际活动中，交际双方相互配合、听说互动。因为交际口语活动需要在个体与个体之间、个体与群体之间进行。交际双方只有不停地发出信息，实现良性互动，交际活动才能持续下去。即使是独白体说话，比如讲故事、演讲等，虽然以一方说话为主，但如果倾听的一方不予配合，双方的情感、态度等各种信息的交流与沟通就无法顺利实现，说话者也很难将话题继续下去。

【示例】 某小学举行作文竞赛，小赵的作文获得第一名。他在颁奖大会上声情并茂地朗读这篇作文时，忽然台下有人高喊："哼，那篇作文是抄来的！"顿时，台下大乱。同学们交头接耳，谁也拿不准是真是假。这时，小赵在台上突然大声说："是的，是我抄的。"此言一出，全场哗然。比赛检审组的老师当即表示："竞赛是公平、公正、公开的，如果查实文章是抄来的，是要取消获奖资格的。"全场又是一阵骚动。这时，小赵坦然地说："文章里写的下岗女工，就是我的母亲，真人真事，真名真姓，近在咫尺，可访可查！不过，这位同学讲得也不错，因为家里穷，买不起电脑，我的参赛作文确实不是电脑打印出来的，而是我手抄的！是经过我深思熟虑打好腹稿，写成草稿再做润色之后，工工整整抄好交来的！（小赵出示他的作文）难道有什么不对吗？"一阵静默之后，全场爆发出热烈的掌声。

【简析】 台下人、比赛检审组的老师、小赵等三方围绕着话题"作文是不是抄袭的"进行了交流。针对台下人的质疑、老师的发言，小赵一一予以回应，互动性强，交际的气氛也由哗然、骚动、静默而至热烈。

（三）生动性

生动性，是指词句具体形象、活泼生动。生动的语言能唤起听者的想象，使人如临其境，如闻其声。教师可以借助一些修辞手法，让形象具体可感地呈现在听者面前。此外，还要充分利用语音媒介，用摹声手法模仿声音、模拟声响，声情并茂地与人交谈，情动于衷而言于表。当然，还可借助于得体的态势语来辅助口语表达，用姿态、表情、目光、动作来增强口语表达的效果。说生动的话是教师树立良好形象的重要表现形式。

【示例】 一位经济学家应邀到某市讲学，并同当地政府官员座谈。当谈到"转变政府职能"问题时，他说："我先给你们讲个故事吧：汉朝有个贤明的宰相叫丙吉，一天到长安城外视察，看到城边有人打架，其中一个被打得奄奄一息，守城的军士正赶去现场处理。丙吉对随从说：'不要管他，绕道而行。'不久，丙吉又看到路边有一头牛卧在地上大口大口地喘气，他连忙跑过去察看。有人批评他：'你这个宰相真不称职，人断气你不管，却去管牛喘气！'丙吉说：'打架斗殴这种事，该地方官员去管。我身为宰相，不能越权过问。宰相应该管全局性的事，现在天气还不热，便有牛卧在地上大口喘气，我怀疑是闹瘟疫，一旦瘟疫流行，那可是天下黎民百姓的大事呀！'现在转变政府职能，就要像丙吉那样有所管、有所不管才对。打架斗殴，派出所管；防治疾病，市政府就要管喽!"

【简析】 "人奄奄一息"对个人而言是大事,但对全局而言是小事,丙吉不该去管;"牛喘气"看似小事,实际上是关系百姓健康、社会稳定的大事,丙吉发现苗头一管到底。经济学家本来也可以用抽象思维的方法,对干部讲讲大道理,但他把形象思维的方法运用到交谈中,用这个具体生动的故事,类比说明政府转变职能"有所管有所不管"的道理。交际语言通俗、生动、风趣,具有很强的针对性和说服力。

(四)情感性

情感性,是指教师在与人进行言语交流时要富有情感。教师在不同的工作语境中交际对象众多而复杂:年龄有长幼之分,知识水平、思想境界有高下之分,心情、处境有好坏之分,等等。这就要求教师进行交际时,要考虑不同对象的可接受性,针对具体情况、具体对象,恰当地调整交际策略,选词用语或浅或深,表达方式或曲或直,口语风格或俗或雅,其总前提是充满感情。说动情的话是教师高素质的体现。

三、交际口语的能力构成

交际能力这个概念,最早是由语言学家海姆斯提出的,他认为语言能力不仅仅是语法能力,还受心理因素和社会文化的影响。这种交际能力除了要拥有语言知识外,还要拥有语言实践的能力,即根据环境、目的、说话对象的不同而变换语言交流方式。因此,交际口语能力是指交际双方在一定的语言环境中,运用语言接收、传递信息的能力。作为具有良好公众形象的教师,要用好交际口语,必先了解交际口语的能力构成因素。

(一)倾听能力

有一份非常有意义的报告显示:当人们清醒的时候,有70%的时间用于交流。其中,9%用于写,16%用于阅读,30%用于说话,45%用于倾听。可见,倾听是沟通技巧中非常重要的一部分。中国有句古话:"听君一席话,胜读十年书。"心理学家一再强调,在说之前,先学会听。可见"听"在交际口语中具有重要的作用。很多情况下,交际中友谊的建立是由倾听开始的,只有学会倾听,才能加深人与人之间的理解,密切人际关系。有时候交际失败的原因,常常不在于说错了什么,而是因为听得太少,或者不注意听所致。那么如何学会倾听呢?

1. 保持专注

在交流过程中,要聚精会神、全神贯注地听对方讲话,要对说话者的说话表示极大的兴趣,不做无关的动作,不想其他的事情,做到耳到、眼到、心到,用眼睛去观察,用心去体会,不分心,不走神。即使身边比较嘈杂,有让自己感兴趣的事情发生,也应该静下心来注意倾听对方的话。只有这样,才能够把握住对方所谈的内容,才能真正体会他人的感受。正如卡耐基所说的:"成功的交谈,并没有什么神秘的。专心地注意那个对你说话的人,是非常重要的。"

【示例】 有一位著名的节目主持人在一个谈话节目中,设置了这样一个情景:一架飞机满载乘客,飞行途中没油了,可飞机上只有一项降落伞。他问参与节目的孩子:"你看这伞给谁用?"孩子几乎不假思索地回答:"给我自己用。"这时,台下一片骚动,不少观众在窃窃私语:多么自私的孩子啊!可是主持人没有急于下定义,而是蹲下身子,脸带微笑,耐心地问孩子:"为什么呢?"然后聚精会神地倾听孩子的解释。孩子满脸泪水,但却清晰地说道:"我还会回来的呀!我跳下去,找到油后,回来救飞机上所有的人。"主持人闻言,脱口而出:"多好的孩子啊!"台下片刻寂静之后便发出了一阵热烈的掌声。

【简析】 该主持人是一个善于倾听的人,正是因为他的细心让大家听到了一个幼小躯体里高尚灵魂的独白,也让那些当初给予孩子评判的人感到惭愧。一个优秀的交谈者是个能够蹲下身子、善于倾听的人。这也就是说倾听不只是用耳朵听,更要用心听。

2. 积极回应

在交际过程中,倾听者对所听的内容应作出积极的反馈。一方面,在口头语言上要作出恰当回应。如果没有理解,或是想得到更多的信息,或想澄清一些问题,等等,应该在适当的情况下让对方知道。这样做,既让对方感觉到你的确在听,又有利于自己继续倾听。例如,对某句话没听清楚,可以对对方说:"刚才这句话,我没听太清楚,麻烦您能再说一遍吗?"如果发现讲话者偏离了谈话的主题,可以及时地给予提醒,如"刚才您说的那点很好,那么,后来呢"之类的话语引导对方转入正题。另一方面,运用肢体语言做恰当的回应。如靠近说话者,身体前倾,目光接触,展现赞许性的点头或恰当的面部表情等,通过体态语言,表现自己倾听的积极态度,让对方真真切切地感受到自己的耐心与细心。例如,赞成对方说话时,可以轻轻地点点头;对他所说的话感兴趣时,可以展露你的笑容;对方情绪低落时,可以跟着叹气;等等。总之,要让自己的体态语成为对方畅所欲言的动力。

【示例】 小卢是个单亲家庭的孩子,父亲几年前因病去世,母亲含辛茹苦把他带大。母亲文化不高,为了生计又整天忙碌着,平时在学习上对小卢的管教显得力不从心。小卢养成了做事懒散的坏习惯,经常不完成作业,成绩非常糟糕。班主任雷老师决定家访,找他妈妈谈谈。

刚进小卢家门,他妈妈就着急地问:"孩子是不是又没有做作业啊?"看来,妈妈早有心理准备。"没有啊!"雷老师看着妈妈一脸无奈着急的样子,把到嘴边的话又咽了回去,说:"小卢最近学习有进步,今天我想给他补补课,可他没有什么复习资料。我今天来,就是和您商量一下,给他买些复习资料。"小卢妈妈听了,似乎有些怀疑,但非常高兴。雷老师继续说:"小卢的基础较差,要再好好补补课,成绩一定会上去的。"小卢妈妈马上说:"那请老师多费心了!买什么资料,我也不懂,请您帮忙买一些啊！"说完就准备进屋拿钱。雷老师忙拦住说："不急不急，买来了您再给钱啊！"雷老师又接着说："您以后可得在学习上多关心关心孩子啊。我知道您一个人抚养孩子很辛苦，家里家外有一大堆的事情。可我们的辛苦都是为了孩子，孩子学习不好，再辛苦有什么用呢！"小卢妈妈不住地点头，雷老师又抓住机会说了些孩子的优点，让他妈妈相信，只要教育跟上了，他也会是出色的孩子。自从这次家访后，孩子的学习态度有了很大的转变，每天都能按时上交作业，质量也有所提高，学习成绩慢慢提高了。

【简析】 这次家访，雷老师与家长的交谈做到了见机而行，灵活地调整了交谈的内容，注意了家长的反应，对家长的言行做出了积极的回应，沟通效果非常理想。如果雷老师一进家门，不关注家长的反应，只顾数落家长对孩子的不重视，不配合学校教育孩子，效果肯定不会理想。

3. 筛选辨析

日常交际口语是零碎复杂的，有时候有较多的无效信息。这就需要听者善于从零碎的言语材料中筛选出重要的、正确的、对自己有用的信息。具体策略有三点：首先，要听清全部的信息，然后抓住说话者关键的、重要的、有意义的内容，整理出一些关键点和细节，并时时加以回顾；其次，要运用已有的知识和经验，结合具体的语境，对所听到的内容进行思考与辨析，以甄别内容的真假、正误；最后，还要善于揣摩说话人的神态、动作、语气等因素，捕捉话语背后的隐含信息，听出其言外之意、弦外之音，进而领悟话语的真正内涵和说话者的真实意图。

【示例】 美国汽车推销之王乔·吉拉德曾有过深刻的体验。一次，某位名人来向他买车，他推荐了一种最好的车型给他。那人对车很满意，并掏出 10 000 美元现钞。眼看就要成交了，对方却突然变卦而去。乔为此事懊恼了一下午，百思不得其解。

到了晚上 11 点他忍不住打电话给那人："您好！我是乔·吉拉德，今天下午我曾经向您介绍一部新车，眼看您就要买下，却突然走了。"

"喂，你知道现在是什么时候吗？"

"非常抱歉，我知道现在已经是晚上 11 点钟了，但是我检讨了一下午，实在想不出自己错在哪里了，因此特地打电话向您讨教。"

"真的吗？"

"肺腑之言。"

"很好！你用心在听我说话吗？"

"非常用心。"

"可是今天下午你根本没有用心听我说话。就在签字之前，我提到犬子吉米即将进入密歇根大学念医科，我还提到犬子的学科成绩、运动能力以及他将来的抱负，我以他为荣，但是你毫无反应。"

乔不记得对方曾说过这些事，因为他当时根本没有注意。乔认为已经谈妥那笔生意了，他不但无心听对方说什么，反而在听办公室内另一位推销员讲笑话。这就是乔失败的原因：那人除了买车，更需要得到对于一个优秀儿子的称赞。①

【简析】 乔·吉拉德对顾客夸奖儿子的自豪之情表现迟钝，毫不在意，是因为他眼里只有生意，觉得其他的一切都是闲话，不愿认真去听，而恰恰是这些看似无关紧要的闲话，承载着顾客的自豪感，也是成就生意的关键。认真倾听他人讲话，当他的忠实听众，当他被尊重的渴望得到满足时，才会回过头来满足你。

（二）思维能力

古人说："言为心声。"这里的"心"指的就是思维活动。一个人言语表达能力的高低，交际目的的达成与否，均与他的思维能力息息相关。思维被认为是口才的灵魂。只有思路清晰，才能行云流水，口若悬河；只有思维严谨，才能滴水不漏，无懈可击；只有思维新奇，才能出口成章，妙语惊人；只有思维敏捷，才能左右逢源，应对自如。想要提高交际口语的能力，就必须从发展思维能力入手。交际口语中常用的思维能力主要有以下几种：

1. 形象思维

形象思维，是指凭借头脑中储存的表象，以想象和联想为基本手段，通过生动的形象创造来揭示事物的本质及内在规律的一种思维能力。其特点兼备形象性、完整性和跳跃性。这种思维方式在交际口语中具有很强的应用效果。爱因斯坦曾说："我思考问题时，不是用语言进行思考，而是用活动的、跳跃的形象进行思考，当这种思考完成以后，我要花很大力气把它们转换成语言。"

2. 逆向思维

逆向思维，又叫反向思维，是指在解决问题时，利用事物的因和果、前和后、作用与反作用相互转换的原理，由果到因、由后到前、由反作用到作用的反向思考，以达到认识的深化或获得创新成果的一种思维能力。实践证明，逆向思维是一种重要的思考能力。一个人的逆向思维能力，对于他的创造能力及解决问题的能力具有非常重大的意义。在交际口语中，以逆向思维立论，话语内容常常会出新意。常规思维难以解决的问题，通过逆向思维却可能轻松破解。

【示例】 孙膑是战国时著名兵家，至魏国求职，魏惠王心胸狭窄，妒其才华，故意刁难，对孙膑说："听说你挺有才能，如果你能使我从座位上走下来，就任用你为将军。"魏惠王心想："我就是不起来，你又奈我何？"孙膑想："魏惠王赖在座位上，我不能强行把他拉下来，把魏王拉下座位是死罪。怎么办才能让他自动走下来呢？"思忖片刻，孙膑对魏惠王说："我确实没有办法使大王从宝座上走下来，但是我却有办法使您坐到宝座上。"魏惠王心想，这还不是一回事，我就是不坐下，你又奈我何？便乐呵

---

① 谌基财，易宵，张婉璐. 素质教育读本3［M］. 上海：上海交通大学出版社，2020：19.

呵地从座位上走下来。孙膑马上说:"我现在虽然没有办法使您坐回去,但我已经使您从座位上走下来了。"魏惠王方知上当,只好任用他为将军。①

【简析】 对于魏惠王的故意刁难,孙膑从容应对,通过逆向思维,将"由坐再立"与"由立再坐"作交换性思考,促使魏惠王变"赖在座位上"为"从座位下来"。

3. 发散思维

发散思维,又称辐射思维、放射思维、扩散思维或求异思维,它是从一个目标或思维起点出发,沿着不同方向,顺应各个角度,提出各种设想,寻找各种途径,解决具体问题的思维能力。它往往能把握问题的特殊性,富于创造性、多向性、灵活性。在交际口语中具备这种思维,常常能起到由此及彼、触类旁通、举一反三、闻一知十的效果。

【示例】 有一个营销经理想考考手下,就给他们出了一道题——把梳子卖给和尚。

第一个人出了门就骂,和尚都没有头发,还卖什么梳子!他找个酒馆喝起了闷酒,睡了一觉,回去告诉经理,和尚没有头发,梳子无法卖!经理微微一笑,和尚没有头发还需要你告诉我?

第二个人来到了寺庙,找到了和尚,对和尚说:"我想卖给你一把梳子。"和尚说:"我用不上。"那人就把经理布置的作业说了一遍,说如果卖不出去,就会失业,你要发发慈悲啊!和尚就买了一把。

第三个人来到寺庙卖梳子,和尚说:"真的不需要。"那人在庙里转了转,对和尚说:"拜佛是不是要心诚?"和尚说:"是的。"那人说:"心诚是不是需要心存敬意?"和尚说:"是的。"那人说:"你看,很多香客很远来到这里,他们十分虔诚,但是却风尘仆仆,蓬头垢面,如何对佛敬?如果庙里买些梳子,给这些香客把头发梳整齐了,把脸洗干净了,是不是对佛的尊敬?"和尚觉得话说得有理,就买了十把。

第四个人来到寺庙卖梳子,和尚说:"真的不需要。"那人对和尚说:"如果庙里备些梳子作为礼物送给香客,又实惠,又有意义,香火会更旺的。"和尚想了想,有道理,就买了100把。

第五个人来到寺庙卖梳子,和尚说:"真的不需要。"那人对和尚说:"你是得道高僧,书法甚是有造诣,如果把您的字刻在梳子上,刻些'平安梳''积善梳'送给香客,是不是既弘扬了佛法,又弘扬了书法?"老和尚微微一笑,无量佛!就买了1 000把梳子。

第六个人来到寺庙卖梳子,和尚说:"真的不需要。"那人对和尚说了一番话,却卖出了10 000把梳子。那人说了些什么?他告诉和尚:"梳子是善男信女的必备之物,经常被女香客带在身上,如果大师能为梳子开光,成为她们的护身符,既能积善行善,又能保佑平安,很多香客还能为自己的亲朋好友请上一把,保佑平安,弘扬佛法,扬我

---

① 陈红. 创造学与创新管理[M]. 郑州:河南人民出版社,2015:83.

寺院之名，岂不是天大善事？大师岂有不做之理？""阿弥陀佛，善哉！善哉！"大师双手合十，"施主有这番美意，老衲岂能不从？"就这样，寺院买了10 000把梳子，取名"积善梳""平安梳"，由大师亲自为香客开光，生意果然十分兴隆。①

【简析】 同样是卖梳子，结果却不尽相同。第一个营销员空手而归，理由是到了庙里，和尚没头发，不需要梳子，所以一把都没有卖掉，这是凡人的单向思维；第二个营销员靠博取对方的同情心，也只卖出了1把；而第三个营销员虽然卖了10把，却并不比前两位强多少，因为他的意识和思维仍然停留在单向思维的窠臼中，目光只盯着梳子的物理功用；第四个营销员销了100把，已经比前面三位高明了许多，因为他把目光从和尚转向了香客，是一种多向思维；第五个营销员不仅能够让顾客满意，还能迎合顾客心理，结果自然就不会差，卖出了1 000把；最高明的要数第六个营销员了，完全摆脱了梳子—头发—和尚的线性思维模式，赋予了梳子精神价值：积善行善，保佑平安！这样不仅销掉了10 000把，而且还有订货，这就是发散思维创造的奇迹！

4. 集中思维

集中思维，又称聚合思维、求同思维或聚敛思维，是以已有的事实或命题为起点，遵循传统思维逻辑，沿着归一的或单一的方向进行推导，并找到合意的答案的一种思维。这种思维方式与发散思维相互依存、相互补充、相互结合，形成完整缜密的思维体系和程序。

【示例】 亚伯拉罕·林肯是美国的第十六位总统，他在就任总统前，曾经当过律师，接手过著名的阿姆斯特朗案件。

阿姆斯特朗是林肯的一位已故好友的儿子，为人正直善良，却被诬陷为谋财害命的罪犯。全案的关键在于原告方面的证人福尔逊，他在法庭上发誓说：10月18日晚，他在草堆后面，在明亮的月光下，清清楚楚地看见阿姆斯特朗躲在大树后面向被害人开枪射击，打死了被害者。林肯坚信阿姆斯特朗是个无辜者，他在查阅了有关档案后，又实地考察了被害者遇难现场，然后以被告律师的身份要求法庭开庭复审。

在法庭上，林肯问福尔逊："你在草堆后面看见阿姆斯特朗，从草堆到大树有二三十米呢，你不会看错吗？"

福尔逊毫不犹豫地回答："不会错，因为月光很亮。"

林肯又问："你能肯定不是从衣着方面认清的吗？"

福尔逊说："肯定不是。当时，月光正照在他的脸上，我清清楚楚地认出了他的那张脸。"

林肯追问道："你能肯定时间是在晚上11点钟吗？"

福尔逊耸耸双肩，答道："毫无疑问。因为我当即回屋看了看钟，那时正是11:15。"

---

① 黄金火. 市场营销学 [M]. 3版. 上海：上海财经大学出版社，2016：222 - 223.

林肯最后问道:"你能担保你说的全是事实吗?"

"我可以发誓!"福尔逊面对林肯和众多的听众,神情有些激动,"我说的全是事实!"

林肯向四周看了看,然后以不容置疑的口吻,郑重地宣布道:"尊敬的陪审官先生们,女士们,先生们,我不能不向大家宣布一个事实:这位福尔逊证人先生是一个地地道道的大骗子!"

法庭内顿时骚乱起来。

"肃静!肃静!"法官威严地喝道。

原告气愤地质问林肯:"请律师先生回答,你有什么证据指责我的证人是骗子?"

林肯微微一笑,不慌不忙地说:"福尔逊先生口口声声说他在明亮的月光下清清楚楚地看到了阿姆斯特朗的脸,可是,请不要忘记10月18日那一天是上弦月,在11点的时候,月亮早已下山了,福尔逊先生是如何看到明亮的月光和阿姆斯特朗的脸的呢?退一步来说,即使是福尔逊先生把时间记错了,月亮还在天上,但在那个时候,月亮是在西天上,月光是从西照射向东的,大树在西面,草堆在东面,被告阿姆斯特朗如果真的是在大树后面,面向草堆,他的脸上是不可能有月光的,福尔逊先生怎么能看到月光照在被告的脸上并认出被告呢?"

法庭内发出一片哄笑声,听众、陪审官员以及法官们都为林肯无懈可击的分析而折服。

证人福尔逊狼狈不堪,他只好供认自己是被人收买来诬陷被告的,阿姆斯特朗被当庭宣告无罪释放。[①]

【简析】 在这个案件中,原告坚称看见阿姆斯特朗躲在大树后面向被害人开枪射击,林肯作为被告律师围绕夜晚辨认问题反复向原告提问,使得其承认当天夜晚11点钟时月光很亮这一事实,然而事实上当晚是上弦月,11点钟时已经没有月亮了。林肯完美地运用集中思维揭穿了伪证人的卑鄙行径,为无辜的阿姆斯特朗洗去了冤屈。

(三) 表达能力

如果说倾听是交际口语的基础,思维能力是交际口语的关键,那么,表达能力则是交际口语的核心。一个人交际口语成功与否最终还是体现在口头表达上。试想,一个思维灵活的人,如果只善于倾听,却不善表达,就像茶壶里的饺子倒不出来,那对自己是非常不利的。在日常交际口语中,表达能力主要体现在以下几个方面。

1. 良好的语音表达能力

口头语言是借助语音及其变化来传情达意的,而汉语语音的变化是比较复杂的,区别又比较细微。要恰当、准确地运用语音来表达,就必须具有较好的语音能力,包括发

---

① 张汝山. 创新与创业思维 [M]. 北京:国家行政学院出版社,2017:116–117.

音准确、音质纯净、音量适中、音调优美、节奏适度、强弱适当等。良好的语音表达能力是口语有效表达的最基础的能力。

2. 快速的语言组合能力

进行交际时，不管是先思考再表达，还是边思考边表达，思维都是表达的前提，人们首先需要通过思维对内部语言进行整合，然后才能转化为外部语言表达出来。其整合得越好，交际就越顺畅。然而在交际过程中，人与人当面交流，不可能有很多准备和思考的时间，要想在短时间内说出既通顺又有条理的话，必须迅速地组织语言，快速地选择词汇，运用恰当的句式和修辞方法表达更完整的意思。可以说，组织语言的速度和能力，将决定口头表达的效果，它是交际口语能力的一个重要组成部分。

3. 得体的举止谈吐能力

与书面交际不同，交际口语更依赖语境，因而也就更强调说话要切合语境。开口前，应能根据不同的对象、不同的场合及不同的谈话内容，说恰当、得体的话。还能根据表达的需要，正确使用礼貌用语，并辅以表情和手势等体态语，加强口语的表达效果。

【示例】 姜同学是某名牌大学的毕业生，到一家中等规模的公司应聘。面试官和颜悦色地说："从你的简历来看，你的能力恐怕超出了我们对这个职位的工作要求吧？"姜同学巧妙地答道："一个公司永远需要好的员工，如果我在这个职位上表现得很好，相信公司会给我更多的新机会。"

面试官又刁钻地问："依你现在的水平，恐怕不难找到条件更好的公司吧？"姜同学诚恳地答道："我认为这个不可一概而论。或许我能找到条件更好的公司，但别的公司或许在人才培养方面不如贵公司重视，机会也未必比贵公司多。我想，珍惜并且把握眼前的最为重要。"

面试官不露声色地接着问："你认为金钱、荣誉和事业哪个重要？"姜同学微微一笑，答道："我认为这三者之间并不矛盾。作为一名受过高等教育的大学生，追求事业的成功当然是人生的主旋律。而社会对我们事业的肯定方式，有时表现为金钱，有时表现为荣誉，有时二者兼有。因此，我认为，我们应该在追求事业的过程中去获取金钱和荣誉，三者对我们都很重要。"

看着面试官满意的表情，姜同学轻轻地嘘了口气。

【简析】 面试是一种特殊的交际。不少面试官会以带有导向性或暗示性的语言将应聘者的思路带进"死胡同"。针对这类问题，应聘者就需要用模糊性语言来沉着应答，抱定主见，拿捏好分寸，不要被面试官"牵着鼻子走"。案例中的姜同学在面试回答问题时，能为公司着想，从事业出发，面对刁难，态度诚恳，从容不迫，思考全面，礼貌地辩证回答，合情合理，显示出其是个有主见、有思想、有良好沟通能力的人。

四、学习交际口语的意义

情商对于现代人意义非凡。全面开放、多元文化的新时代更需要高情商。成功人士大多是善于交际的人。每个人除去传统的血缘交际、师生交际、情缘交际、业缘交际外,更多的还有社会交际。实践证明,善于沟通和交际的教师更容易被人重视、受人欢迎,更能赢得他人的友谊、信任、理解、支持和帮助,事业上也更容易成功。作为未来的人民教师,在校师范生应重视交际口语的学习与训练。

(一)学好交际口语有利于交流信息

教师的知识不仅在于精深,而且还在广博。教师是知识的传授者、文明的传承者。随着互联网的快速普及,各类信息迅猛增长,传播频率日益加快,人们可以随时随地通过电视、网络、书籍、报刊等途径获取各种各样的信息。在此背景下,教师更要走出书斋,步入社会,利用一切可以利用的交际机会,与人交流,互换信息。人们通过口语进行传递和交换信息的方式无法被大众媒体所替代,交际口语是一种便捷、高效、直接、富有情感的传递和交换信息的方式。

首先,交际口语是一种直接的、双向的、互补的信息交流方式,其具体、细致、全面、深入等特点是其他任何一种传递和交换信息的方式所不具备的。比如,定期召开家长会,让家长相互交流教育子女的信息,教师能快捷而又广泛地收集信息、获取经验,从而解决教育教学中的疑难与困惑。其次,教师通过口语进行信息传递和交流,比公众传媒更具有效性、实用性,其主要原因在于公众对教师的信任度高。最后,某些个人的、隐私的、微妙的信息,只能采用会话、问答等口语形式来表达,不适合通过公众传媒来进行交流。总之,借助交际口语,教师能储备各类信息,经过消化、整理,各类信息便能转化为教师个人的知识财富。

(二)学好交际口语有利于交流思想

教师是思想的传播者和创造者。"传道,授业,解惑"是教师的职责。谚语"听君一席话,胜读十年书"说明交际口语在人们思想交流过程中的重要性。人们交流思想的方式多种多样,如阅读、看电视、听广播、浏览网络、互通书信等,但最基础、使用最广泛的交流方式还是交谈。

思想存在于每个人的头脑中,不交流、不沟通,别人就不能够了解你,更谈不上接受你的观点或你的思想。再者,一个人的思想认识总是有局限性的,不可能对什么事情或问题都认识得非常到位、全面、深刻,只有通过彼此间的不断交流,人的思想才会得到相互补充、促进、纠正和提高。萧伯纳曾说过:"你我是朋友,各拿出一个苹果交换,交换后仍然是各有一个苹果;倘若你有一种思想,我也有一种思想,而朋友间相互交流思想,那么我们每个人就有两种思想了。"再者,因职业特点,教师还承担着思想的传播任务,真善美的思想要传播给学生,也要传播给大众。每个人的好思想、好观点、好想法、好建议等，正是通过交际口语被人认识、了解并实现其价值的。"巧言一席，强似雄兵百万"的例子举不胜举。例如，盘庚可算是我国历史上有文字记载的第一个演讲家，他用巧舌之词，阐述了迁都的意义，挽救了政治危机；战国时代的苏秦凭雄辩之才，让六国国君接受其合纵主张，挂起了六国相印，后世传为美谈；三国时代的诸葛亮，舌战江东群儒，终使联吴抗曹的战略思想得到落实，成为千古佳话。

（三）学好交际口语有利于协调人际关系

美国著名学者卡耐基说："一个人的成功，有15%是由于他的专业技术，85%则要靠人际关系和他的为人处世的能力。"亲人之间、家长之间、同事之间、朋友之间等的关系，把握和处理得好，会使家庭和睦、家长信任、同事合力、朋友情深；把握和处理不好，就可能造成亲人反目、家长挑剔、同事离心、朋友交恶。人际关系把握和处理的好坏直接关系到一个人的生活是否安宁幸福，事业是否顺利腾达，社交是否愉快有益，因此，协调人际关系具有重要意义。

良好的协调人际关系能力的一个重要方面就是口语表达。儒家把"言语"（口才）作为培养教育和考察评价学生综合能力的一个重要方面，并将它与德行、政事、文学相提并论。西方哲人把语言视为上帝对人的最大恩惠，卡耐基也提到："如果你口才好，可以使人家喜欢你，可以结交好的朋友，可以开辟前程，使你获得满意的结果……有太多的人因为善于辞令而得到提拔，也有许多人因此而获得了荣誉和厚利。你一生的成败，有一大半是由于说话这种艺术的影响。"[①] 有人说：教师是"吃开口饭的"，所谓"良言一句三冬暖，恶语伤人六月寒"，让所接触的对象感到"暖"还是"寒"，在一定程度上取决于交际口才的优劣。敏于事而讷于言，不符合现代教师的标准。仅有智商而缺乏情商的人难以适应当今社会的发展。

实训平台

一、课堂实训

1. 你认为下列观点是否正确？为什么？

有人认为，真正的好老师都是脚踏实地努力工作的人，那种能说会道的老师靠嘴皮子吃饭，华而不实，不值得效仿。也有人认为，教师只要具备教学、教育口语能力就行了，至于交际口语能力则可有可无。

2. 交际口语的三种主要能力，你感觉比较薄弱或欠缺的是哪种能力？说说在今后的学习与生活中你将如何提升这方面的能力。

---

① 卡耐基. 卡耐基口才全书［M］. 翟文明，编译. 沈阳：万卷出版公司，2008：146.

二、课外实训

在日常生活中，请留意观察并记录善于交际的人的交际口语，分析其特点，与同学分享。

三、他山之石

我尝到了轻视交际的苦果①

1990年我大学毕业，参加了统计委的招聘考试。笔试名列榜首，面试却栽了跟头，一个好机会便与我匆匆擦肩而过。

面试那天，我徘徊在考场门外，我知道十分钟就决定我的命运，心狂跳不停。在学校，我从不敢在全班同学面前讲话，此次笔试第一的桂冠也并没有给我多少自信，总觉得紧张。但又一想，成败在此一举，一定要拿出大学生的样子来。

像喝醉了酒，我软绵绵地走进了考场，说的第一句话是：

"各位老师辛苦了，我看咱尽量快一点，不耽误大家时间。"（我本想恭维一下，但弄巧成拙。在座的考官中，有主任有专家，我算老几？怎么能以领导的口气向考官提出要求呢？）

面试官们发出"哄"的一阵大笑。我觉得好像说得不妥，坐在椅子上，双手不停地颤抖，总感觉几十双眼睛似利箭向我射来，不敢抬头，心跳得更厉害。

"第一个问题：四项基本原则是什么？"

"坚持社会主义道路，坚持人民民主专政，坚持中国共产党的领导，坚持……（沉思一会）记不起来了。"

（主考官把完整答案说一遍后）"你再复述一遍。"

"既然你回答了，我就不用再说了。"

（主考官让我再说一遍，是看我是否记住了，我却认为重复是多余的。我的回答无疑是对主考官的顶撞，是拒绝回答。）

"第二个问题：现在全省向谁学习？"（当时正学丁百元）

"不知道，但我可以学习。"（我确实不知道）

"不知道怎么学习？"

"我好好工作，就是向先进学习。对我来说，学不学都一样。"

（我以为英雄人物的基本精神都是相同的，诸如无私奉献、一心为公、刻苦钻研等，我正向这个方向努力，所以我说学不学都一样。我说的是实话，但别人听后的感觉是：无理狡辩，知之不多，却故步自封，高傲自大。）

……

不用多说，以上几个洋相也够别人谈论一阵子了。几天后，录取名单下来了，没有

---

① 薛项军. 我尝到了轻视交际的苦果[J]. 演讲与口才，1993（11）：17-18.

我。开始我总以为有人走后门,但不断的传闻与事实却证明,领导珍惜人才,两袖清风,善管理,论著颇丰,在全国统计系统也有名气。笔试后对我印象不错,面试后虽觉可惜,但仍将我的名字划掉了。

提高思维能力的五个训练法

1. 推陈出新训练法。当看到、听到或者接触到一件事情、一种事物时,应当尽可能赋予它们新的本质,摆脱旧有方法的束缚,运用新观点、新方法、新结论,反映出独创性。

2. 聚合抽象训练法。把所有感知到的对象依据一定的标准"聚合"起来,显示出它们的共性和本质的思维训练方法。

3. 循序渐进训练法。这个训练对学生的思维很有裨益,能增强分析思维能力和预见能力,能够保证事先对某个设想进行严密的思考,在思维上借助逻辑推理的形式,把结果推导出来。

4. 生疑提问训练法。此训练法是指敢于并且善于对事物或过去一直被认为是正确的东西或某种固定的思考模式提出新观点和新建议,并能运用各种证据,证明新观点或建议的正确性。

5. 集思广益训练法。此训练法是指在一个团体中,大家彼此交流,集中众多人的集体智慧,广泛吸收有益意见,从而达到提高思维能力的目的。

第二章 交际口语技巧

古希腊政治家塔里克斯普曾说:"会思考但不知如何去表达的人,无异于那些不会思考的人。"教师在教育教学活动之外,还要接触很多不同职业、不同身份的人,也会参加各种各样的活动,只有掌握了交际口语的技巧,才能使信息和思想的传递更加顺畅,提高学习、工作效率。本章主要介绍交际口语的运用原则、言语表达、体态语、礼仪及口语交际中的心理障碍等。

一、交际口语的运用原则

美国著名语用学家格赖斯提出,"交际需要遵循一定的原则",他认为在所有的交际活动中,说话人和听话人之间存在一种默契,说话的过程是说话人和听话人共同完成的过程,而不仅仅是说话人单方面的事,这是言语交际的一个重要特征。在交际的过程中,说话人和听话人必须遵循一定的原则,才能共同完成言语交际的全过程。

(一) 合作原则

合作原则是格赖斯在1967年提出的关于言语交际的基本原则。他认为,交际口语是双向活动,必须在说话人和听话人之间展开,为了交际的顺利进行,谈话双方应相互配合。哲学家维特根斯坦也认为:"语言是一种游戏,语言交际者只有共同遵守约定俗成的语言交际规则,才能玩好这场游戏。"① 交谈是双行道,没有回应的谈话是无效的谈话,说话艺术最重要的应用就是与人交谈。因此,交际口语最重要的原则就是合作原则,具体包括:一是交谈双方的目标或方向必须是一致的,目标不一,牛头不对马嘴,交谈无效;二是谈话者双方必须提供准确、明白的信息给对方;三是应使用一致性的双方均能接受的语言。

(二) 礼貌原则

合作原则提出后,英国语言学家利奇等学者发现人们在交谈过程中并不总是遵守合作原则,有时会拐弯抹角,有时会声东击西。利奇认为人们这样说话的原因是出于对对方的礼貌,据此提出了礼貌原则,作为对合作原则的补充。利奇将现实言语交际中的礼貌原则归纳成六条准则,即得体准则、慷慨准则、赞誉准则、谦逊准则、一致准则、同情准则,可简单概括为少损人利己、少贬人扬己,尽量减少双方的反感,尽量增加双方

---

① 康青,舒磊. 教师口语训练教程[M]. 南昌:江西高校出版社,2008:147.

的同情。"叫人不蚀本，只要舌头打个滚""礼多人不怪，无理路难行""君子不失足于人，不失色于人，不失口于人""敬人者，人恒敬之；恶人者，人恒恶之""礼貌是人类共处的金钥匙"等俗语教导人们要知礼用礼。运用礼貌语言，是有教养的表现、文明的表现，它能够展现教师良好的个人修为和交际态度，为人际交流奠定良好的基础。

【示例】 世界著名导演希区柯克有电影"悬念大师"的美誉。在他80岁大寿那天，他前去参加好莱坞为他举行的祝寿酒会。途中，年迈体弱的希区柯克被一位驾驶小车的金发女郎撞倒在地。姑娘赶忙搀扶起希区柯克，连连道歉自责："对不起，请原谅，我撞到了您老人家，真该死啊！"

看到姑娘那负疚的样子，希区柯克却风趣而幽默地说："不，小姐，你也并不幸运哟，如果你加把劲，把好莱坞影城制造悬念的魔术师撞死了，你的芳名就会与我的名字共同载入史册啦！"①

【简析】 希区柯克先生很好地运用了礼貌准则，体现了宽宏的胸怀，并没有得理不让人地穷追不舍，而是以幽默风趣的语言圆满地处理了这一尴尬的"相遇"，给撞人的姑娘留下面子，表现了一位艺术家的人格魅力。

(三) 得体原则

索振羽在《语用学教程》中认为，利奇提出的礼貌原则虽然重要，但它的涵盖力较弱，覆盖面不广，"应该寻找一个涵盖力强、覆盖面大，能包容'礼貌原则'以及其他一些起援救'合作原则'作用的小原则的高层次的具有普遍性的原则，这个原则就是'得体原则'"。② 得体，一般是指交际双方的言语适切妥当，恰到好处。教师职业口语从形式上讲是书面化（或正规化）的口语体，从功能上讲是艺术化的应用体，具有综合性的特点。交际口语既要讲求通俗、明白、上口，避免使用艰深、古奥、晦涩的词语和过长、过复杂的句子，又要讲求规范、连贯、周密，避免出现各种随意的不规范的口语现象，如重复啰唆、口头禅等；既要讲求平实、简约、实用，避免华丽花哨，又要吸收艺术语言的某些技巧，力求生动形象，避免枯燥呆板。此外，教师在工作中面对性格各异、背景不同、职业职位有高低差异的人，都应一视同仁，真诚相待，在口语交际中要遵循得体原则。

【示例】 周二是家长开放日，辛老师忙着招呼大家："各位家长，请坐到自己孩子的位置上。"两位男士坐在教室的最中间，一个小朋友过来说："叔叔，这是我的座位，我妈妈要来坐。"辛老师赶忙走过去，两位男士中年轻的一位站起来说："这是我们王总，老师，你看我们就坐这儿吧。"辛老师冲那位坐着的男士点点头，微笑着说："你好！我知道你是王昊然的爸爸，昊然的座位在那里。来，昊然，带你爸爸过去坐到

---

① 程培元. 教师口语教程 [M]. 北京：高等教育出版社，2004：20-21.
② 程培元. 教师口语教程 [M]. 北京：高等教育出版社，2004：19.

你的位置上,好吗?"①

【简析】 面对对方的张扬,辛老师不卑不亢,一句"我知道你是王昊然的爸爸"表示对方在自己心中、在学校只有家长这一身份;"昊然,带你爸爸过去坐到你的位置上,好吗?"语气坚定但又不失礼貌。可以说,辛老师的话语非常得体,体现了教师较高的职业素养。

(四) 角色原则

在交际活动中,每个人都应清楚地认识到自己的角色定位。当然,角色常处于一个动态的变化过程中,不同的场合角色身份可能发生改变。这就要求说话者及时调整自己的角色意识,否则,其言语便会因为不符合他现时的角色而显得不伦不类。从这个意义上说,我们似乎可以把角色原则当成是得体原则的一个延伸,或者一个援助。李元授在《交际学》中有一段话说得非常明白:"一切语言手段的运用都必须适情应景,既符合话题内容,又切合个人身份,尤其是要与说话者的年龄、职业、身份、地位相吻合、协调,否则就会令人产生滑稽感。一个年过半百的人,为了表现自己的年轻、活泼而嘻嘻哈哈,一个 16 岁的中学生整天不苟言笑,都是不符合个人身份的。人们崇拜 40 岁左右的中年人,因为他们的言语中有一种成熟的美,而青少年的天真纯洁,也是与他们的年龄特征相适应的,超越了这一界限,也就无风度可言。同理,知识分子应该有知识分子的言语风度,温文尔雅,彬彬有礼,而为了追求某种冷峻、豪放的气质而故意使用粗鲁泼辣的语言,也是与其身份不相符的。"② 教师在人们心目中是亲和的、文雅的、高尚的,这就要求教师要遵守职业道德,不做有悖于职业道德的事情。

【示例】 李老师作为学校代表参加一个会议,大会结束后,旁边有一位女士和李老师交谈:"你好,请问你在哪里工作?"李老师说:"市一小。"那位女士眼睛一亮:"太好了,你贵姓啊?我的孩子马上就要上你们学校了。"李老师说:"免贵姓李。"这时,该女士从包里掏出了一个小盒子,递到李老师面前:"李老师,咱们真是有缘分啊,这种口红特别好用,你试试吧!"李老师说:"谢谢了,但是我不能收你的礼物。"该女士接着说:"孩子要去你那儿读小学了,将来还希望你多照顾照顾呢,你就收下吧!"李老师微笑着说:"欢迎你把孩子送到我们学校,我和所有的老师都会很好地照顾孩子的。学校还有事,我就先走了,等你送孩子的时候我来接待你,再见!"

【简析】 上海特级教师毛蓓蕾老师说:"在大众心目中,对人民教师的要求是比较高的。学生更是这样,他们事事处处以教师为榜样……为此,我们当教师的就必须在各方面以较高的标准来衡量自己,其中更要重视道德品质上的修养。"案例中的李老师无疑是个道德高尚的教师,同时她和女士的对话也客观、准确、简洁又不失热情,符合人们心中对教师的角色定位。

---

① 郭惠玉. 幼儿教师口语 [M]. 西安:陕西师范大学出版社总社有限公司,2013:251.
② 李元授,杨志海,邹振宇. 公关与交际 [M]. 武汉:华中科技大学出版社,2006:392-393.

(五) 主动原则

曾经有这样一则故事：一天，有人找到一位会"移山大法"的大师，央其当众表演一下。大师在一座山的对面坐了一会儿，就起身跑到山的另一面，然后就说表演完毕，众人大惑不解。大师道："这世上根本就没有'移山大法'，唯一能移动山的方法就是：'山不过来，我就过去。'"换一个角度体会一下谁该主动的问题，答案不言自明。对教师而言，与人交际时，如果有明确的目的，便应该主动攀谈，这样更能体现教师的职业素养。

【示例】 有一次几位朋友到小林家聚会，有人带来了一位新朋友，作为女主人的小学老师小林自然过来招呼，与她坐在一起。初次见面，寒暄过后一时无语，但很快小林就发现孙女士虽然说不上漂亮，可她的皮肤特别白嫩，光彩照人。于是，小林又主动地用羡慕的语气对她说："您的皮肤真美，又白又嫩，还有光泽，配上这荷花色的旗袍、银灰色的小天鹅胸针，时尚而不俗气……"话刚说完，孙女士眼里一亮，原来她对保养皮肤颇有心得，相当自信。其他人根本没在意，只有小林赞美了让她引以为骄傲的亮点。她很愉快地谢谢小林的赞美，两个人从保养皮肤谈起，聊得十分投机。①

【简析】 当开头的交谈陷入一时无语的境地时，聪明的小林主动地改变策略，从别人忽略的细节上去挖掘孙女士的长处：皮肤保养得好，"又白又嫩，还有光泽"；衣着得体，"时尚而不俗气"。从细微处去主动赞美对方的审美情趣，让孙女士从中感受到小林的用心和诚恳，自然而然，友谊的大门便打开了。

二、交际口语的言语表达

交谈是人们每天都要进行的交际活动，是连接人与人之间思想感情的桥梁。话人人都能说，但不见得个个会说。教师在与人交谈时，如果希望达到交往目的，就应该了解和掌握相应的表达技巧。

(一) 有的放矢

话不是随便说就可以的，作为有文化修为的教师，在使用交际口语时更需要做到有的放矢，即在交谈时要把握好交际对象、交际语境和交际时机。

1. 交际对象

日本社会心理学家古畑和孝曾说："即或是最有效的发送者传播最有效的信息内容，如果不考虑接受者方面的态度及其条件，也不能指望获得最大效果。"② 教师在与人交流时，对交际对象的身份、文化修养、性格、好恶、心境，甚至性别和年龄等，都要有比较充分的了解，并根据掌握的情况选择恰当的交流方式，如此方可顺利达成交际

---

① 康青，舒磊. 教师口语训练教程 [M]. 南昌：江西高校出版社，2008：150.
② 古畑和孝. 人际关系社会心理学 [M]. 天津：南开大学出版社，1986：56.

目的。

（1）了解对方的身份

"见什么人，说什么话"，交流要达到交流信息、增进感情、达成共识的目的，就必须对交谈对象的身份有较充分的了解。身份是指一个人的社会地位、社会角色、辈分、职务、职称等。身份不同，交谈的话题、用词和语气语调等都要有选择性。

【示例】 优秀服务员李淑贞见到知识分子进店，会说："同志，您要用餐，请这边坐。来个拌鸡丝或熘里脊，清淡利口，好不好？"见工人同志进店，会说："师傅，今个过班，想吃过油肉，还是红烧肉？"见乡下老大娘进店，说："大娘，您进城里来了，身子骨还硬朗吧？隔一段就来城里转转，改善改善生活，今天您想尝点啥?"①

【简析】 李淑贞对知识分子，用语文雅、委婉；对工人同志，用语直接、爽快；对乡下老大娘，用语通俗、朴实。这就恰到好处地适应了对象的身份。

（2）了解对方的文化修养

文化修养不同的人，喜欢谈论的话题也不同，交谈时特别要注意区分使用不同的词句。面对文化程度高的人说话要理性色彩重一些，面对文化程度稍低的人说话用语就应该通俗感性些；面对个人修养较好的人说话应文明些，面对个人修养较差的人说话应世俗些。

【示例】 古时候有一个书呆子，一天睡觉时被蝎子蜇了，便摇头晃脑地说："贤妻，速燃银烛，你夫为虫所袭！"一连说了几遍，他的妻子怎么也听不明白。他便着急了，说道："身如琵琶，尾似钢锥，叫声贤妻，打个亮儿，看是什么东西。"他的妻子还是不知怎么回事。结果他疼得熬不住了，一气之下大叫："老婆，快点灯！蝎子咬我啦！疼死我啦！"这时，他妻子才听明白是怎么回事，赶紧点灯。②

【简析】 同样的交谈内容，用不同的语言来表达效果之所以不一样，一个重要原因或在于交谈双方的文化修养不在一个层面。在古代，文绉绉的语言只适用于书生，不为普通妇女所理解也是很自然的。

（3）了解对方的性格

人的性格千差万别，有的内含些，有的外露些；有的急躁轻浮，有的沉稳务实；有的喜欢直来直去，有的爱好曲径通幽；有的认可疾风骤雨，有的偏爱和风细雨；有的对抒情语言情有独钟，有的对描述词句难以割舍；等等。了解对方的性格，用对方喜欢的语气、言辞和合适的内容去交谈，方能做到有的放矢。

【示例】 孔子的两个学生子路和冉有向孔子提出同样的问题，却在孔子那里得到了两种截然不同的回答。子路问："学了礼乐，就应该行动起来吗？"孔子回答说："有父兄在，怎么就能行动起来呢？应当先听听父兄的意见才好。"冉有问到了同样的问题，

---

① 张行明. 教师语言的魅力 [M]. 长春：吉林大学出版社，2016：169.
② 康青，舒磊. 教师口语训练教程 [M]. 南昌：江西高校出版社，2008：180.

孔子却回答："好啊，学了礼乐，就应该马上行动起来嘛！"另一个学生公西华对此疑惑不解，去向孔子请教。孔子解释说："冉有这个人平常前怕狼后怕虎，要鼓励他勇往直前；而子路好勇过人，有点鲁莽，应当让他冷静一点。"①

【简析】 说话要把握对象的性格，这是口语交际中的一个重要要求。因为一切口语表达都以打动对方为目的。冉有性格优柔寡断，需要鼓励；子路好勇鲁莽，则需要劝诫。孔子准确地把握了这两个弟子的性格特征，因而话题虽同，建议却截然相反。

(4) 了解对方的好恶

交谈能否融洽，很大程度上取决于我们是否了解对方的需求，双方的爱好是否协调一致。了解了对方的好恶，从其爱好入手，投其所好，必然会让对方产生相见恨晚的感觉，从而成功赢得对方的信任。

【示例】 盛宣怀为电报事宜要拜访醇亲王奕譞，在这之前，盛宣怀了解到：醇亲王认为中国人不比洋人差，没必要学外国人；醇亲王虽然好武，但自认为书读得不少，颇具文采。见面之后，醇亲王问："那电报到底是怎么回事？""回王爷的话，电报本身并没有什么了不起，全靠活用，所谓：运用之妙，存乎一心，如此而已。"醇亲王听他能引用岳飞的话，不免另眼相看，便即问道："你也读过兵书？""在王爷面前，怎么敢说读过兵书？那时英法内犯，如果不是王爷神武，力擒三凶，大局真不敢设想了。"盛宣怀略停了一下又说："那时有血气的人，谁不想洗雪国耻，宣怀也就是在那时候，自不量力，看过一两部兵书。"盛宣怀真是三句不离醇亲王的"本行"，他接着又把电报的作用描绘得神乎其神，醇亲王也感觉飘飘然，后来醇亲王干脆把督办电报业的事托付给盛宣怀。②

【简析】 醇亲王是盛宣怀的上级，他的接见关系到盛宣怀及其事业的前途与命运，因此，盛宣怀花了不少心思来打探醇亲王的情况，对他的好恶了如指掌。拜谒之时，盛宣怀句句话说在醇亲王的心坎儿上，使他觉得这个人很合自己的胃口，所谓"酒逢知己千杯少"，于是，醇亲王很快对盛宣怀委以重任，盛宣怀的事先准备帮了自己的忙。

(5) 了解对方的心境

心境即人的心理环境，也就是人的情绪好坏。人的心境具有不确定性，有时是显露的，有时是隐蔽的；有时是消极的，有时是积极的。俗话说得好："出门看天色，进门看脸色。"有经验的人都懂得察看别人的脸色，做到因情而言，说话时会充分考虑对方的心情。

【示例】 《韩非子·说难第十二》中记载：昔者弥子瑕有宠于卫君。卫国之法，窃驾君车者，罪刖。弥子瑕母病，人闻，夜告弥子，弥子矫驾君车以出。君闻而贤之，

---

① 唐坚. 说话懂分寸 [M]. 北京：中国社会出版社，2006：90-91.
② 康青，舒磊. 教师口语训练教程 [M]. 南昌：江西高校出版社，2018：174.

曰："孝哉！为母之故，忘其刖罪。"异日，与君游于果园，食桃而甘，不尽，以其半啖君。君曰："爱我哉！忘其口味以啖寡人。"及弥子色衰爱弛，得罪于君，君曰："是固尝矫驾吾车，又尝啖我以余桃。"故弥子之行未变于初也，而以前之所以见贤而后获罪者，爱憎之变也。故有爱于主，则智当而加亲；有憎于主，则智不当见罪而加疏。[①]

【简析】 韩非举了一个例子，说的是卫国大臣弥子瑕，以前曾经假托君命，乘坐卫君的车子赶回去探望病重的母亲；曾经因为桃子好吃，把吃剩下一半的桃子给卫君吃。卫君或大夸其孝，或大夸其忠。后来弥子瑕得罪了卫君，卫君就否定了先前弥子瑕的忠孝之举。所以韩非说，虽然弥子瑕前后行为一致，但君王的态度却迥异，原因是君王的爱憎发生了变化。所以韩非特别告诫那些游说之士，千万不可忽视君王的心理，看清了才能去游说，否则就可能像弥子瑕一样要吃大亏。

（6）别忽略对方的年龄和性别

不同年龄的人因为有着不同的人生体验，他们对口语表达的要求及反应也是不同的。少儿喜欢浅显易懂、形象直观的言语，青年人喜欢时代感强、富于哲理、节奏明快的言语，中年人喜欢朴实、简洁、实用的言语，老年人喜欢稳重、含蓄、谦逊的言语，等等。性别不同，也会有不同的心态和接受习惯。男同志坦诚直率，要求口语表达要开朗、豁达、奔放；女同志情感丰富，要求口语表达要亲切、委婉、富有情感。

2. 交际语境

语境是指进行言语交际活动的特定情境，也称言语环境，包括特定的语言上下文，语言特定的时间、地点、场合、对象、话题和社会文化背景等。人们的语言运用总是处在特定的言语环境之中，并要求与这一特定的言语环境相适应。成功的口语交际者首先能有意识地对特定的语境进行准确判断；其次能在判断的基础上对语境或适应，或利用，或改善。

（1）语境分类

① 社会文化语境

简单地说，社会文化语境就是与言语交际相关的社会文化背景，包括文化习俗和社会规范。一方面，生活在不同文化习俗环境中的人，在使用言语进行交际时，会表现出不同的习惯和特点。例如，"喝可口可乐！"这种祈使语气的广告美国人常用，而日本人则反感，因为在日本这种语气只适合于位尊者对位卑者说话时使用，广告中使用这种语气是对消费者的不尊重。另一方面，社会规范会对言语交际活动作出种种规定和限制。例如，公众场合说话要合乎公共道德和社会文明规范。

② 上下文语境

在具体的言语交际活动中，要注意上下文语境。脱离上下文语境，就难以准确理解和把握语言的内涵或要义。例如，据说明代解缙曾以《祝寿》为题吟诗一首："这个婆

---

① 北京大学中国语文学系：北大国文课［M］．北京：团结出版社，2020：64．

娘不是人。"惊得宾客议论纷纷，暗中责怪解缙也太缺德了，寿星的几个儿子也愤然变色。谁知解缙不慌不忙又吟道："九天仙女下凡尘！"马上下面一片赞叹声。不料，解缙语气陡然又变："生的儿子都是贼。"这一下可把寿星的几个儿子气坏了，但又不能发作，只得怒目圆瞪。解缙还是不慌不忙地吟道："偷来蟠桃奉至亲。"于是，大家又热烈鼓掌。[①] 此故事说明话语如果脱离了上下文语境，是极易曲解其真实信息的。

③ 情景语境

情景语境是指交际主体从事言语交际活动时的具体情境。它通常由时间、地点、话题、方式、交际对象和潜在受话人等因素构成。例如，在节日、结婚、祝寿、颁奖会、联欢会等喜庆的情景语境中，内容格调应轻松、明快、诙谐、幽默等；而在办丧事、探望病人等悲痛的情景语境中，这时的表达就要照顾到场合的低沉氛围，在语言、表情甚至服饰上都要考虑避讳等。

（2）语境作用

① 限制作用

语境的限制作用体现在三个方面：一是对说话内容的限制。例如，在寿宴上不宜谈论生老病死的话题，在开会时谈论柴米油盐酱醋是不合适的，等等。二是对说话神态的限制，包括对表达声音语调、感情色彩、面部表情等的限制。例如，图书馆内不要大声交谈，表彰会上不要语调悲哀而低沉，等等。三是对声音高低、音量大小、语速快慢等的种种限制。例如，与老人交谈声音要响亮而慢，讨论会上语速、声音要适中。

② 诱发作用

有感而发实际上就是有感于说话的具体环境而发的。所谓即兴演说，大多是说话的语境诱发了演讲者的欲望，演讲者才兴致勃勃地讲话。语境还可以暗示说话的进程。对一些目的性强、事先准备好了的专题性谈话，语境是安排进程的依据；对一些没有特定目的的交谈，语境暗示着进程的自然调节。例如，演说者看到会场秩序开始骚动，说话的速度就会加快，甚至略去一部分内容；人们走在嘈杂的大街上会大声说笑，而到了图书馆又会变得轻手轻脚、悄无声息；等等。

（3）如何对待语境

① 灵活利用语境

交际的语境是多变的、复杂的，高明的表达主体能够灵活利用语境，在不同的交谈场合使用不同的表达语言，有时能根据语境的变化而创造性地改变谈话策略。

② 积极改善语境

在交际活动中，人们有时会处于十分不利的语境当中，此时就要改善语境。例如，初次见面与人交谈，如果陷入僵局，我们可以避开话题，改谈些轻松的、双方感兴趣的话题，或与对方寒暄、拉家常等，或者改变交谈地点，通过这种方式来打破僵局、缓和

---

① 朱莉萍. 礼仪与沟通教程［M］. 上海：上海财经大学出版社，2006：358.

气氛、改善语境,然后再过渡到正题上来。语境的改善也要考虑到对方的生活背景、文化修养、性格、心境等因素。

【示例】　山西省珠算协会曾在五台山某宾馆召开算理算法研究会议。中国珠算协会应邀派人参加了会议,中国珠算协会的一个干部在会上有一段精彩的发言:"我参加这里的算理算法研究会议非常高兴!让我们回顾历史,山西了不起!在座的都知道,山西大同的煤驰名全国;山西平型关大捷,在抗日战争时期,极大地鼓舞了全国人民的革命斗志;山西是中共中央原顾问委员会副主任薄一波的故乡;还有三国时期的关云长和宋代的杨家将都是山西人……"几句开场白创造了一定的语境,参会者为之一振,都聚精会神地听着。接着,这个干部又说:"中国第一代'神算子'贾迎芳就是山西培养出来的,她在香港表演珠算式心算,其速度之快轰动了香港,被誉为'神童'。我们不难看出,山西的贡献是非常大的。今天,山西的算理算法研究工作在全国是领先的。我深信,这次算理算法研究会议一定会取得圆满成功!"[①]

【简析】　在这里,该干部利用山西的自然环境、社会环境、政治环境和人们的心理环境,创造了良好的语境。因此,他的发言吸引了大家,鼓舞了与会者,使参加会议的人感到轻松和愉快,对会议的胜利召开起到了积极的推动作用。

3. 交谈时机

有语言学家指出:"语言表达恰当与否的真谛是:你能否在恰当的场合及适当的时机,用得体的方式表达你的观点。"俗话说得好:"机不可失,时不再来。"与人交谈,既要看对象,又要选择好时机。谈早了,条件不成熟,达不到预期的目的;谈晚了,时过境迁,失去作用。有的人尽管能言善辩,却不会选择说话时机,同样不能取得良好的交谈效果。如何捕捉交谈时机呢?

(1) 抢先说

常言说得好:"会说话的人想着说,不会说话的人抢着说。"但在某种特殊的时机,例如接受任务、承担责任,或遇到尴尬时应主动说、抢着说,因为那样会表现出自己是工作主动的人,是负责任的人,是善于打破僵局的人。但是,汇报工作或邀功请赏时,切忌抢先说。抢先说要讲究方法,选好时机,分清场合。

(2) 滞后说

滞后说适用于自己的观点跟别人的观点不一致的时候,等到别人把话都说完了,才从头开始陈述自己的观点。此时,态度要诚恳,神情要从容,语气要平静,不要有斥责和讥笑对方的意思。如果反驳对方的观点,理由要充分,语气要婉转,要和颜悦色,以理服人。

(3) 插话说

插话,有时是在不明白的地方发问,显得我们是个有思想的人;有时表示专心听别

[①] 晁金泉. 语言表达技巧:加强语言效果100法 [M]. 北京:金盾出版社,2006:118–119.

人说话并显出我们的热情和兴趣；有时是遇到自己不便或不愿意谈的话题时的礼貌岔题。如果对方话意正浓，正在滔滔不绝，一般不要插话，等到对方有停顿，如缓口气、喝口茶或换材料等时候，才好插话。

（二）修辞语言

修辞艺术是运用修辞以提高语言表达效果的一种语言技巧。不仅书面语言要注意修辞，口头语言也要注意修辞。常见的修辞有比喻、比拟、反复、夸张、借代、对偶、对比、类比、排比、顶真、仿词、双关等。在交际口语中，如果能充分运用各种修辞手段，发挥修辞的作用，可以使口头表达更加生动、具体、形象、活泼。

【示例】　古代有个叫薛登的人，其父身居宰相之位，奸臣为了加害于他，设计从薛登身上开刀，他们用激将法引诱薛登砸坏了皇门边的一只木桶。皇帝大怒，立即向薛登问罪："大胆薛登，为何砸碎皇门之桶？"薛登略一思忖，问皇上："皇上，你说一桶（统）天下好还是两桶（统）天下好？"皇帝说："当然是一统天下好！"薛登高兴地拍起手来："皇上说得好，一统天下好！所以，我便把那只多余的桶砸了。"皇上转怒为喜，连连夸奖薛登聪明，薛父教子有方。[1]

【简析】　一场弥天大祸，之所以能消除于口舌之间，全在于薛登利用"桶"和"统"谐音，造成"一桶（统）"关键词从语音上听产生两个含义：一只木桶、统一江山。皇上希望的当然是"一统天下"，既如此，那何必要两桶（统）呢？在适当的语境中，运用语言文字上的同音或用义关系，能够使字词或句子同时涉及两件事，表面上言此，实际上言彼。借助修辞能使表达生动灵活，显著增强表达效果。

（三）模糊应答

模糊语言，是指人们运用语言的若干模糊特征，准确地表达出思想感情并进行交流的一种语言表达技巧。在实际交谈中，有些问题我们常常不便直言，也不宜直接予以肯定或否定，这时，就可以用模糊语言来进行应答。这个"模糊语言"与"说话要清晰准确"的要求不相矛盾。这里讲的模糊语言是交际中的一种策略，前提是交谈者并不是表述不清，而是为了某种需要人为地制造模糊，即不直接回答问题，但答案又在情理之中。模糊应答常常用收缩性大、变通性强、语义不明确的词语，回答一些不能直接回答又必须回答的问题。它是交谈中的一种策略，能体现说话者的机智，具有情急生智、应变自如、令人回味的魅力。

（四）委婉暗示

委婉暗示，是指不直接说出要表达的意思，而是变换角度，采取由远及近、以彼言此、借物喻人等办法，委婉含蓄地表达己见，有时甚至可以引而不发，让对方自悟。委婉暗示与模糊应答的不同之处在于，前者在言语之中有明确的答案，而后者则没有明确

---

[1] 欧阳彦之. 纵横家的策辩［M］. 北京：中国财富出版社，2016：195. 有删改。

信息。

【示例】 小张想观摩一位特级教师上课，可对方不太愿意。这位特级教师谦逊地对小张说："行啊，说开课就开课。不过，这课要开得成功，开得学生、老师都满意，还得符合教改精神，得让我好好考虑考虑教学方案。如果你能给我一个月的准备时间，那多好啊！"

【简析】 该特级教师先爽快地答应，然后把时间推到一个月以后。谁都知道，准备一堂课用不了一个月的时间。因此，请求者也明白对方是在间接地拒绝，当然也不会勉为其难了。使用这种委婉语要多用一些"假设""如果"等假设连词，以及"我希望……""我已经……"等句式，婉转地表达自己的意思。

（五）巧转话题

当交谈出现冷场、冲突等令人尴尬的局面，或遇到了不愿交流的话题时，善于交际的人就会借助偷换概念、谐音、故意曲解、借物发挥等办法来巧转话题，"顾左右而言他"，以此避免窘境。

（六）风趣幽默

交际口语中，幽默诙谐语言的魅力就在于话不明白直说，而是通过影射、讽喻及双关等曲折含蓄的表达方式来突出语意表达，效果妙趣横生，能使语言产生出不同凡响的艺术力量。它是一个人机敏、睿智的反应，是人与人交流之中情感的润滑剂。但幽默诙谐也得看对象，讲究适度、得体的原则，如果过了头，不但达不到好效果，反而会造成严重的后果。例如，和长辈开玩笑忌轻佻放肆，和晚辈开玩笑忌谈男女情事，和同辈人开玩笑则要掌握对方的性格特征与情感信息，等等。运用此法还要避免敌意和冲突，不能庸俗，不能伤害对方；也不要将耍贫嘴或插科打诨等同幽默。

（七）注意语调语气

1. 语调要丰富

语调是指贯穿整个句子的语音高低升降的变化模式。它主要是由音高构成的，同时也受音长、音强等因素的影响，一般分平调、升调、降调及曲调四种。语调也是表情达意不可或缺的因素，在交际口语中显得尤其重要。有时候使用同样的词语，由于语调的高低、长短、强弱不同，能表达出不同的感情和语意，能使交际口语生动活泼，富有感人的力量。例如，"我愿意"这句话，如果语调高昂、声长而强，则表示愉快高兴的感情；如果语调低沉、声音低而弱，则表示一种勉为其难的感情。

【示例】 罗君在《语言的魅力》中讲到我国著名配音演员苏秀的一件事很能说明这个问题："一天，我来到她家请教配音的学问在哪。她想了想，突然用惊喜的语气说：'今天你来看我可太好了。'转而把脸一沉，冷笑着又重复了一遍，接着咬牙切齿地说了一遍。然后问我有什么感受。我回味了一下说，第一句对我今晚来看你非常高兴，第二句是不欢迎我来，第三句你好像把我恨透了。她大笑着说：'你看，这么简单的一句话，可以说出多么不同的含义呀！'"①

2. 语气要生动

语气是指说话时根据交际目的的需要，通过不同声音气息体现不同的思想感情和态度的方式。语气生动，是教师交际口语追求的目标。而生动是以适切为前提的。不同的语气类别必须为不同的内容和情境服务。教师应善于根据特定的交际内容、对象、语境、目的等，使用不同的语气，恰如其分地表达自己的情感态度，只有这样，才能达到良好的交际效果。

【示例】 一位大学领导回忆中学时代的生活时写道："……那是1949年的秋天，我升入初中二年级。在新开设的几门课程中，我最感兴趣的就是物理课。每当考试完，出于儿童的心理，总想尽早知道自己的成绩。有一次考试完，我去问老师得多少分。没想到老师却亲切地说：'你不用问。'话语中充满着喜悦和信任，他那慈祥的眼神好像说：'你物理学习得很好，理所当然得一百分！'以后历次物理考试，他总是笑眯眯地对我说'你不用问'。老师这种信赖的评语，激发了我对物理这门课的极大兴趣。"②

【简析】 "你不用问"这句话之所以能产生这样好的效果，主要是因为该老师是以亲切的、充满喜悦和信任的、肯定的、赞扬的语气，并伴随着慈祥的眼神和笑眯眯的表情说出来的，语气中深切地表达了老师对学生的爱。试想，若这句话是以生硬的、冷淡的、不耐烦的语气，并瞪着眼、板着脸说出来的，还会有这样好的效果吗？

三、交际口语的体态语

有研究认为，在语言文字产生之前，人类一直在使用体态语传递和交流信息。有了语言文字之后，人类在交际过程中也从未停止使用体态语。美国心理学家艾伯特·梅瑞宾经过研究认为：人们在传递信息时，45%的信息通过有声语言传递，55%的信息则由体态语传递。这就是说，人际交往在很大程度上要依赖于体态语。体态语是强化、补充或替代词语表达的一种有效而又经济的辅助手段。

（一）体态语概述

1. 含义

体态语，又称态势语，是人们口语交际活动中传递信息的重要辅助手段。它主要借助说话人的表情、手势、动作、身姿等配合有声语言来传递信息、诉诸听话人视觉，是一种无声伴随语言。这种无声伴随语言既可以支持、修饰或者否定言语行为，又可以部分地替代言语行为，发挥独立的表达功能，表达言语行为难以表达的感情和态度。

2. 特点

有学者认为，当人类尚未学会用有声语言来交流思想、沟通情感的时候，就已经会

---

① 刁晓丹. 口语表达能力训练[M]. 北京：北京理工大学出版社，2015：101.
② 李景生. 教师口语训练教程[M]. 济南：山东人民出版社，2015：109.

用手势、表情、动作等体态语来传情达意、相互交流思想感情了。随着人类社会的进步和发展，体态语并没有因有声语言的出现而消失，反而在伴随着有声语言进步和发展的同时，越来越丰富和成熟，并逐渐形成一定的特点。

（1）辅助性

体态语的第一个特点就是辅助性。体态语辅助作用的发挥依赖于它的伴随性，即体态语的表达要与言语表达协调一致，要符合言语表达的特定情境和需要，要求在言语直接描述某件事情或具体表达某件事的背景下，只起到暗示和传达的作用，如果说明充分，则不必辅以体态语。例如，老师上课时，两个同学在下边交头接耳，旁边的同学要制止他们，又不能用有声语言，就可以用一根手指头放在嘴上，或者在他们桌子上用手指点一点，这就完成了不用有声语言传递信息的任务。

（2）直观性

多数体态语主要通过动态、直观的形象，与有声语言协调统一，同时作用于人们的视觉和听觉，拓宽了信息传输渠道，补充和强化了有声语言的信息，使有声语言更具有表现力和感染力。例如，在讲小动物的特性时，就可以通过体态语来进行。将大拇指紧贴耳朵，其余四指张开做蒲扇状表示小猪；竖起两根指头，其余手指并拢贴在头顶表示小兔；双手平叠，手指并拢上下打开表示小鸡；五指张开放在腮边表示小猫；双手成爪子状表示老虎；等等。

（3）多义性

体态语是一种无声词汇，是一种无声信息符号系统。体态语中的一种表情、一个动作或姿态，有时往往包含多层意思。例如，瞪眼的动作，可表示愤恨、惊讶、害怕、仇视、呆愣等意思。体态语的多义性要得到准确理解和传递，取决于交际环境以及有声语言传递的信息。离开了特定的语言环境或有声语言的具体内容，孤立地分析某个体态语，对其语义的把握就不容易准确。

（4）规范性

体态语与有声语言一样，也是约定俗成的。人类在长期的生活实践中，基于有效交际的目的，在相同的语境中，体态语的含义和规则往往被固定下来，成为约定俗成的文化形态。这种形态一旦形成，就要求人们遵守。否则，就会给交际活动带来障碍，使交际效果受到不良影响。以"见面致礼"的体态语为例，不同的民族就有相对固定的表示：我国是握手或点头问好，日本人是鞠躬，欧美人一般是拥抱或接吻，瑞典的拉普人则是相互擦鼻子。

3. 功能

人们要想在交际时准确地表情达意，有时仅仅靠有声语言是不够的，因为经过理性加工的有声语言往往不能直率地表露一个人的深层心理和真实意向，常言说的"词不达意""言不由衷"就是这个道理。而体态语则可以弥补有声语言在表情达意上的不足，它是人们在言语交际中不可或缺的一种语言表达方式。

(1) 强调功能

在交际口语中,讲话人为了突出和强调自己的意思,常常借助体态语来加强口语表达的效果。因为体态语能够通过有形可视的、具有丰富表现力的各式各样的动作和表情辅助有声语言,将要表达的内容准确无误地表达出来;还能够加强表达语气,显示人的内在情感和态度,使情绪、观点、意见无形中得到强调。

【示例】 在古诗《悯农》的教学中,如果只教孩子朗读诗句,反复读上几遍后,孩子们就会感到厌倦。如果边朗读边配上恰当的体态语,孩子们会更感兴趣。例如,念"锄禾"时,做出双手握锄头劳作的动作;念"日当午"时,用一只手作遮阳仰望天空状;念"汗滴禾下土"时,用双手从额头往下甩,做出甩汗水的动作;念"谁知盘中餐"时,用双手比出盘子形状及大小;念"粒粒皆辛苦"时,用一只手做数数状。

【简析】 边读诗句边做表演,孩子们会感到轻松愉快,也更容易理解诗歌的含义。可见,通过运用体态语,能将问题化难为易,强化表达效果,有效调节课堂气氛,将枯燥无味的说教变成生动有趣的教学活动,使学生在不知不觉中理解和掌握知识。

(2) 补充功能

在交际口语中,有时讲话人的意思已表达清楚,但是讲话人还意犹未尽,使用眼神、手势等体态语来进一步拓展信息传递渠道,补充和完善口语表达的不足,强化有声语言的表现力和感染力。

【示例】 英国前首相丘吉尔在一次演讲时说:"我们现在的生活水平比历史上任何时期都高,我们现在吃的东西很多。"讲到这里,他故意停顿了一下,看了听者好一会儿,以此来吸引他们的注意力。然后,他盯着自己的大肚皮说:"这是最有力的实证。"[①]

【简析】 在这段演讲中,丘吉尔用有声语言宣称"生活水平高"之后,故意妙用语气停顿,随后用"盯着自己的大肚皮"这一体态语加以强调,不仅力敌千钧,而且妙趣横生。

(3) 替代功能

体态语有时还可以暂时离开有声语言,仅仅靠表情、手势、身姿等来传递信息、交流感情。体态语的这种临时独立充当交际手段的功能,就是替代功能。这种替代,不但不会影响到听者对内容的准确理解,相反,还会收到此时无声胜有声的效果。但要切记:这种替代作用一般是短暂的、临时性的。

【示例】 冰心小说《斯人独憔悴》中有这么一段:"颖石看见哥这样打扮着回来,不禁好笑,又觉得十分伤心,含着眼泪,站起来点一点头。颖铭反微微地惨笑。姐姐也没说什么,只往东厢房努一努嘴。颖铭会意,便伸了一下舌头,笑了一笑,恭恭敬敬地

[①] 李元授. 人际沟通艺术[M]. 武汉:华中科技大学出版社,2022:47.

进去。"①

【简析】　在这一段话里，三人都没有说话，只"点一点头""努一努嘴""伸了一下舌头""笑了一笑"，就很直观地交流了各自的意思，三人都准确地理解了对方的用心，达到了交际的目的。

（二）运用原则

1. 辅助原则

体态语在交际口语中仅仅是一种重要的辅助手段，虽然它在特定情境下能够独立地向听者传递信息，但更多情况下，它伴随着交际口语发挥作用，即体态语的表达要与交际口语的表达协调一致，要符合交际口语的情境和需要。如果交际口语表达充分时则可不用体态语。所以，体态语作用的发挥主要体现在与交际口语的配合上。

【示例】　传说巫师同阿凡提有一次用体态语"对话"。巫师伸出一个手指头，阿凡提就伸出两个；巫师接着伸出一个巴掌，阿凡提就伸出一个拳头。巫师与阿凡提就各自离开了。人们问巫师："您与阿凡提'说'了些什么？"巫师说："我伸出一个指头，说胡大只有一个，阿凡提却伸出两个指头，表示胡大有两个；我又伸出五个指头，问他一天是不是坚持做了五次祈祷，他握紧拳头伸出来给我看，表示一点也没有放松。这样看来，阿凡提真是一个虔诚的教徒啊！"这话传到阿凡提耳朵里，他大笑着解释："完全不是那么回事！巫师伸出一个指头，我以为他表示要挖掉我一只眼，我就用两个指头回答他，我要挖掉他两只眼；他伸出巴掌表示打我，我就伸出拳头表示回敬！他害怕了，这才赶紧离开。"②

【简析】　同样的体态语，两人却做出了完全不同的解释与判断，一方面印证了体态语的多义性，另一方面也印证了体态语是一种伴随语言，只有伴随着交际口语出现，人们才能正确理解其意义。

2. 适度原则

体态语是用来辅助有声语言，为讲述内容服务的，是在有声语言不方便表达、不易表达或表达不清的情况下才使用的。一般情况下，手势语必须少于语言的叙述，如果句句都辅之以动作，不仅无助于语言的表现，反而会分散听者的注意力。表情也不可过于丰富，那样会有表演之嫌。稳重老练、文雅谦和的人在使用交际口语时，都十分注重手势、动作、表情等体态语运用的适度性原则。

【示例】　高尔基曾经这样描述列宁运用体态语所产生的魅力："他的动作轻巧而灵活，手势简洁而有力，与他那言语不多但思维丰富的演说完全吻合。一双锐利的眼睛

---

① 畅晋华，畅秀平，原帅，等. 21世纪演讲与口才基础训练教程［M］. 上海：东华大学出版社，2012：10-11.
② 畅晋华，畅秀平，原帅，等. 21世纪演讲与口才基础训练教程［M］. 上海：东华大学出版社，2012：11-12.

熠熠发光，表现出一个不屈不挠的战士对谎言的反对以及对生活的忠实；他那双眯缝的眼睛在燃烧着，使着眼色，讽刺地微笑着，闪烁着愤怒，这双眼睛的光辉使得他的演说更加强烈，更加清晰。"①

【简析】 通过高尔基对列宁体态语的描述，我们不难看出，在演讲过程中，列宁的体态语运用得简洁适度，在演讲中产生了极大的征服力量。我们在使用体态语的时候，如果指指点点，比比画画，一句话一个手势地忙个不停，就是手势泛滥了，会令听者眼花缭乱、目不暇接，从而影响到有声语言信息的接受。

3. 审美原则

审美原则是指教师在交际口语中所做出的姿势、动作、表情等应优美、端正、高雅，符合生活美学的要求。人们在进行言语交际时，除了获得信息、受到启迪之外，还需要获得美的享受。因此，教师在使用交际口语时，一举手、一投足、一颦一笑都应准确恰当、优美规范。

【示例】 周恩来总理的仪表、风度，更为中外政治家们所景仰。尼克松在他的回忆录中曾这样描写过周恩来总理的交谈姿态：他经常靠在椅背上，用富有表现力的手臂加强谈话效果，当要扩大谈话范围，或者从中得出一般性结论时，他经常用手在前面一挥；当争议有了结论时，他又会把两手放在一起，十指相对；在会议中，他对一些俏皮话暗自发笑；在闲聊时，他又变得轻松自如，有时对善意的玩笑发出朗朗的笑声。②

【简析】 从这段话中可看出，周恩来总理得体而强有力的手势、轻松自如的坐姿、不时发出的朗朗笑声，极大地辅助和增强了谈话的效果。甚至多年以后还给尼克松总统以清晰、深刻的印象。这充分说明体态语所具有的审美价值。

（三）体态语的分类及技巧

1. 面部表情语

（1）概述

面部表情，主要是指眉、眼、鼻、耳、口及面部整体的表情。美国心理学家艾伯特·梅瑞宾认为，一条信息的传递效果，词语的作用占7%，声音的作用占38%，而面部表情占55%。有人曾问古希腊大演讲家德摩斯梯尼："演讲家最重要的才能是什么？"他回答："表情。"又问："其次呢？""表情。""再其次呢？""表情。"这充分表明面部表情在交际中的重要作用和地位。我们在使用交际口语时，不仅说话人要注重面部表情的准确使用，而且听话人也要善于察言观色，观察对方面部表情的变化，借此来揣摩对方的真实心理，体会对方不能用言语表达的言外之意。在日常交际中，常常使用的面部表情的表现类型有以下几种：

喜悦：面部肌肉放松，嘴角向上，眼色明亮。

---

① 李丽. 口语交际学习论［M］. 北京：语文出版社，2013：67. 有删改。
② 北京市教育委员会. 礼仪［M］. 北京：同心出版社，2003：28-29.

愤怒：面部肌肉收缩，嘴角向下，怒目圆睁。
悲哀：面部肌肉放松，嘴唇微开，眉目低垂。
快乐：面部肌肉放松，嘴唇大开，双目眯缝。
惊讶：面部肌肉收缩，嘴唇大开，眉目骤张。
坚定：面部肌肉收缩，嘴唇紧闭，目光炯炯。

（2）目光语

目光语，是指运用眼的动作和神态来传递信息和感情，实现交际目的的一种体态语。面部表情语以眼睛最为重要。古人早有"眉目传情""暗送秋波"等反映眼神功能的说法，眼神能外泄和传达一个人的内心世界。交际时，人们内心的欢乐与痛苦、稳健与焦躁、喜爱与憎恨、敬重与鄙视、淡定与奢求、渴望与气馁、进攻与退却、接纳与拒绝等，都可以用眼睛来传达。卢新予等人认为，目光语的运用应注意以下三个方面：

① 注视目光的投向

目光投向的部位不同，表明双方的关系不同，投入的信息也不同。亲密的注视，目光停留在对方两眼与胸部之间的三角形区域；社交的注视，目光停留在对方的双眼与腹部之间的三角区。在具体使用时，要注意民族习惯与文化差异。

② 注视目光的时距

目光注视对方时间的长短不同，其蕴含的意义也不同。一般来说，在言语交际活动中，说话者的视线接触听者面部的时间，应该占全部谈话时间的30%～60%。长久不注视对方，会被认为是冷落对方，或对对方不感兴趣；长时间地盯着对方看，会被认为是失礼的行为，或者是向对方挑衅；刚一注视就躲闪，则会被认为胆怯或心虚。

③ 注视目光的视式

目光视式，确切地表明交际者的态度。当交谈的一方对对方非常重视，或者在谈严肃的话题时，一般是正视；当对某人表示轻蔑或者反感时，常用斜视；当对某人毫无兴趣，甚至厌恶时，则采用耷拉眼皮的姿势。表示悲伤或思念，要闭目；表示爱怜或担心，用探视；表示等待或探询，则用虚视；等等。教师上课时，一般要用正视，还要适当地配合扫视和环视，让亲切的目光照顾到每一个学生，这样既显得庄重、严肃、爱护，又照顾到了整体。

（3）微笑语

微笑语，是指通过略带笑容、不出声音的笑来传递信息的体态语。它是一种高级表情语言，更是一种为人处世的艺术。有人把微笑的功能做了六个比喻：微笑是吸引人的"磁石"、息怒的"灭火机"、办事的"通行证"、开心的"钥匙"、爱情的"催化剂"、家庭的"向心力"。运用微笑语传情达意时，要做到以下几点：

① 微笑要自然

微笑应发自内心深处，应是美好心灵的外化。这就要求微笑要笑得自然，要天然去雕饰。只有自然的微笑才能够感染人，假装出来的微笑——皮笑肉不笑，不仅自己感到勉强，听者看着也会觉得不舒服，反而会影响交际效果。

② 微笑要真诚

微笑既是自己愉悦心情的外露，也是真善美的奉送。真诚的微笑能令对方如沐春风，引起对方共鸣，共同陶醉在欢乐之中，加深双方的友情。

③ 微笑要得体

微笑并不是不讲条件的，它的运用很有讲究。场所要合适，如在悲伤的场合就不宜用微笑语；对象要合适，对不同的交际对象应使用不同含义的微笑，传达不同的感情；内容要合适，如在谈论让人伤心或不悦的内容时就不应该微笑。总之，如果不讲场合、不看对象、不看内容，只要与人交谈便微笑着，则会给人近乎痴傻的感觉。

2. 手势语

（1）概述

手势语，是指表达者运用手指、手掌、拳头和手臂的动作和造型来辅助有声语言表情达意的一种体态语。它是人类在进化过程中最早使用的交际工具，是使用频率高，表现力强，形态变化多，使用灵活、方便的体态语。孔子在《礼记·乐记》中说："说之，故言之；言之不足，故长言之；长言之不足，故嗟叹之；嗟叹之不足，故不知手之舞之，足之蹈之也。"这充分说明手势语以其鲜明、突出的视觉形象，强化和补充了言语的信息传递。

手势表现的含义非常丰富，表达的情感也非常微妙复杂。交际时要切记，手势不宜过多，动作不宜过大；否则，会给人指手画脚，甚至张牙舞爪的感觉。不要使用不雅的手势，如说话时手指直接指向对方的面部，说话或听话时抓耳挠腮、摇头晃脑，甚至毫无掩饰地挖鼻孔，等等，这样会给人轻佻、浮躁、不尊重对方的感觉，影响交际效果。

（2）类型

从手势表达的内容上看，可将手势语分为以下四种类型：

① 情感手势

情感手势是用来传递情感的手势，它常常用来表达说话人的某种思想感情、意向或者态度。例如，捶打胸口表示悲痛，挥动拳头表示愤怒，敲打前额表示悔恨或后悔，抚摸鼻子表示犹豫或沉思；双手叉腰表示挑战、示威或自豪，双手摊开表示真诚、坦荡或无可奈何；扬起手掌向正上方推举常表示一种强大的力量和宏伟的气势，而用手摸后脑勺则表示为难、尴尬和不好意思；竖大拇指表示称赞、钦佩，而伸小拇指表示低劣、卑下或无足轻重。情感手势带有强烈的感情色彩，应伴随表达内容的内在感情基调自然流露，这样才能加深听者对话语思想情感的理解，使听者产生共鸣。

② 象形手势

象形手势是用来模拟事物形状的手势。象形手势通过比画事物形象特征，摹拟画状物引起听者的联想，给听者一种形象化的感觉。例如，伸出双手并成圆形可以比画瓜的大小，抬起手臂可以说明物体的高度，两手上下或左右拉开可以表示物体的厚度，等等。象形手势在言语表达过程中往往带有一点夸张的意味。在交际中使用象形手势语，可以使听者如临其境、如见其形，有利于形象反映有声语言要表达的内容。

③ 指示手势

指示手势是指出、指明、指示具体对象的手势。指示手势主要用来指明言语交际中涉及的人或事物及其所在的位置，从而增强真实感和亲切感。指示手指有实指和虚指之分，实指涉及的对象一般是在场的、听者视线所能达到的。例如，用手指指向听者，同时伴随着有声语言"你们"，这是实指；在有声语言提到"那些人"时，用手指连续凭空点击，则是虚指。

④ 象征手势

象征手势就是用来表示抽象意义的手势。它主要用来表示一些复杂的情感和抽象的概念，使听者对抽象事物有一种具体感。象征手势往往具有特别的内涵，而且使用也较为普遍。例如，飞吻，表示与所爱的人挥手告别；手势"OK"，表示同意、赞同或结束；手势"V"，表示胜利；等等。由于象征手势的含义比较抽象，所以，运用象征手势的时候，常常需要配合有声语言来进行，这样才能运用得准确、恰当，才能起到启发听者联想和共鸣的作用。

（3）使用技巧

根据手伸出后在身体前的大致位置，可以将手势语分为上、中、下三区。手势语的使用技巧可以归纳如下：

① 上区

上区是指手伸直后位于胳膊伸直后的位置之上。大多用来表示积极的、赞美的、高兴的、豁达的、张扬的内容和情感，多表示褒义，如表示殷切的希望、胜利的喜悦、幸福的祝愿、未来的展望、美好的前景等。

② 中区

中区是指手伸出后位于胳膊伸直后的位置之下，但又处于腹部之上。大多用来表示坦诚、平静、和气的心情，或叙述，或议论，或说明，多表示中性意义。

③ 下区

下区是指手伸直后位于腹部之下。大多用来表示讲话人对某一观点、某一人物或某一事物的憎恨、鄙视、压抑、痛恨、否定等感情，多表示贬义。

手势语的使用要简洁、自然、适度和有力；要与有声语言和身姿协调，手随心行，话到手到，出势稳，停势准。不要繁多、杂乱、生硬和造作。教育教学中的手势语主要集中在中区，使用原则为：自然雅观，协调一致，富有变化。

3. 身姿语

（1）概述

身姿语，是指人的静态和动态等各种身体姿势所传递的交际信息。静态身姿语主要包括立、坐、蹲等姿势；动态身姿语只有行姿。人们在进行言语交际时应该具有的正确身姿。在人际交往中，与有声语言密切相关的身姿语是站姿语、坐姿语、行姿语，它们是展现仪容、表现风度、传递信息的有效手段。

（2）身姿语的类型及要求

① 站姿语

站姿语，也称立姿语，是指通过站立的姿态传递信息的体态语。它是讲话的基本身姿之一。一般分为两种形式：一是自然式。或两脚基本平行，相距与肩同宽，脚尖均朝前；或两脚并拢，两脚尖张开60°。双臂均要自然下垂，身体重心均衡分布在两脚之间。二是前进式。两脚一前一后，相距适中，身体重心一般落在前脚，上身可略微前倾。

正确的站姿讲究"站如松"，以自然稳重为原则。其基本要求是肩平、腰直、身正、立稳。交际中的站姿一般情况下不要自始至终采用一种站姿，这样不仅自己很累，还给人僵硬、呆板的感觉。可以根据实际情况随时调整变换，但忌左右摇晃、两脚颤抖。实际生活中，男士站姿要有顶天立地之感，应给人以坚毅、果敢、有担当的印象；女士则要站成小丁字步或双脚并拢，双手交叠放在前腹部，收腹、挺胸、提臀，要给人以优雅、大方、得体的印象。

② 坐姿语

坐姿语，是指通过各种坐的姿势来传递信息的体态语。它是双向会话式语境中听说双方的基本身姿。坐的姿势是一种静态的姿势，指除了下肢以外的上身各部位的姿势。坐姿包括入座与坐定的姿势。入座轻缓，走到座位面前转身，轻稳地坐下。如果需要移动椅子等，应用双手轻轻搬动，尽量避免发出过响的声音。入座后，身体要保持一种相对自然的状态，既不要背挺得过直，双脚并拢，双手放在大腿上，给人僵硬、紧张的感觉；也不能全身瘫软在椅子上，坐没坐相是很不礼貌的。

正确的坐姿讲究"坐如钟"。其基本要求是端正、大方、自然、上身挺直。交际中的坐姿一般情况下头部要端正，上身挺直不摇晃，手臂摆放自然；腿的姿势配合要得当，不要跷起二郎腿，不要随意抖动双腿。尤其在社交场合，无论是什么坐具，都不能坐得太满。交谈时，上身要稍微前倾，表示对对方的尊重和自己的专心；上身需后仰时，幅度不要太大，否则会给人困扰、无聊、想休息的印象。在交际口语中，听说双方都要注意观察对方坐姿的变换，推测其心理状态，以此调控交际过程，实现交际目的。

③ 行姿语

行姿语，也称步姿，是指通过行走的步态传递信息的体态语。它是说话的前奏，是给听者的第一印象。心理学实验表明，人的行姿不仅与其性格有关，而且与其心情和职业有密切的关系。

正确的行姿讲究"行如风"。其基本要求是身体协调，步伐从容，步态平稳，步幅适中，步速均匀。根据人们行走的步态，可将行姿分为以下四种类型：

一是轻松自如型。行走时，步伐稳健，双臂自然摆动，上身正直，两眼平视，步幅不大不小，步速不快不慢。这样的行姿表示轻松自如，安详平静，既大方自然，又端正稳重，是使用频率很高的行姿。多适用于一般会见、探访、出席会议等。

二是庄重礼仪型。行走时，步伐矫健，双膝弯曲度小，步幅、步速适中，步伐和手的摆动有强烈的节奏感，眼睛正视前方。这种行姿所传递的信息是庄重、热情、礼貌。多适用于检阅、颁奖、接见等隆重场合。

三是高昂自得型。行走时，步态轻盈，昂首挺胸，高视阔步，步伐稍快，步幅较大。这种行姿的含义是愉悦、自得、有自豪感。多适用于表现兴奋得意和踌躇满志的心情。

四是沉思冥想型。行走时，步速时快时慢。快时，步子急促；慢时，低视地面，缓缓而行，伴有偶尔抬头回顾，或不时停下搓手等动作。总的步态是踱来踱去。这种行姿的含义是焦急、心事重重、集中思考。多适用于处理重大问题、做出重大决策等。

行姿语还要注意脚尖尽量向前伸出，避免内八字或外八字，双手自然摆动，不晃肩膀。行走时不要慌慌张张、摇摇晃晃、拖拖沓沓。相对而言，男性的行姿要矫健，表现出精神抖擞；女性的行姿要轻盈，表现出庄重优雅。特别值得注意的是，在实际交际中，我们不会始终站着或坐着一动不动地与人交谈，有时也需要一些行姿。但要切记，交谈时的行姿要少而精，要根据表达或环境的需要适当地行走。[①]

四、交际口语的礼仪

礼仪，简而言之，就是人际交往的基本规则。孔子云："礼者，敬人也。""礼"的基本要求是尊重自己、尊重别人、尊重社会；"礼"的基本道德要求必须借助于规范的、具有可操作性的"仪"才能得到准确的展示和表现。所谓教师礼仪，就是教师在学习工作、待人接物、为人处世等方面的言行举止的规范化的做法。

（一）礼仪原则

1. 倾听原则

西方有句很古老的谚语："倾听是最高的恭维。"卡耐基说："最善于言谈者就是最善于倾听的人，通过与他人连接，它赐予你改变他人的力量。"一个人只有一张嘴，却有两只耳朵，或许就是有意要求我们听到的话应该是说出去话的两倍。教师在日常学习、工作与生活中，要想与人进行有效交际，应该善于倾听。

[①] 李元授. 人际沟通艺术［M］. 武汉：华中科技大学出版社，2022：58.

2. 寒暄原则

寒暄是人们相见时的见面语、客套语，是人际交往不可缺少的重要一环。它是交谈者之间一座友谊的桥梁，是进行愉快交谈的前提。其表现技法有以下四种：

（1）问候寒暄法

教师可根据不同的场合、环境、对象进行不同的问候。例如，从年龄上考虑，对学生要问"几岁了"，或者问"上几年级"；对成年人要问"工作忙吧"；对老年人要问"身体好吗"；等等。

（2）兴趣寒暄法

简短谈论对方感兴趣的话题。例如，"最近做PPT有新体会吗？""您的字写得可真好！""最近在忙什么呢？什么时候有空咱们再杀几盘象棋？""五一有出去的计划吗？""教师节你准备如何安排？"，等等。

（3）环境寒暄法

与陌生人见面，一时难以找到话题，要善于根据交谈时周围的环境，随机找出一项来加以谈论。例如，"今天天气真好""今天天气有点冷""早啊，你看那些花开得真漂亮"，等等。

（4）触景生情寒暄法

触景生情寒暄法是针对具体的交际场景临时产生的问候语。例如，"早上好，上班吗？"（在上班路上）；"吃过了吗？"（在食堂里）；"又买了什么好东西？"（在商场里）；"这么用功，还在看书啊！"（在图书馆和教室）；"你看，现在的年轻人真新潮"（在街上）；等等。

3. 接纳原则

在交际时，我们为什么要苛求对方融入自己、事事如己所愿？观点的碰撞、性格的冲突、感情的亲疏等是正常的，我们没必要惊慌失措、怨天尤人、拒人千里之外，应该以更友善的态度去对待别人，以一颗包容的心去接纳别人，多看到别人的优点，少计较别人的缺点，鼓励多于责难。因为任何人都有个性，都有缺点，都有自己的主见，都有自己的世界观、人生观和道德观。"换我心，为你心，始知相忆深。"这是五代时期一位诗人作的《诉衷情》的结语，为我们阐述人际关系提供了又一剂良方——接纳别人。生活哲学是以接纳而不是以排斥为基础的人，容易获得别人的尊重和信赖。

4. 奉承原则

心理学中曾有一个贴标签的效应。如果你给对方贴上一个令他很得意的标签，满足了他的自尊心，他便不得不硬着头皮按照所贴标签去表现。每个人对自己的优点多少有点自负心，而且希望得到别人的承认，需要别人的奉承。在交际时，我们积极地、恰如其分地奉承他人，更容易为人所接受，将会拥有更多的听者和朋友。例如，面对相貌平平的人，我们真诚地说句："你给人的感觉是非常有气质，有内涵。"这样定能造成一种和谐的气氛，令别人愉快，自己也很高兴，何乐而不为呢？

（二）礼仪禁忌

1. 忌抱怨

抱怨的语气，或多或少都带有一定的火药味。有的人爱用抱怨的语气来纠正别人的错误、教训他人的过失，这足以破坏交际的良好氛围。被抱怨的人往往会觉得对方是个高高在上、不善解人意的人，自尊心必然会受到打击，结果是拒对方于千里之外。

2. 忌夸耀

有的人与人交谈时，动不动就提到自己或家人的辉煌业绩或显赫地位。这将伤害听者的自尊，久而久之，听者会觉得对方高人一等、异于常人，进而摒弃、冷淡、孤立这类人。与人交谈时，应以谦和为主，切不可口气傲慢，夸耀自我。

3. 忌贬低

大千世界，芸芸众生，每个人都有自己的嗜好和习惯、优点和缺点、得意和失意的事情，都希望自己能得到他人的认可和赞美。与人交谈，要多赞同他人，认可他人；不可含沙射影，不可尖酸刻薄和贬低他人。贬低对方的人，必然会失去良好的人缘。

4. 忌争辩

美国总统富兰克林曾经说过，说话和事业的进展有很大的关系，你如出言不慎，跟别人争辩，那么你将不可能获得别人的同情、别人的合作、别人的帮助。[①] 争辩很容易伤害别人的自尊心，导致对方产生反感。与人交谈，要常怀求同存异的心态，在没有必要的情况下，不要去和别人争辩。

5. 忌打断

社会心理学家指出，交谈的一个信条就是不打断对方。在与人交谈的时候，谁都喜欢当谈话的主角，谁都不喜欢别人乱插话。特别是当对方谈兴正浓的时候，不礼貌地打断是对他人的不尊重。如果必须插话，则应该利用对方谈话的间隙去插入，而且要表示歉意："对不起，我想插一句。"

6. 忌过分谦虚

古语云："满招损，谦受益。""谦虚使人进步，骄傲使人落后。"做个谦谦君子没有过错，但如果谦虚过头，很容易给人一种虚假、骄傲、无能、不行的印象。瑞士学者希尔泰曾说过："切莫相信过度谦虚的人，尤其对方摆出讽刺他自己的态度时，更不能骤然相信。因为，这种谦虚的背后，八成隐藏了强烈的虚荣心和功名心。"

（三）称呼礼仪

称呼，是指人们在日常交往应酬之中，所采用的彼此之间的称谓语。在人际交往中，称呼语体现了双方之间的关系亲疏、了解程度、自身修养、对对方的尊重程度。得

---

① 罗文筠. 汉语口语表达学 [M]. 成都：西南交通大学出版社，2007：194.

体的称呼能发挥润滑剂的功效，迅速营造出和谐的交谈氛围；而不当的称呼会令对方不悦，影响彼此的关系甚至妨碍交际的进行。称呼有哪些礼仪呢?

1. 称呼要得体

（1）符合对方身份

每个人是社会的人，都有自己的社会定位，有自己的特定身份，如职业、职称、职务、学衔等，我们要根据对方的身份来选择恰当的称谓语。

（2）切合对方心理

不同的人对待称呼的态度也不同，有的人对待称谓很在意，有的人则比较随意。俗话说："看菜吃饭，量体裁衣。"同理，我们称呼人时，也要揣摩对方的心理。例如，对喜欢表明自身社会地位的人，即使对方与我们是同辈人，也应该用其姓氏加职务或职称去称呼，如某某局长、某某主编、某某教授，而不应用随意的称谓语。

（3）合乎交谈场合

选择称谓的方式、语言要考虑环境、场合因素。在工作场合应选用较正式的称谓语，如张局长、王校长、李书记等；在生活场合则可以运用轻松、随意的称谓语，如老王、小赵、钱老、豆豆等。需要强调的是，在会议场合即使遇到熟人也应该用较正式的称谓，如李校长、王书记、赵教授、王经理等，以示尊重。

（4）适应时空变化

称谓语有一定的时代性和地域性，时代变了，地域不同，有些称谓语也就不适宜再用了。另外，此地常用的称谓语，在彼地可能就不适用。例如，山东人喜欢把人称为"伙计"，而南方多数地方把伙计理解为打工仔或学徒工。中国人把配偶称为"爱人"，而西方多数国家将爱人理解为搞婚外恋的第三者。

（5）讲究亲切礼貌

一方面，要通过称呼来表达对他人的态度和一定的情感，使对方感到温馨。例如，对关系亲近者，可直呼其名，或以"小"字加姓氏、小名甚至乳名，上级对下级、长辈对晚辈、老师对学生采用此类称呼可拉近双方距离。另一方面，在称呼中表现出对他人的尊敬和自谦，若非至交，一般不宜指名道姓、直呼其名或绰号，不将自己的地位或身份故意炫耀给对方，不使用零称呼语。

2. 常用称呼语

（1）称呼姓名

一般的同事同学、平辈的朋友熟人、年纪小的晚辈等均可直接称呼对方姓名；有时为了表示亲切，可在被称呼者的姓氏前分别加上"老"或"小"字相称，而免称其名。例如，对同辈或略大于己者，可称"老张"；对年幼于己者，可称"小王"。但这种称呼多在职业人士间使用，不适合在校师生。

(2) 称呼职务

在工作中，以交往对象的职务相称，以示身份有别，这是一种常见的称呼方法。具体做法上，可以仅称呼职务，如"校长""经理"等；也可在职务前加上姓氏，如"高校长""赵经理"等。一般情况下，对方即使是副职也不宜加上"副"字。

(3) 称呼职称

对于有中、高级职称者，可以在工作中直接以其职称相称，例如"教授""工程师"等；也可在职称前面加上姓氏，如"江教授""刘工程师"等。一般情况下，对方即使是副职也不宜加上"副"字。

(4) 称呼学衔

在工作中，以学衔作为称呼，可增加被称呼者的权威性，有助于增强现场的学术氛围，提高对方声誉。可以在学衔前加上姓氏，例如，"潘院士""周博士"等；也可以在学衔前加上姓名，如"潘××院士""周××博士"等。

(5) 称呼职业

即直接以被称呼者的职业作为称呼语。例如，称从事教育工作的人为"老师"，称从事医疗诊治工作的人为"医生"，称从事专业辩护工作的人为"律师"，等等。也可以在职业前加上姓氏或姓名。

(6) 日常泛称

在现实生活中，有时对一面之交、关系普通的交往对象，可采用以下一些相应的泛称。一是使用"你""您""您老"等称呼语；二是以"先生""女士""小姐""夫人""太太"等相称；三是用最为传统而通用的"同志"称呼语；四是用"大爷""大娘""阿姨""叔叔""老兄""老弟""大姐""小妹""小弟"等辈分称呼语。

(7) 零称呼语

在日常生活中，有些人也会使用零称呼语。例如，"穿红衣服的""那个吃东西的""坐在地上的""骑自行车的"等。零称呼语一般不常用，因为它给人造成不礼貌的印象。

3. 怎样称呼学生

正确称呼学生的名字，是与学生进行有效沟通的第一把钥匙。教师在学校称呼学生的方式主要有以下几种：

(1) 称呼全名

即称呼学生完整的姓名。例如"王佳明"。全名称呼多用在需要确认学生身份的时候，如课堂回答问题等场合。有时候当学生不在教师视野内，教师要找对方时，也应用全名称呼。称呼全名也可以在后面加上"小朋友"，如"王佳明小朋友"。

(2) 呼名不加姓

即只称呼学生姓之后的名字。例如，称呼王佳明，只叫他"佳明"。这样的称呼会让学生产生亲切感，容易拉近教师与学生之间的距离。

(3) 叠称名字中的一个字

多数情况下，叠称特指将学生名字中的最后一个字加以重叠称呼。例如，称呼王佳明，可以叫他"明明"，这种称呼属于昵称。如果家长称呼孩子为"佳佳"或"小明"，教师一般情况下就可跟着家长这样称呼学生。

(4) 泛称

泛称即直接称呼学生为"小朋友""同学"。教师第一次见到学生，或者在还不熟悉其姓名的情况下，多采用这种称呼。有时候，在学校遇见不是自己班上的学生，也可称呼其为"小朋友"或"同学"。

4. 注意事项

(1) 初次见面要准确、清晰地称呼他人

初次与人见面，应使用完整的称呼语：姓名＋职务（职称、学衔、职业），要认真、清晰、准确地表达。例如，"袁书记，您好……"如果对对方一无所知，使用泛称称呼语时最好加上确定的对象词，如"这位先生，请问您……"等。

(2) 称呼对方时不要一带而过

在交谈过程中，称呼对方的语气要加重，称呼完后要停顿一会儿，然后再谈要说的事情。如果称呼语一带而过，对方听着不太顺耳，引不起对方兴趣，可能就无法进行有效的交流。

(3) 称呼语尽可能亲属化

使用亲属化称呼语容易打动对方，使人感到温馨。例如，在公众场合，对与自己父辈年龄相仿的人应称"叔叔""大伯"等。

(4) 人数众多时称呼要有主次

当在交际中，需要称呼的人比较多时，一般要注意讲究由主至次，依次进行。具体做法有两种：一是由尊而卑，先长后幼，先上后下，先疏后亲；二是由近而远，即首先称呼最靠近自己的人，再依次称呼其他人。如果几位同行人一同前来，可对对方一起加以称呼，例如"诸位来宾""各位同行""女士们""先生们"等，而不必一一具体称呼每个人。

(5) 不使用庸俗低级的称呼语

有些称呼语在正式场合不应使用。例如，"哥们儿""姐们儿""瓷器""死党"等一类的称呼语就显得庸俗，格调不高；又如，把学校领导称为"老板""老大"也显得世俗化。

(四) 电话礼仪

在现代交际中，电话已成为人们进行交际不可或缺的手段。一位传播学专家曾经指出："不论在任何地方，只凭一个人在电话里讲话的方式，就可以判断出其教养水平。"

在电话里讲话的方式,是由通话者的声音、态度以及所使用的言词三者构成的,也称电话三要素。使用电话时要注意哪些礼仪呢?

1. **拨打电话的礼仪**

(1) 选好通话时间

拨打电话给他人时,通常不应在早上八点以前、晚上十点以后及午休、用餐、公休假等时间内,通话一般应选择在办公时间内进行。

(2) 选好通话地点

因公进行通话前,应斟酌通话的具体地点。地点的选择应具体考虑以下几个因素:第一,通话内容是否具有保密性;第二,通话时是否会妨碍其他人的工作;第三,尽量不要借用外人或外单位的电话。

(3) 准备通话内容

一般情况下,在打电话前应当提前对通话内容有所准备,以便节约时间,抓住重点,条理分明,也可节省通话成本。

2. **接听电话的礼仪**

(1) 接听要及时

听到电话铃声,应及时接听,要遵循铃响不过三的原则。铃响五声后接听,应向对方表示歉意。

(2) 应答要文明

在接听电话时,应先向对方问好,然后自报家门。与对方通话结束,要及时道别,说声"再见"。挂电话时,应由发话人先挂断。

3. **电话交谈的礼仪**

在通电话时如何树立良好的电话形象呢?

(1) 态度良好

即在电话中交谈时,态度要认真、平和,认真听对方在说些什么,平等待人,不骄不躁,不卑不亢,亲切和蔼,善解人意。

(2) 声音清楚

即咬字准确、音量适宜、语调和谐、速度适中、语句简短。语速太快,语句太长,都会影响通话声音的清晰度,使听话方不易听清楚。

(3) 内容讲究

通话时,既要礼待对方,也要表述得体,这就必须做到内容紧凑、主次分明、强调重点、积极响应。通话不宜谈论与既定内容无关的问题,更不宜东扯西拉。最好遵循一个电话控制在三分钟以内的通话原则。

(五) 握手礼仪

1. **握手的顺序**

握手的顺序,一般是主人、长辈、上司、女士主动伸出手,客人、晚辈、下属、男士再相迎握手。

2. 握手的方法

① 要用右手握手。

② 与对方握手时稍微用点力，过紧地握手或是用手指部分漫不经心地接触对方的手都是不礼貌的；握手时间一般以1~3秒为宜。

③ 被介绍后，最好不要立即主动伸手。年轻者、职务低者被介绍给年长者、职务高者时，应根据年长者、职务高者的反应行事。当年长者、职务高者用点头致意代替握手时，年轻者、职务低者也应随之点头致意。和年轻女性握手时，男士一般不要先伸手。

④ 握手时，年轻者对年长者、职务低者对职务高者都应稍稍欠身相握。有时为表示特别尊敬，可伸手迎握。男士与女士握手时，一般只宜轻握女士手指部位。男士握手时应脱帽，切忌戴手套握手。

⑤ 握手时双目应注视对方，微笑致意或问好；多人同时握手时应逐一按顺序进行，切忌交叉握手。

⑥ 通常情况下拒绝对方主动要求握手的举动是无礼的，但在有些情况下（如手上有污渍、潮湿）可谢绝握手，但必须解释并致歉。

（六）常用礼仪用语

古语云："良言一句三冬暖，恶语伤人六月寒。"这说明了礼仪用语在交际口语中的重要性。使用礼仪用语是良好交流的基本条件。交际口语中常用的礼仪用语有：

初次见面用"久仰"，好久未见用"久违"；

表示等候用"恭候"，未及迎接用"失迎"；

让人勿送用"留步"，临分别时用"再见"；

送客离去用"慢走"，送人远行用"平安"；

请人批评用"指教"，别人称赞用"惭愧"；

给人方便用"借光"，托人办事用"拜托"；

向人道贺用"恭喜"，祝人健康用"保重"；

身体不适用"欠安"，大病初愈用"康复"；

登门看望用"拜访"，宾客来访用"光临"；

陪伴朋友用"奉陪"，中途离去用"失陪"；

麻烦别人用"打扰"，请人帮忙用"烦请"；

接受好意用"领情"，感谢他人用"多谢"；

迎接客人用"欢迎"，欢迎顾客用"光顾"；

客人来到用"光临"，客人入座用"请坐"；

希望照顾用"关照"，欢迎光临用"惠顾"；

请人解答用"请问"，赞人见解用"高见"；

无法满足用"抱歉",请求原谅用"包涵";
请人指点用"赐教",请人指教用"请教";
请改文章用"斧正",请人决定用"钧裁";
请人赴约用"赏光",接受教益用"领教";
谢人爱意用"错爱",受人夸奖用"过奖";
对方来信用"惠书",赠送作品用"雅正";
需要考虑用"斟酌",交友结亲用"高攀";
送礼给人用"笑纳",送人照片用"惠存";
借人物品用"劳驾",归还物品用"奉还";
自己住家用"寒舍",他人住宅用"府上";
慰问他人用"辛苦",问候教师用"教祺";
问人姓名用"贵姓",问商铺名用"宝号";
言行不妥用"对不起",请人帮助用"费心";
问老人年龄用"高寿",问一般人年龄用"贵庚",问女士年龄用"芳龄"。

五、口语交际时的心理障碍

教师由于职业特点,绝大多数时间都在和学生打交道,交际对象相对单纯而幼稚,教师也较为自信。但面对着众多的社会群体,不少教师在与人进行交际时,会有诸如不自在、担心、害怕、紧张、羞涩、猜疑甚至自卑等心理反应,这些不良的心理反应现象就是口语交际时的心理障碍。

(一) 常见的心理障碍

从表现形式上分,常见的心理障碍主要有以下几种:

1. 紧张

我们与人初次交流,或是在公众场合,或是身处重要的说话场景,表达时产生紧张感在所难免。适度的紧张是必要且正常的,因为交际时需要说话者具备一定的兴奋度,它有利于提高交谈的效率。但过度的紧张也是一种心理障碍,它会导致出现一系列的生理反应,包括心律、血压的变化以及呼吸系统和肠胃的反应等,外在表现为眉毛紧蹙、心跳加快、面红耳赤、手心出汗、两腿发软等。在这种心理障碍下进行交际,说话者时常会出现口干舌燥、声音发颤、咽喉堵塞、目光呆滞、手足无措、姿势呆板、语无伦次等情况,甚至出现卡壳现象。紧张心理产生的原因主要有:一是对自己的表达水平缺乏自信;二是对表达的结果没有把握;三是对交际结果期待过高;四是受某种突发的外界因素的影响。

2. 羞怯

羞怯是由害怕和胆怯所造成的。据有关调查,有 70%~80% 的人认为胆怯是初次交谈的最大心理障碍。羞怯在交际口语中的具体表现是声音细小，目光呆滞，不敢与别人对视，面红耳赤，呼吸急促，甚至手腿发抖，等等。一般人都有羞怯心理，在公共场合不好意思显露自己，担心自己的言谈举止有不当之处，会引起他人嘲笑；在与人交谈时，总怕有不得体的地方，会影响自己的良好形象。羞怯心理障碍产生的原因比较复杂：有的是个性问题，如个性腼腆；有的是认知问题，如过分注重自我，怕被人耻笑、怕出丑；有的是所受的教育问题，如父母告诫女孩子应该文静，说话声音要小，见到陌生人和异性要回避，等等。

3. 自卑

自卑是一种消极的心理状态。有自卑心理的人，不敢大大方方地与人平等交流，担心受到别人冷落与嘲笑。在进行言语交际时，常常会情不自禁地出现脸红心跳、语无伦次、手足无措等现象。自卑的本质是自我意识的弱化。自卑的人看不到自己的优势，经常用放大镜去看自己的缺点，只看到自己的不足，觉得自己什么都不如别人，常认为自己拙嘴笨舌，有时更担心自己说的话会让人见笑。自卑心理产生的主要原因有：一是个体的身体存在某些缺陷；二是个体能力存在缺陷；三是个体所处的环境及地位存在缺陷。自卑心理严重的人，有时会产生极度的抑郁心理，影响心理健康，制约交际能力的提升。

4. 急躁

在现实生活中，人们经常有意识地按照一定的模式、采用一些特殊的方法来表现自己，以便给人留下一个自己所期待的印象，并借此达到某一个预定的目的。有的人这种自我表现欲特别强烈，但由于对自己的期望过高，就想通过过度的表现来抬高自己，结果常出现事与愿违的局面，交际场面甚至会出现失控现象。犯有这种心理障碍的人在交谈初期，常常自我陶醉、自我炫耀、自我满足；一旦对方对其言语不屑一顾或评价不高，就情绪低落、自卑自怜、郁郁寡欢、闷闷不乐，或者怨天尤人，情绪难以自控。

5. 猜疑

猜疑心重的人总是以一种怀疑的眼光看人，对人怀有戒备之心，严重地妨碍着人与人之间的正常交往。把人与人的关系搞得很紧张，久而久之，会使自己陷入与别人隔阂、与集体隔阂的孤立境地。犯有这种心理障碍的人，在与人交际时，其言谈常常显得不真诚，虚情假意的话语较多，有时会使用一些尖酸的语言。

（二）克服心理障碍的方法

1. 心理暗示法

从心理学角度讲，人的潜意识只接受肯定的信息。心理的毛病用心理的方法去矫正最直接、最有效。因此，克服心理障碍最好的办法就是要自信。每次在与人交谈前，让心里感觉重新归位，要在心理上暗示自己："我的话别人愿意听""我与别人交谈一定能成功""我为此已经准备得很充分了""他有他的优势，我有我的特点"，等等。

2. 生理调节法

生理与心理是互动互制的，心理的变化会引起生理的变化，生理的调节也会对心理产生影响。例如，美国资深评论家卡龙·波恩在哈佛大学学习时，曾在公众面前做过一次讲话，题目是《国王的故事》。为了这次讲话，他把这篇故事逐段逐句地背诵下来，并且预讲了几十次。刚开始，他信心十足地走上讲台："女士们、先生们，我要讲的国王是个怎样的人呢……"突然，卡龙·波恩脑子里一片空白，什么都记不起来了。他又惊又怕，几乎不知所措。在绝望之中，他灵机一动，做了三个动作：一是深深地呼吸了几下；二是用笔在讲台上乱划一通；三是退后几步摆了个弯弓射箭的姿势。如此折腾一番，原来的故事情节想起来了，他趁机弥补自己刚才看似滑稽的表演，说："我刚才做的动作就是故事中国王经常做的动作，因为他是个文武双全的人。"接着，他一口气讲完了这个故事，取得了非常好的效果。

3. 微笑注视法

具有交际心理障碍的人往往害怕与对方进行眼神交流，常出现低头、抬头、侧身、目光游移等影响交际效果的不正常的反应。交谈时，说话者要正视对方，这不仅仅是出于礼貌，更重要的是讲话者与听者进行全方位互相交流的需要。每个人都有这样的体验：当你站在镜子前时，你笑，镜中的人也对你笑；你皱眉头，镜中的人也对你皱眉头。与人交谈同样存在这种镜子效应。保加利亚哲学家万基里尔·瓦西列夫说："爱的微笑像一把神奇的钥匙，可以打开心灵的迷宫。它的光芒照亮周围的一切，给周围的气氛增添了温暖和同情、殷切的期望和奇妙的幻景。"[①] 微笑能使别人容易接受自己，能使自己赢得别人的信赖。从某种意义上讲，微笑注视法是打开人心理障碍的神奇钥匙。

4. 情境诱发法

良好的情境能提供语言的材料，促进语言的发展。我们要善于抓住交际情境，使自己置身其中，激发交谈欲望，使自己产生不说不快之感，这样才能逐渐有效地克服心理障碍。例如，某高校文学社经常组织文学沙龙活动，活动中大学生们谈起文学话题各有见解，不乏精彩发言。小李同学自入社以来很想与同学们交流，可每次活动她都在别人的高见面前自贬三分，丧失信心，有时想表达自己的不同见解，可话到嘴边又犯起嘀咕，常常打退堂鼓。其实，小李在文学上还是有些见解的，创作上又有所收获。一次，同学们在讨论林黛玉与薛宝钗的话题，刚好这是她特别熟悉的。在社长的引导下，小李尝试着发表自己的见解。没想到，同学们听得津津有味，小李的发言赢得了阵阵掌声。从此，小李变得自信、活跃起来，成为文学社的骨干。

5. 注意转移法

注意是人们的一种意向活动，它使人的认识活动和行为有一定的方向，以保证某种

---

① 瓦西列夫. 情爱论［M］. 赵永穆，范国恩，陈行慧，译. 2版. 北京：生活·读书·新知三联书店，1997：157.

认识和行动得以有效进行。注意转移法的运用是指在交谈前为克服心理障碍而将注意力分散，或将注意力转移到其他的人、事、物上。例如，我们第一次登台讲课，正式上课前，可将注意力转移到教室的布置方面，细心地"研究""揣摩"黑板报的设计，以对某一事物产生新兴趣而使大脑紧张度得以缓解，使情绪趋于平静。又如，在进行演讲、求职面试等比较重大、比较正式的口语交际前，还可以听听音乐，看看开心一刻的幽默故事，与自己熟悉的人开开玩笑，等等，这些都有助于冲淡紧张的情绪。

 实训平台

一、交际口语的运用原则训练

（一）课堂实训

1. 熟悉交际口语的五大原则，并从生活中寻找相对应的交际案例予以解读。

2. 你是一名大三学生，这是你现在的社会角色，但又不是你唯一的角色。在交际的过程中，你要与不同的人接触，你的角色也会随之发生变化。根据下列不同的交际角色，分别设计一段自我介绍。

（1）与刚入校的新同学进行个别交流。

（2）与你的班主任或辅导员进行个别交流。

（3）在就业招聘会上进行自我推介。

（4）面对一个你第一次见面的远房亲戚。

（5）暑期开展义务支教活动，面对学生家长。

（二）课外实训

在现实生活中，我们每个人的生活周围总会碰到性格内向、内心却十分丰富的同事或亲朋好友，尝试主动地与他们交谈，将交谈的言语记录下来，并尝试用口语交际的五大运用原则进行评析。

（三）他山之石

遛　狗[①]

卡耐基常常带着他的爱犬雷斯到公园散步，雷斯是一只友善而不伤人的小猎狗，因为他们在公园里很少碰到人，所以雷斯常常不系狗链或不戴口罩。

一天，他们在公园里遇见一位骑马的警察，警察好像迫不及待地要表现出他的权威。

"你为什么让你的狗跑来跑去，不给它系上链子或戴上口罩？"他申斥道，"难道你不晓得这是违法的吗？"

---

① 康青，舒磊. 教师口语训练教程［M］. 南昌：江西高校出版社，2008：163-164.

"是的，我晓得，"卡耐基轻柔地回答，"不过我认为它不至于在这儿咬人。"

"你不认为！你不认为！法律是不管你怎么认为的。它可能在这里咬死松鼠，或咬伤小孩。这次我不追究，但假如下回让我看到这只狗没有系上链子或套上口罩在公园里的话，你就必须跟法官解释啦。"

卡耐基客客气气地答应遵办。

卡耐基的确照办了——而且是好几回。可是雷斯不喜欢戴口罩，卡耐基也不喜欢那样。因此他们决定碰碰运气。事情很顺利，但接着他们撞上了暗礁。一天下午，雷斯和卡耐基在一座小山坡上赛跑，突然，卡耐基看到那位执法大人，骑在一匹红棕色的马上。雷斯跑在前头，直向那位警察冲去。

这下栽了，卡耐基知道这点，所以他决定不等警察开口就先发制人。他说："警官先生，这下你当场逮到我了。我有罪，我没有托词了，没有借口了。你上星期警告过我，若是再带小狗出来而不替它戴口罩你就要罚我。"

"你忍不住？"警察问。

"的确是忍不住，"卡耐基接着说，"但这是违法的。"

"像这样的小狗大概不会咬伤别人吧？"警察反而为我开脱。

"不，它可能会咬死松鼠。"我说。

"哦，你大概把事情看得太严重了。"他告诉我，"这样办吧，你只要让它跑过小山，到我看不到的地方——事情就算了。"

二、交际口语的言语表达训练

（一）课堂实训

分析下列交际口语的成败原因：

（1）电视剧《二子开店》中有这样一个场面：全面进行微笑服务训练，只有老魁笑不出来。小豆说道："经理说了，不管出了什么事情都得笑，就是他亲爹死了，也得笑。"老魁一听，急了，大声嚷嚷："什么？那我就更笑不出来了！噢，他亲爹死了，我再笑，那不成了诈尸了！"老魁是经理的父亲，听了小豆的话，怎能不急？怎能不发火？①

（2）据说当年李鸿章出访美国，在一家饭店宴请当地官员，照例说几句客套话："我们略备粗馔，没有什么可口的东西，聊表寸心，不成敬意，请大家包涵……"谁知饭店的美国老板听了这些话后，大发雷霆，认为李鸿章故意败坏他们饭店的声誉，扬言要提出控告，要求赔礼道歉。②

（3）《战国策·宋卫策》里有一个故事：卫国有一个人迎娶新娘，新娘一上车，就问："驾车的马是谁家的？"赶车的说："借的。"新娘说："要爱护马，不要鞭打它。"

---

① 谢普. 散财聚人法则：得人心者得天下 [M]. 北京：华龄出版社，2021：223.
② 赵毅，钱为钢. 言语交际 [M]. 上海：上海文艺出版社，2000：75.

车到了新郎家,新娘一下车就对佣人说:"去把灶里的火灭了,免得失火。"进门看见了一个石臼,她又说:"搬到窗子下面去,放在这儿挡道。"听到新娘的话,新郎家的人都笑了起来。①

(4)吴王不听众臣的劝告,决心攻打楚国,并警告大臣说:"有敢于谏阻者,我就处死他。"众大臣噤若寒蝉。吴王门客中有个青年人,一连三个早晨带着弹弓在吴王后花园徘徊,露水打湿了他的衣服。吴王见了,好奇地问:"你何苦让露水把衣服沾湿成这样呢?"青年回答道:"这个园里的一棵树上有一只蝉。蝉高高在上,悠闲地叫着,自由自在地喝着露水,却不知道有只螳螂在它的身后呢。螳螂把身子贴在隐秘的地方,只想捉蝉,却不知道有一只黄雀在它后边呢。黄雀伸着脖子想啄螳螂,却不知道在它的下面有人拿着弹弓呢。这三个动物都力求得到自己眼前的利益,却不管它们身后隐伏着祸患啊!"吴王听罢,明白了他的用意,便放弃了攻打楚国的打算。②

(二)课外实训

1. 模仿山谷回声由大到小,由远及近地喊一喊。

"喂~~~~~~~~~~""喂~~~~~~~""喂~~~~""喂~~"

"你好吗?~~~~~~""你好吗?~~~~""你好吗?~~~""你好吗?~~"

训练提示:这是音量控制的训练,要注意运气,气足音响。声音由大到小自然过渡,要注意用共鸣腔,不要扯着嗓子喊,音色才好听。

2. 由小声到大声地模仿动物叫声。

小老鼠:吱吱吱　小花猫:喵喵喵　小鸭子:呷呷呷　小山羊:咩咩咩

小青蛙:呱呱呱　大花狗:汪汪汪　大老虎:嗷呜嗷呜嗷呜

训练提示:这是音量、音色的综合训练,模拟不同动物音色应有不同。注意各种拟声词语音发音位置的不同。

3.《拔萝卜》片段。

老公公喊:"老婆婆,老婆婆,快来帮忙拔萝卜。"

老婆婆喊:"小姑娘,小姑娘,快来帮忙拔萝卜。"

小姑娘喊:"小花狗,小花狗,快来帮忙拔萝卜。"

小花狗喊:"小花猫,小花猫,快来帮忙拔萝卜。"

小花猫喊:"小老鼠,小老鼠,快来帮忙拔萝卜。"

训练提示:老公公的声音最粗,低沉,语速缓慢;老婆婆的声音适中,音色要苍老沙哑些,语速缓慢;小姑娘声音细、甜美、圆润,音色幼稚;小花狗声音略粗,语速加快;小花猫声音尖细,语速要快。

---

① 赵毅,钱为钢. 言语交际[M]. 上海:上海文艺出版社,2000:70.
② 曾羽. 大学思想政治工作方法[M]. 贵州:贵州人民出版社,2005:188.

（三）他山之石

You are a lucky dog

有位中国大学生在一家大型外企公司的面试中被录用。美国老板对他说："You are a lucky dog."在西方文化中，狗以它的忠实赢得了人们的青睐，它在英语国家里身价百倍，人们把它当作宠物，狗被称为"man's best friend"（人类最好的朋友）。狗的形象是正面的，与狗有关的词语也是褒义的，起码是中性的。在英语中，常用狗来比喻普通人的生活的行为，习语"a lucky dog"意为"幸运儿"。但被祝福的中国学生流露出不快的表情。因为该老板忽视了我国的文化禁忌，在我国传统文化中，有"狗急跳墙""狗仗人势""狗眼看人低""狗腿子"等贬义词，常用来表达人们对狗憎恶的情感。

喜欢哪国美女[①]

民国时顾维钧担任驻美大使，有一次，他参加各国使节团的国际舞会，与他共舞的美国小姐突然问他："请问，您喜欢中国小姐，还是美国小姐呢？"这个问题不好回答，若说喜欢中国小姐，立刻得罪美国小姐；若说喜欢美国小姐，又有失作为公使的自尊；若是都喜欢，又过于庸俗。顾维钧略思片刻，不慌不忙地回答："不论是中国小姐还是美国小姐，只要是喜欢我的人，我都喜欢她。"

雷声之后必有倾盆大雨[②]

古希腊著名哲学家苏格拉底娶了一位厉害的妻子。有一天，正当苏格拉底与友人高谈阔论时，他的妻子气冲冲地闯进来，大发雷霆，并把一盆水浇到苏格拉底头上。这过火的举动令朋友们大为惊愕，以为一场"战争"在所难免。谁知苏格拉底却风趣地说："我早已料到，雷声过后，必有倾盆大雨。"朋友们听了这话，无不开怀大笑。本来尴尬的场面顿时活跃起来，苏格拉底的妻子也满脸羞涩，退了出去。

三、交际口语的体态语训练

（一）课堂实训

1. 讲述《"0"的断想》，注意眼神、手势、身姿与口语的协调配合。

"0"的断想　　　　　　　　　　手势建议

0是谦虚者的起点，　　　　　　（掌心向上抬起，中区。

是骄傲者的终点。　　　　　　　翻转掌心下压。）

0的负担最轻，　　　　　　　　（抬臂，掌心向上，轻晃。

但任务最重。　　　　　　　　　紧握拳，用力，拳心向内。）

0是一面镜子，　　　　　　　　（举臂，掌心向内，

让你认识自己。　　　　　　　　目视掌心。）

[①] 康青，舒磊. 教师口语训练教程［M］. 南昌：江西高校出版社，2008：184.
[②] 江立员，李红. 幼儿教师口语［M］. 南昌：江西高校出版社，2019：35.

0是一只救生圈，   （掌心向下，画圈，
让弱者随波逐流。   由内向外缓缓移动。）
0是一面敲响的战鼓，   （上举拳，有力，
使强者奋勇前进。   伸掌指上前方，有力。）

2. 根据提示，运用合理的态势语讲述下面的故事。

河马的晚餐①

佚 名

河马走进饭店（摇头晃脑），坐在他最喜欢的位子上。他大声叫道（大声地，音粗而重）："服务员！我要一份汤，一份卷心菜，一份马铃薯！快点快点，我的肚子已经很饿很饿了！"

只一小会儿工夫，服务员就把饭菜送来了。河马看看菜盆，可不满意了（低头看，再摇头）。他气呼呼地说："服务员（不满地），这么一丁点儿吗？还不够一只鸟儿吃呢！我要一大缸汤，一大桶菜（两手围成圆圈做两次），一大堆马铃薯！（两手指尖相对再分开）"

服务员连忙回到厨房，给他搬来一大缸豆腐汤，一水桶卷心菜，像小山似的一堆马铃薯。

河马高兴了，他"咕喳咕喳"吃起来，不一会儿就全吃光了。

"真好吃！"河马用餐巾抹抹自己嘴巴（点点头，擦嘴），准备走了。

可怎么了？（摇晃头）他连动也不能动一下了。他吃了一惊，瞧瞧自己的肚子，已经胀得很大很大（挺肚子，手摸肚子，眼看肚子），被夹在座椅和桌子中间了。他拉呀，拉呀（双手叉腰摇晃上身），拼命想把身子拉出来，但一点儿也拉不动。他已经没法让自己的身子移一移啦！（表情难受）

一个多钟头过去了，别的顾客们一个个吃完晚饭都走了。厨师脱下工作服，离开了锅台。服务员洗完碗筷，关掉了电灯。他们全都回家去了。（目光不舍地送人离开）

店堂里空荡荡的。河马孤零零地坐在那儿，一个连一个地打着饱嗝。他看看黑乎乎的餐厅说："唉！我真不该（摇头）吃这么多！"

3. 猜成语游戏。

两位同学搭配完成比手画脚猜成语游戏，其中一人负责用态势语表达成语的意思，另一人负责猜出成语。

4. 以"这就是我"为话题，按下面的要求介绍自己。

第一，不慌不忙地走上讲台，先站定，再抬头，最后用目光注视台下听者半分钟左右，接着向大家说话。

---

① 徐莉萍，佟舒眉. 中外童话语言故事1001夜：讲到你的孩子长大［M］. 北京：中国国际广播出版社，1990：175.

第二，说话中，必须有2~3个富有个性的手势。

第三，整个过程要采用微笑语。

第四，说话时间不超过2分钟。

(二) 课外实训

1. 体态语单项实训。

(1) 表情训练。

① 对镜自视。

站在镜子前，观察自己在不同的心理状态下面部表情的变化。例如，微笑—大笑—苦笑—冷笑，激动—悲痛—愤怒—感动。

② 虚视实训。

自行找时间站讲台上进行训练。方法：

一是眼睛从正前方看出去，盯住教室后面黑板报的一张图，心里想着对它说话，用以排除众目睽睽的压力感。

二是眼望前方，盯住想象中的远方的某一景物，使我们既可以抬起头来，又能有目的地避开台下的目光。

(2) 手势实训。

具体练习方法：第一步，将两手手心相对，合掌于胸前，开始想象有一粒种子埋在土中。第二步，双手手心微微打开，想象幼芽萌发出来了，以指尖表示嫩芽。第三步，手指微开，想象花蕾开始绽放了，脸上同时要露出笑容。第四步，将意念传达到指尖，让花开放三分；然后，想象花开了五分，开了七分，同时脸上的笑容也随之越来越灿烂。第五步，将手指打到最开，但手掌间还是要合拢，感觉花儿已经全部盛开，笑容也最灿烂。

做这个练习，一定要慢慢地做，用心去体会，有意识地支配手的动作，达到对手势的自如运用。

(3) 站姿实训。

① 靠墙站立法。

双脚与肩相平，身体背靠着墙，让后脑勺、肩胛骨、臀部、脚后跟都能与墙面呈点的接触，这样就能体会到站立时的身体各部位的感觉了。每天练习20分钟，也可分时间段来练习。

② 收腹立腰站立法。

做这个练习，主要是让自己有一个向上的感觉，感觉头顶中间有一根绳子从上面拉着你，然后肩放松下沉，腰背自然挺立，双手叉腰，有整个身体往中间收拢成一根绳的感觉，而且要觉得身体随之长了，还在努力往上长，让背部、腰部、臀部都向中间收紧，有很强的绷紧的感觉。这样站立一分钟左右就休息一下，然后反复地练习几遍，对塑造挺拔的身姿非常有效。

坐姿实训可参照以上两种方法进行，训练时坐的时候尽量坐在椅子的前部，双脚要并拢，不要分开。

(4) 行姿实训。

具体做法：把一本书或者一个小垫子放在头顶上，视线落在前方四米左右的地方，手可以叉腰，也可以自然下垂前后摆动，坚持走一段距离，休息一下再反复练习。

修正线条：这一练习可以让我们走姿变得优美。在地上放一条宽五厘米左右的带子，迈出去的脚只能让脚跟内侧碰到带子，如果踩到带子就变成外八字了，臀部还会外翘，显得没有活力。

2. 体态语综合实训。

(1) 观看优秀演讲家的演讲录像和优秀教师的教学录像，对其体态语进行赏析，并进行模仿训练。

(2) 观看有关礼仪录像，练习站姿、坐姿、行姿，同学之间相互纠正不良身姿。

(3) 哑剧小品训练。构想生活中的每个情节片段，以哑剧形式表现出来。或一人表演，或多人合作。表演后，让观看的同学说出大致内容或主要情节，以测定体态语的表现力。

(三) 他山之石

如何读懂眼神

眼神散乱，便可明白他精神紧张、不知所措。

眼神如剑，便可明白他态度冷淡、立场坚定。

眼神阴沉，则说明他图谋不轨、心有邪念。

眼神游离，便可明白他注意力不集中、魂不守舍。

眼神呆滞，便可明白他无心做事。极度惶恐的时候也会流露出这种眼神。

眼神泛红，便可明白他此刻是怒火中烧。

眼神恬静，面有笑意，便可明白他对于某事非常满意。

眼神下垂，连头都下倾了，便可明白他心事重重、万分痛苦。

眼神上扬，便可明白他不屑听你说。

四、交际口语的礼仪训练

(一) 课堂实训

收集日常交际中较为典型的交际口语，分析其礼仪的优劣，并阐述原因。

(二) 课外实训

1. 称呼语情境实训。

实训方法：将寝室成员分成4个小组，每组2～3人，假设各种社会身份：大学教师、学校工人、大学生、学生家长……

想象四组人在校门口相遇，相互称呼、介绍、寒暄……

训练要求:(1)要运用合乎礼仪的称谓语。(2)每个人都要发言。

2. 在日常生活中注意观察身边的人在打电话时的各种形态、语言,并将它们归类,做出简要分析。

(三)他山之石

有教养的人[①]

无论是开会、赴约,还是做客,有教养的人从来不迟到。他懂得,即使是无意迟到,对准时到场的人来说,也是不尊重的表现。万一由于某种原因开会迟到了,那么,他就会尽可能悄悄走进会场,力求不因为自己的到来而影响别人研究正事。他会坐在紧靠门口的椅子上,而不是在屋里来回走动,到处去找座位。

有教养的人从不打断别人的讲话。他首先要听完对方的发言,然后再去反驳或者补充对方的意见。在这种情况下,急躁和慌乱,不仅不能加速事情的进程,反而会引起神经过敏和思维紊乱,以致延误问题的彻底解决。

有教养的人在同别人谈话的时候,总是看着对方的眼睛,而不是翻阅文件,来回挪动什么东西,或者摆弄铅笔、钢笔等,因为这些动作只会反映出不耐烦的情绪,使来访者发窘,以致打断人家的思路。其结果只会占去谈话双方更多的时间。

在古希腊时代人们就发现:文明的人从不高声讲话。高声讲话令人厌烦,会影响周围的人,甚至使人恼怒。

有教养的人从不生硬地、断断续续地回答别人的问题。明确简练和简单生硬毫无共同之处。

有教养的人尊重别人的观点,即使他不同意,也从不喊叫什么"瞎说""废话""胡说八道",而是陈述理由,说明不同意的原因。

无论是工作还是休息,有教养的人在与人交往时,从不强调自己的职位,从不表现出自己的优越感。

有教养的人遵守诺言,即使遇到困难也从不食言。对他来说,自己说出来的话,就是应当遵守的法规。

有教养的人,在任何情况下,对妇女,尤其是上了年纪的妇女,总是表示关心并给予照顾。

有教养的人,从不忘记向亲人、熟人、同事祝贺生日和节日。特别是由于某种原因而无须特别庆祝某一纪念日的时候,表示关怀尤为重要。

有教养的人善于分清主次,权衡利弊,不会因为一点小的冲突或难言的心事而和朋友断绝友好关系。

有教养的人,不当众指责别人的缺点。对别人的兴趣、爱好和习惯从不表现出否定

[①] 杨阳,姚广宜. 商务交际通[M]. 北京:企业管理出版社,2001:80-82.

的态度。

有教养的人，在别人痛苦或遇到不幸时，绝不袖手旁观，而是尽自己的力量和可能给予同情。如果是很亲近的人，他就要全力以赴做出需做的一切。如果是同事、熟人或邻居，他也要表示同情，打电话问候，或者抽时间前去看望。

有教养的人，在街上发现孩子们的越轨表现和淘气行为就会前去制止，并认为这样做是自己的责任。

五、口语交际时的心理障碍训练

（一）课堂实训

在日常交际中，你主要存在哪些心理障碍？又是如何克服的？通过本知识点的学习，你觉得怎样做才能有效改变你的这些问题？

（二）课外实训

设置教师招聘模拟情境，并按下列要求进行实训：

第一，由3名同学扮演考官，1名同学扮演大学毕业生，其他学生扮演观众。

第二，3位学生性格各异。甲考官性格温和，问话亲切，富有启发性；乙考官性格内向，问话言简意赅，表情严肃；丙考官感情外露，问话中含有鲜明的情绪倾向。

第三，大学毕业生以稳健的谈话风格、质朴的语言、饱满的精神状态，向考官推销自己的学识、才干、品行和青年大学生普遍具有的事业心。

第四，由学生观众评出最佳扮演者。

第五，对4名学生角色扮演与言谈举止是否相符进行评价，并讨论口语表达与角色扮演应如何相匹配。

（三）他山之石

克服心理障碍的训练——五步练功法

第一步：站的练习。①在室内自由站立，站直身体，不能依靠任何物体。②两腿只分开几厘米，并把自己的体重均匀地分配在两条腿上；必要时可以把体重移到左腿或右腿上，但不能向某一侧过分倾斜。③两臂交叉着放在胸前，两手轻松地或沉重地落下，让胳膊感觉到放松。④创造机会，登上讲台，寻找居高临下的那种感觉。

第二步：看的练习。①站直自己的身体，两眼正视前方；不能左顾右盼，更不能低头弯腰。②如果有人投来友好的目光，要以礼相待；即使是挑衅的目光，也要处变不惊才是。③只要出现在公共场合，就绝不错过看人的机会。

第三步：念的练习。①经常朗诵优秀的文学作品，声音洪亮，感情充沛。②积极参加口语表达训练活动，反复朗诵演讲词，注意语调和节奏。③利用班会或其他的课外活动，尽可能地在公共场合争取听者。

第四步：说的练习。①语速适中，要让听者能跟得上。②语调自然，要让听者或观众能听得懂。③句式灵活，要尽最大可能做到口语化。

第五步：演的练习。① 手势灵活，眼神自然，服饰大方而得体。② 有助于有声语言的表述，让听者或观众便于理解。

口语表达五步练功诀：先找讲台练站功，站在台上练看功；看着听者练念功，念熟讲稿练说功；说着话题练演功，甩手自在显神通！

第三章 交际口语类型

人们在日常生活、学习和工作中,往往不是简单地运用某一种口语来与人交流,常常需要选择不同的口语类型来进行交际。根据说话的内容、场合、方式和实际需要,形成了复杂而普遍的交际口语类型。本节主要介绍交谈、即兴讲话、即兴演讲、日常辩论、讲故事五种形式的交际口语。

一、交谈

(一) 交谈的内涵

交谈,是指人与人之间的直接对话。它是交际口语中最常用、最简便、最直接的一种交际口语类型,贯穿于人类活动与社会交往的整个过程中,是人们传递信息、交流思想、增进情感、建立友谊的重要方式。它是生活的纽带、学习的途径、工作的桥梁,也是事业成功的基石。在现实生活中,人们通过交谈,获取信息、交流思想、联络感情;在社会生活中,交谈的应用极为广泛。朋友亲人间的情感交流、同事之间的工作交流、同学之间的学习交流、师生谈心等,都是在交谈中进行的。交谈效率的高低直接影响工作、生活、学习的质量。善交谈已经成为新时代人才的重要条件,也是教师必备的素质。

(二) 交谈的主要特点和要求

1. 话题灵活多变

交谈作为一种常用的交际口语,话题往往灵活多变、不拘一格。交谈的内容具有多变性、生成性。交谈双方或多方提出自己感兴趣的话题,既可事先确定主题,也可没有主题;既可有目的,也可没目的;既可就共同的话题展开,也可以随时提出新的话题;既可有限定的交谈范围,也可海阔天空、自由漫谈,从一个话题转换到另一个话题。相比于演讲、辩论来说,交谈的话题显得随意宽泛。当然,由于谈话时话题容易变换,所以谈话双方或多方应适当调控话题,以免答非所问,东拉西扯。

2. 听说交互配合

交谈是一种信息双向传递的言语交流活动,参与者具有说话者和听者双重身份,既要听,又要说。交谈的过程实质上是双方相互传递、反馈信息的过程,听说彼此交替,相互承接,又相互制约。说话者要尽量用简明扼要的语言说清楚自己要表达的意思,使对方能够理解,容易接受;听者则要迅速把握对方话语的意思,并能听出话外之音、言外之意。说话时，不要滔滔不绝，不给对方说话的机会；听话时，不要心猿意马，或抢白发言。

3. 语言要口语化

由于交谈时话题的多变性与不确定性，导致语义需靠临时组织的语句来表达。交谈的即时性也决定了交谈时话语是现想现说的。为了使对方明白自己想表达的意思，说话者必须遵循口语表达的口语化特点。一般来说，口语要比较通俗、亲切、自然，具有浓郁的生活色彩，可多使用形象的词语及拟声词、重叠词等，还可适当使用俗语、谚语、歇后语等。同时，口语的句子要短小精悍，结构简单，修饰语少，在特定的语境中常常采用省略句。

4. 适度使用体态语

在交谈中，体态语是配合有声语言传递信息的一种形式，起着辅助表情达意的作用。交谈时，说话者的身体姿态、举手投足、神情容貌始终伴随着其有声语言发送着各种信息。动态、直观、生动的体态语和有声语言相协调，同时作用于人的视觉和听觉，对有声语言所传递的信息起着补充、强化的作用。同时，体态语也是交谈双方心理状态和情感的自然流露或有意识的表现。使用体态语，首先要自然大方，一切都应该是情之所至，不能矫揉造作；其次要得体、适度，要恰如其分，不过分夸张，不喧宾夺主，要和有声语言的内容、语调、语气、节奏等相协调，和交谈双方的心态、情感相吻合，和特定的语境相适应。

5. 方式因人而异

在工作、生活中，每个人都要和各类人打交道。在交谈时，我们不可能拥有一套通用化、标准化的说话方式，而应因人而异，"射箭要看靶子，弹琴要看听众"，要学会"看菜吃饭，量体裁衣""到什么山上唱什么歌""见人说人话"；要善于选择合适的谈话内容，根据不同对象的不同情况，如语言习惯、性格爱好、年龄特征、职业经历、文化素养、心境特征等，采取恰当的言语表达方式。

6. 观点求同存异

人人都是社会之人，都有自己的思想和见解，有自己看问题的独特角度，受知识、经历、阅历、年龄、人生观、世界观等方面的限制，即使面对同一问题，有时候交谈的双方也会仁者见仁、智者见智，"横看成岭侧成峰，远近高低各不同"，结论自然也会不一致。这时候，我们就要学会求同存异，即在交谈中寻找双方的共同点，保留分歧点，取得对方的理解。切不可将自己的观点强加于别人身上。这也是成功交谈的特点之一。

（三）交谈的技巧

交谈是一门艺术。人们复杂的心理和千变万化的交谈场景使得交谈的技巧也纷繁多样。只有熟悉与运用不同的交谈技巧，才能使交谈更具灵活性和应变性。常见的话题的提出、展开和调控等技巧如下：

1. **话题提出**

话题提出的方式因人而异，也受交谈目的的制约。根据交谈时不同的语境，话题的提出主要有以下三种方法：

（1）直截了当法

直截了当法，是指在交谈时把话题直接提出来，并很快进行深入的交谈。一般来说，与熟人交谈可以开门见山地直接引出话题。

（2）迂回切入法

迂回切入法，是指在交谈中不宜直接向对方提出意见或发表观点时，用兜圈子、绕弯子的方法，把要讲的话题用委婉的语气讲出来，使对方听后能从中体味意义，接受意见，从而达到交谈的目的。迂回切入法是人们日常交谈中较为常用的一种谈话技巧。运用此法时，通常借用历史故事启迪对方，点明主题；也有用闲聊的方法，先让对方将话题引出，并从中审视对方对该话题的态度，到适当时候再将自己的主张抛出来，引导对方同意自己的主张。

【示例】《战国策》有一段著名的触龙说赵太后的故事：

赵太后新当权，秦国猛攻赵国。赵国王族向齐国讨救兵。齐国表示："必须由长安君来做人质，大军才能出动。"太后不答应，大臣们拼命劝说。太后明确地告诉她身边的那些人："有再说要叫长安君去做人质的，我老太婆一定吐他一脸唾沫！"

左师触龙要求见太后。太后一肚子气等着他来。触龙进了门，慢条斯理地走上前几步，到了太后跟前，先自己请罪，说："老臣腿脚不方便，简直不能走快步，没有机会来朝见您好久了，只好私下宽恕自己。可是，又惦记着太后贵体有何不适，所以要求当面看看太后。"

太后说："我老太婆只好靠车驾行动行动。"

触龙问："每天饮食还没有减少吧？"

太后答："靠吃点稀饭罢了。"

触龙："老臣这一晌特别不想吃饭，就自己撑着散散步，一天走它三四里，渐渐地越来越想吃一些，确实对身体有好处。"

太后说："我老太婆做不到。"太后的脸色稍微缓和了一些。

触龙："老臣的儿子当中，舒祺排行最小，顽皮不学好。可是老臣不中用了，心里很疼爱他，想叫他能补上黑衣卫队凑个数，来守卫皇家的宫殿。我冒着死罪来报告您。"

太后说："一定照办。他几岁了？"

触龙说："15岁了。虽说岁数还小，总希望趁我还有口气，把他托付好了。"

太后说："男子汉也疼爱他的小儿子吗？"

触龙答:"比妇人还要厉害些。"

太后笑了起来,说:"妇人特别厉害。"

触龙说:"老臣私下认为您疼爱燕国王后胜过了疼爱长安君。"

太后说:"你想错了,不像疼爱长安君那么厉害。"

触龙说:"父母疼爱儿女,就要替他打算得周到而久远。您送燕国王后出嫁的时候,抱住她的脚跟,为她掉眼泪,心里舍不得她出远门啊,也是在可怜她了。动身之后,并不是就不想念啊。敬神祭祖总要为她祷告:'决不能让她退回来。'难道不是图个长久,要她子子孙孙继承王位吗?"

太后说:"正是这样。"

触龙问:"三代以前,一直上推到赵国刚建立的年代,赵国国王的儿子、孙子封侯拜爵的,他们的继承人还有存在的吗?"

太后答:"没有。"

触龙又问:"不光是咱们赵国,各国国王和继承人还有存在的吗?"

太后答:"我老太婆没听说过还有。"

触龙说:"这样看来,他们当中靠得近的祸害就赶上自身,隔得远的也赶上他们的子孙后代。难道国君的子孙后代就一定都不好吗?只是因为地位高贵却没有什么功勋,俸禄丰厚却没有什么劳绩,可是拥有的贵重财宝又是大量的。现在您最尊崇长安君的爵位,分封给他肥美的土地,交给他大量贵重的财宝,可是不趁眼下叫他对国家建立功勋,有朝一日您百年之后,长安君凭什么在赵国站稳脚跟?老臣认为您替长安君打算得很短浅啊,所以认为对他的疼爱不如对燕国王后的。"

太后说:"好吧,听凭你要他去哪儿就叫他去哪儿吧。"

于是,触龙就替长安君调配了一百辆四匹马驾的兵车,出发到齐国去当人质,齐国大军这才出动。①

【简析】 这个故事中,触龙见太后的目的是说服赵太后让长安君到齐国做人质,以换取齐国出兵的援助。但触龙从生活琐事谈起,婉转迂回,兜了好大的圈子。最后,从妇人对子女的疼爱入手,借燕国王后来反衬长安君,最终让赵太后欣然接受他的观点。这正是交谈中运用迂回法的巧妙效果。

(3)引而不发法

引而不发法,是指不入正题,而是从对方感兴趣的方面谈起,创造良好的气氛,在融洽的交谈中让对方根据自己的言外之意及来的目的揣摩自己真正的用意。这也是一种特殊的迂回法。

【示例】 美国的迪巴诺面包公司为了向纽约的一家大饭店推销面包,多次同饭店的经理交谈,均无成效。迪巴诺经过调查,得知饭店经理担任国家饭店协会的理事长并

---

① 江立员,李红. 幼儿教师口语[M]. 南昌:江西高校出版社,2019:70-71.

热衷于这件事。于是,再去拜访时,迪巴诺就以协会为话题,果然引起了对方的兴趣。他们愉快地交谈了25分钟,饭店经理非常高兴,还极力邀请迪巴诺参加协会。这次交谈,并未谈及面包的事。但几天后,饭店采购部门来电,订购迪巴诺公司的面包。①

【简析】 这是一次由选择对方感兴趣的话题开始而成功地进行推销的事例。迪巴诺的真正目的(交谈的真正话题)是推销自家公司的面包,但屡次交谈失败。于是,迪巴诺改变策略,采用引而不发的方式,再次拜访对方时,主要和饭店经理谈协会的事,让对方感到双方有着共同感兴趣的事,迪巴诺博得了经理的喜爱,推销获得了成功。

2. 话题展开

展开话题,就是要诱发对方的谈兴,引导交谈深入下去,促进交谈顺利进行。当对方谈兴不浓时,可以用情感打动他;当对方表述不全时,可以帮其补充完善;当对方表述不清时,可以提出疑问,共同梳理、探究;当对方谈兴浓厚时,则可以洗耳恭听,并以眼神、表情等体态语与之交流。

话题是否能合理展开,主要体现在交谈者是否善于提问。提问是引出、展开谈话的一个好办法。提问有三种功能:一是通过发问来了解自己不熟悉的情况;二是把对方的思路引导到某个要点上;三是打破僵局,避免冷场。提问要注意三点:一是要注意发问的内容。不要问对方难以应付的问题,如超乎对方知识水平的学术、技术问题等,也不应询问对方难以启齿及大家都忌讳的问题。二是要注意发问的方式。切莫陷入一问一答的境地,那样只会打破友善的氛围。在发问的过程中,可穿插一些交谈礼仪,比如递给对方一支烟,给对方倒杯水,有条件的可请对方吃吃水果,等等,这样会拉近和对方的距离,使交谈更为融洽。三是注意发问要善于变通。如果我们提的问题对方一时回答不上来,或不愿回答,不宜生硬地追问或跳跃式地乱问,要善于调换话题。如果对方仅仅因为羞怯而不爱谈话,我们就应先问些无关的事,等紧张的气氛缓和了,再把话题拉入正轨。

【示例】 1991年10月里,有位游客到北京门头沟区妙峰山旅游。他的一个老朋友在这区工作,但不知道具体地址,而他很想找到自己的老朋友。这天,他很早就到了妙峰山,游人还不多。于是,他就和门卫老头聊了起来。

他问:"老大爷,您今年多大年纪了?"

"我今年60多岁了。"老头回答。

"家在山下涧沟村?"他又问。

"不,我是担礼村的人,离这有30多里路。"老头回答。

"今年到这里的游人有多少?"他问。

"多了,怕有3万多人吧。"老头回答。

门卫老头很爽快,又很健谈。这位游客就拿出香烟请老头吸。老头嘴上叼着烟,主

---

① 《公务员口才》编写组. 公务员口才 [M]. 北京:中国和平出版社,2003:191-192.

动给这位游客倒了一杯水。两人又打开了话匣子。这位游客又问：

"原来在区里有个姓朴的，您认识吗？"

"啊！您说的是老朴吧？认识，他是我家亲戚。"老头回答。

"他现在还在这里？"

"不，他已调到市教育局好几年了。"

"哦，我们俩是中学的同学，有 30 年没见了，总算找到他了，我回去给他打个电话……"

这位游客回去之后，给市教育局打了电话，果然找到了老同学。①

【简析】　这位游客在与门卫老头闲谈之中，为了找到在门头沟区工作的一位老朋友，不断寻找话题，引起了门卫老头的兴趣。再加上在闲谈的过程中，礼节性地递上一根香烟，让对方谈兴更浓，自然也就打听到了自己要找的人，真是"踏破铁鞋无觅处，得来全不费工夫"。

此外，话题的展开还可采用激将法，即用一些带有刺激性的话或反面的话，鼓动对方进行讲话。当然，运用激将法，首先得审时度势，看看对方是一个什么样的人，他的情绪处于一种什么样的状态，他因什么问题、什么原因正在左思右想、前顾后盼，需要给他什么样的刺激才能使他继续交谈下去。

3. 话题调控

交谈是动态的。无论和谁交谈，谈什么话题，都常常会因双方的心态、话题、环境等因素的变化而出现一些状况。例如，因气氛融洽，就常常会出现话题偏移的情况；因各种原因导致对方感到不悦或不配合；对方故意将较难回答的话题抛给你；等等。无论出现什么样的情况，及时调整和控制都是必要的。常用的调控技巧有以下几种：

（1）旁敲侧击法

旁敲侧击法，是指采用委婉含蓄的言语调控交谈，促使交谈继续下去，直至达到交际目的。俗话说："良言一句三冬暖，恶语伤人六月寒。"语言是很奇妙的，其表达的优劣，常常导致不同的结果。即使是很普通的一句话，如果表达不当，也会造成隔阂或者伤害，使对方不愿继续与我们交谈下去；相反，如果表达得巧妙，则能打动人，让对方如沐春风、乐意接受，继续与我们交谈下去。

【示例】　1921 年，工人领袖邓中夏在北京长辛店办了一所文化补习学校，在动员工人参加学习时与工人进行了一次交谈。在交谈过程中，工人们明显不愿上学。有的说："耍手艺的人，学这有什么用？"有的说："咱也不想向上巴结，费那事干啥？"有的说："要给窝窝头，我就去。"邓中夏没有直接批评工人觉悟低、思想落后，而是给大家讲了一个故事。他说："从前有个长工，从小给地主干活，苦了大半辈子。40 岁娶了个媳妇，生了儿子。儿子长到 12 岁，长工想到自己不识字的苦处，想送儿子去念书。

---

① 晁金泉. 语言表达技巧：加强语言效果 100 法 [M]. 北京：金盾出版社，2006：122 - 123.

这事让地主知道了，就把他叫去责问：'听说你想让儿子念书？'长工说：'是的，穷人认几个字也好，不念书没记性哩。'地主冷笑道：'穷人有力气不就行了，牛不是不念书吗？牛不识字，不也一样耕田？'听到这儿，长工气愤地说：'这不是把我们穷人当牛马看待吗？'"邓中夏讲完了这个故事，很多人纷纷议论，当场积极报名上学。[①]

【简析】　这次谈话开始之所以不尽如人意，主要在于工人对补习文化重要性认识不足。邓中夏在这种状况下，并没有简单地批评指责，而是采用旁敲侧击法，用长工和地主的故事，委婉含蓄地说服教育工人，晓之以理，动之以情，最终达到了自己和工人交际的初衷。

（2）接话法

接话法，也称接话茬，是指在交谈中，当一方正在讲述的话题转向另一方向时，另一方应该如何接答的技巧；或指交谈的一方讲到某个问题时，另一方如何接应或说明的技巧。使用这种方法，要求接话者反应迅速，思维敏捷，能伶牙俐齿、机敏精巧地应答对方的话茬。

（3）岔题转意法

岔题转意法，是指为避开不便谈论的话题而故意岔开原来的话题，随即采用其他话题予以抵换的一种表达艺术。交谈中，常常会因话不投机而出现尴尬状况，这时就要善于调整说话的方向、方式，采用岔题转意法。若能再说上一些幽默话语，则更能活跃气氛。运用这种方法必须注意具体的语言环境。

【示例】　《三国演义》一书中有这样一段描写：

酒至半酣，忽阴云漠漠，骤雨将至。从人遥指天外龙挂，操与玄德凭栏观之……操曰："夫英雄者，胸怀大志，腹有良策，有包藏宇宙之机，吞吐天地之志者也。"玄德曰："谁能当之？"操以手指玄德，后自指，曰："今天下英雄，惟使君与操耳！"玄德闻言，吃了一惊，手中所执匙箸，不觉落于地下。时正值天雨将至，雷声大作。玄德乃从容俯首拾箸曰："一震之威，乃至于此。"操笑曰："丈夫亦畏雷乎？"玄德曰："圣人迅雷风烈必变，安得不畏？"将闻言失箸缘故，轻轻掩饰过了。操遂不疑玄德。[②]

【简析】　在这里，曹操对刘备早有戒心，为了解刘备的虚实，多方试探。刘备处处设防，稍有闪失，即被杀掉。当曹操说天下英雄是你和我时，刘备被吓得扔了匙箸，但巧用岔题转意法，说这是被雷声震的，岔开了曹操的话题，使曹操不再怀疑刘备，躲过了险关。

（4）回避法

回避法，是指说话者为了顾及说话的环境、对方的心理等因素，采用婉转或闪烁的语句，以达到文雅、礼貌、含蓄、动听效果的一种谈话技巧。人们在交谈中，有时会碰

[①] 欧阳开，程飞，匡光凯. 实用交际言语[M]. 呼和浩特：远方出版社，2006：88-89. 有删改。
[②] 罗贯中. 三国演义：批注版[M]. 长春：吉林出版集团股份有限公司，2020：36-38.

到一些棘手的问题，如实回答会伤害对方的自尊；有时因涉及保密性的事情而不能回答对方；有时因个人原因而不愿回答对方；有时因有些问题回答不出，或者回答有困难；等等。这时，不妨采用回避法。运用此法，既要尽量使对方满意，又要不能让对方觉察我们的回答是在敷衍，并且要注意趣味性，不让对方感到乏味。回避法采用模糊语言或幽默语音，效果会更好。

【示例】 有一位年过半百的西方贵妇人，每天总要花很多的时间和精力打扮。一次偶然的机会，她遇见了大名鼎鼎的萧伯纳，便眉飞色舞地同他交谈起来，并问萧伯纳看她有多大年纪。萧伯纳略加思索，一本正经地说："看你皓皓的齿牙只有18岁；看你蓬蓬的卷发，不超过19岁；看你忸怩的身段、涂满胭脂花粉的红脸蛋，顶多14岁吧。"贵妇人受宠若惊，又问萧伯纳："亲爱的先生，谢谢您的精确估计，可是，您能否准确地说一下，我究竟几岁？"萧伯纳微笑着说："哎，太太，几岁嘛，很容易，只要把刚才说过的三种年龄加起来就是了，18+19，再加上14，你应该是51岁了。"①

【简析】 萧伯纳知道，女人特别在乎自己的年龄，如果如实回答对方的年纪，则必然让这个贵妇人不悦。表扬性的三种年龄让贵妇人飘飘然，回避性的话语也给了对方台阶，避免了交谈中可能出现的尴尬。

值得强调的是，在话题的提出、展开、调控的过程中，交谈者适时、适境地运用适宜的表达、礼仪、体态语技巧等来调整人际关系，维持良好的交谈气氛，同样十分重要。

二、即兴讲话

（一）即兴讲话的内涵

即兴讲话，也叫即席发言，是一种事先无充分准备而在特定场景和主题的引发下，或被点名发言，或临时组织语言进行发言的一种交际口语。它是交谈的一种特殊形式。即兴讲话要求发言者在极短的时间内迅速展开思维，组织材料，明确有力地表达自己的意见。当今社会，随着人际交往的密切化、频繁化、多样化，我们无时无地都要即兴讲话，或回答他人的问话，或传达自己的信息，或表明自己的愿望，等等，机敏的思考能力和流畅的即兴语言表达能力能使我们在各种场合发挥出更大的能量。它能充分体现教师的素质，也是教师实现精彩人生的重要资本。

（二）即兴讲话的主要特点和要求

1. 目的明确

即兴讲话的目的性是最明确的。虽然是即兴讲话，仓促应战，但我们不要心慌意乱，更应当沉着冷静，迅速选择与话题有关的材料。要求观点清晰，切忌模棱两可，晦

---

① 钱维亚. 普通话语音·朗读·说话训练教程[M]. 杭州：浙江古籍出版社，2003：359.

涩艰深，令人不知所云；也不能漫无边际地胡侃，只有围绕话题展开，不绕弯子，才不会信口开河，前言不搭后语。

2. 言简意赅

即兴讲话多缘事而发，倾向鲜明，重点突出，内容也相对集中，一次一般只说一个问题。节骨眼时最有效的即兴说话技巧是使用短语，力求言简意赅，不必长篇大论。切忌牛头不对马嘴、冗长杂散、啰唆重复以及不着边际的官话空话。

3. 通俗易懂

讲话要让人听懂，这是对发言者的基本要求。即兴讲话的话语如果卖弄辞藻，用一些艰涩的语汇和听众捉迷藏，只会令听者敬而远之。说话者只有用通俗易懂、生动形象的语言来表达自己的意思，听者才会觉得轻松亲切，才会容易接受其所讲的道理；忌讳使用低劣的插科打诨语言。

4. 就近取材

即兴讲话受具体场合、现时话题制约，不可能有统一的模式，需要"到什么山上，唱什么歌"。内容需就地取材，认真观察，多方感受，快速思考，即时联想，触景生情，而后溢于言表。

5. 和谐应对

高质量的即兴讲话讲究和谐应对。一是不伤人。即不说和现场气氛不协调的话，不强行取笑，避开别人不愿意谈论的敏感话题。二是不自夸。即不要毫无顾忌地谈论自己的学历、头衔、过去的成功经历，或只是强调自己的想法和评论。三是不指责。即不要直接发表与对方相反的意见，重在谈论与对方谈得来的话题。不将自己观点强加于人，不令大家扫兴。

(三) 即兴讲话的技巧

1. 借用情境，捕捉话题

进行即兴讲话遇到的第一问题是说什么。这就需要说话者做出快速反应，依据特定语言环境选择话题。要学会充分利用自己所处的场合、周围的环境、说话的对象以及时间、地点、实物等情境因素和情境特点开展联想，迅速确定说话的内容。

【示例】 任教一年级的李教师刚走上讲台，学生忽然大笑起来，教师感到莫名其妙。坐在前排的一位学生小声说："老师，你的扣子扣错了。"李教师一看，果真第四颗扣子扣在第五个扣眼里，局面有些尴尬。李教师沉着从容地对学生说："老师想你们了，急急忙忙赶着来见你们。不过这也没什么好笑的，有的同学昨天在给玩具找家时同样犯了张冠李戴的错误。"

【简析】 李教师先用幽默风趣的语言为自己解围，接着又顺势把扣错扣子的意外情况和学生活动情况联系起来，借此作比，既显得自然顺畅，又很有说服力，可谓机敏智慧。顺势牵连的应急艺术却能有效地将人挽救于困境之中，但必须注意牵得要自然，连得要巧妙，不能牵强附会，否则会弄巧成拙。

2. 思路清晰，言之有序

有了说话的内容后迅速确定先说什么，再说什么，后说什么，要思路清晰，条理分明。不要想一点说一点，一件事还没有说完就又说另一件事，到后面又赶紧补充前面未说完的，这样就会显得语句不连贯，层次紊乱不清。只有说话条理清晰，才容易让人听明白，也才会得到别人的认可。

【示例】 新学期的干部改选后，全班同学请新任班长讲话，新班长的发言十分精彩："同学们，感谢大家的信任！既然同学们选了我，我就希望大家支持我。刚才，有同学说：'某某，就等你新官上任烧三把火了！'这使我忐忑不安。不过，在我看来，我们班不存在烧'三把火'的问题，而是如何让'火'继续燃下去的问题。因为前任班长和前任班委已经把'火'烧起来了。（掌声）所以说，我们新任班委面临的工作，不是烧'三把火'，而是继承与创新的问题。所谓继承，是因为班上已经有了好的规章制度可供我们'萧规曹随'；说创新，是因为时过境迁，我们面临的是新情况、新问题，需要我们去对症下药。如果说，实在要烧火的话，那不是'三把火'，而是全班48把火。为了这难得的学习生活，希望同学们都燃烧起来，既照亮自己，也照亮别人！谢谢大家，请多多关照！"

【简析】 这位新当选的班长，首先对全班同学对他的信任表示感谢，并希望大家今后支持他的工作；然后针对同学们的不同看法，一一阐明了自己的观点，既表明了对前任班委工作的肯定，打消了同学们的疑虑，又提出了新班委的任务，目标明确，解释周全，赢得了同学们的信任。

3. 简洁晓畅，具体生动

即兴讲话要语言准确，言简意赅，不拖泥带水；要通俗易懂，平易近人；要流利通畅，避免或减少不必要的停顿或无意义的重复；要具体翔实，忌说空话、套话，可根据不同场合，适当地加入生动的比喻、幽默的言辞，使听众有兴趣，并受到感染。

【示例】 世界著名科学家爱因斯坦的相对论在《物理学年鉴》上发表后，引起整个世界的轰动。有一次，他应邀到一所大学去演说。有人发问："什么是相对论？"他即兴解释说："假如让你坐在一个漂亮姑娘的身旁，即便坐上几个小时，但你觉得像是片刻；反之，如果让你坐在热火炉上，即便是片刻，你也会觉得像几个小时，这就是相对论的意义。"[①]

【简析】 以具体事物作喻体来说明抽象事物，对许多人来说都不陌生。但用得好，却并不容易。爱因斯坦用以说明相对论的喻体选得非常精妙，热火炉与漂亮姑娘这两个喻体不仅具体，而且形象。这就便于解释一个抽象理论，便于听者展开联想，领悟相对论的精髓。而且，喻体的诙谐浅显和相对论的严肃深奥置于一处，会形成一种幽默

---

① 钟祖斌. 领导口才训练与实用技巧 [M]. 北京：海潮出版社，2013：22.

感，听者在轻松愉悦的氛围中理解接受了新兴的现代科学观念。

4. 从容不迫，自然大方

说话时要镇定从容，精神放松，克服紧张情绪，避免慌不择言。要充满自信，避免呼吸急促、吐舌挤眼、抓耳挠腮、摆弄衣角、目光旁骛等不良表情和动作。同时，还应当在讲话过程中调整情绪，注意与听者的交流。

【示例】 著名歌唱家关牧村出国演出。在一次酒会上，英国主人打趣说："您的歌喉太迷人了，用我们的市场来交换您，您认为怎么样？"关牧村听后，也即兴用玩笑的方式回答："实在对不起，我只能把歌声留给你们。因为临来时，我把心留在祖国了。"①

【简析】 关牧村的处理落落大方，冷静沉着。巧妙的回答赢得了阵阵掌声和赞许的笑声，融洽了宾主间的感情，增进了双方的友谊。

5. 运用敬语，巧用赞语

即兴讲话时，适时、适度、适境地使用敬语和巧用赞语能展示谈话者的个人风度和良好修养。受人尊重、听人赞美是人的天性。敬语和赞语都是沟通情感的有效方式，它们如同微笑一样，也是照在人们心灵上的阳光。当然，无论是敬语，还是赞语，不应是言不由衷的阿谀之词，而是发自内心的真诚话语。使用敬语或赞语时，我们还应该注视对方，面露微笑。

【示例】 清朝末年，有一次，权重势盛的彭宫保老爷路过一条偏僻小巷，一个女子正用竹竿在高台上晾衣服，一失手竹竿坠落下来，正好击中彭宫保的头。彭大怒，厉声斥骂。那女子一看，原来是彭老爷，内心十分害怕，慌忙中她急中生智，说道："你这副腔调像个行伍里的人，所以这样蛮横无理。你可知道彭宫保就在这里！他清廉正直。假如我去告诉他老人家，怕要砍了你的脑袋呢！"彭听后，转怒为喜，心平气和地走了。②

【简析】 这位聪明的女子明知面对的是彭宫保，却假装不知，迂回赞美彭宫保，既避免了直言赞美的恭维之嫌，又使自己得到解脱，化险为夷，何等聪慧！

擅长即兴讲话的人，事先会储备一些谈话的潜台词，每当到了该说的时候，就随机应变地将其抖出来。当然，宽广的胸怀、渊博的知识、敏捷的思维才是即兴讲话高手的根本所在。

三、即兴演讲

(一) 即兴演讲的内涵

即兴演讲，是指演讲者在事先没有准备的情况下，被眼前的情景、事物、人物所

---

① 江立员，李红. 幼儿教师口语 [M]. 南昌：江西高校出版社，2019：81.
② 李福杰. 你可能不知道的1000个历史细节·清代卷 [M]. 长春：时代文艺出版社，2009：343.

感，因兴而发，不凭借书面文字材料进行表情达意的口语交际活动。相对于即兴讲话而言，它表达的主题更为庄重和严肃，话语更为完整且有体系，场合更为正式和隆重，体态语更为讲究，等等。随着信息传播的日益加快，以及人们交往的日益频繁，即兴演讲成了人们工作和生活中使用频率最高、最受欢迎的一种交际形式。

（二）即兴演讲的主要特点和要求

1. 即兴而发

即兴演讲事先没有详尽的准备，演讲者大多只有几分钟的时间打腹稿，针对现场情景，确定话题，组织语言。也有在社交场合的礼仪性演讲，事先有时间斟字酌句写讲稿，但到现场可能出现与原先设想不相符合的地方，如参会者有变化、时间环境有变化、会场气氛有变化；或是有一两位先于你演讲，而且内容与你准备的大同小异，为此演讲者不得不随机应变，临时调整演讲内容。

2. 篇幅短小

即兴演讲是临时构思的，以简明扼要显示它的魅力。有时寥寥几句，只要把自己的观点和见解说清楚了就行。这就要求演讲者具有良好的概括能力，能够把自己纷繁复杂的思想在瞬间梳理清晰，概括出演讲的主旨，找到演讲的切入点。一事一议是经常采用的一种方法，事是论据，议是论点，有叙有议，叙议结合，使论述的过程逻辑严密，表达生动流畅又不失理性色彩，有助于提高演讲的说服力。

3. 使用面广

除了为进行某种宣传教育活动而举行的竞赛性即兴演讲外，即兴演讲在日常生活中使用面很广，如小范围社交聚会中的欢迎、欢送、哀悼、竞选、就职、答谢、婚礼、寿庆等场合下的发言。对于教师而言，在主题班会、迎新仪式、节目联欢等场合下都需要即兴演讲。在这些场合，演讲者只要言简意赅，当场表示某种心意即可，不宜作过于冗长的演说。

（三）即兴演讲的技巧

即兴演讲的技巧包括选题、构思、立意、修辞、语音表达和态势语运用等诸多方面，本节重点介绍即兴演讲的选题和构思技巧。至于立意、修辞、语音表达和态势语运用等技巧，即兴演讲和其他类型的口语大致相同。

1. 选题技巧

即选择话题，也就是选择说什么。能成为话题的事物、现象很多，每一事物和现象又都可以引发出不同的话题。要认真选择自己能讲、讲来精彩、听众爱听、听了受益的话题。常见的选题技巧有以下五种。

（1）借人选题

借人选题是指从听众具有共性的身份、素质、生活、爱好等特点中选择话题。

【示例】 一位教育行政官员在一次农村小学校长培训会上说："刚才，我听会议主持人说，在座的都是来自农村小学的校长。我也当过农村小学的校长，我深知在贫困落后的偏远山区当好这个校长是多么艰辛和劳苦。尽管如此，我们却义无反顾地肩负起了培养跨世纪农村建设人才的重担。我本来不准备讲话，现在却想借此机会，向你们表示崇高的敬意，并说几句心里话……"①

【简析】　这是借人选题，演讲者和听众相辅相依，听众本身往往就是最好的话题。这段讲话是讲话者在了解了听众的职业背景后，结合自身经历，说出自己的感受并表达他的敬意。这样的即兴演讲一下子就拉近了双方之间的距离，让会场气氛更加融洽，听众不仅对讲话者感到亲切，同时也对讲话本身更感兴趣。

（2）借事选题

借事选题是指巧妙地借用一些事情，找出这些事情与眼前问题之间的某些关系。在社会生活中，无论什么事情，只要蕴含着重要的意义，都可以成为富有启发性和感召力的话题。

（3）借景选题

借景选题是指从现场的气氛、听众的情绪、场地的布置、周边的景物，甚至刮风、下雨、或阴或晴等自然天气中选择话题，并点明其象征意义，从而表现演讲主题。

【示例】　一位小学校长在欢迎新分配到学校工作的大学生时，以窗台上的一盆花为话题，说："这种花有一个特点，就是花的发蕾期特别长。一个小小的花蕾能在那里静静地睡上一个月。然而，当它一旦孕育成熟，就突然开放出朵朵鲜花。各位以前的学生生活，就像这花蕾含苞待放的孕育期，而从现在起将是绽放鲜花的时刻，希望你们迅速扎根，迅速成长，早日开出鲜艳的花朵。"

【简析】　该校长抓住现场景物，以花为喻，巧妙选题，生动而贴切地表达了对新来大学生的殷切期盼。

（4）借物选题

借物选题是指演讲者对眼前所见物品的特殊内涵、象征意义进行即时的主观联想，借题发挥，感物起兴。这类物可是演讲者自身携带的，也可是现场固有的，它们和演讲主题之间应有某种内在的关联性，其所蕴含的意义全在演讲者的解读之中。

（5）借题选题

借题选题是指当场从前面演讲人的演讲里，归纳要点、特点和闪光点，捕捉话题，加以引申、发挥，讲出新意来，从而给人以启迪。

【示例】　1999年青年节，有个著名的"演讲与口才杯"演讲比赛，主题是"做文与做人"。中央电视台的白岩松也参加了这场高水平的比赛。在白岩松前面演讲的是西藏电视台的记者白娟。她极富感染力地向大家讲述了自己作为一个驻藏记者的自豪，同时也表达了作为一个母亲的心酸。她常年战斗在雪域高原，与儿子在一起的时间每年

---

① 康青，舒磊. 教师口语训练教程［M］. 南昌：江西高校出版社，2008：122.

只有三个月，每次都是和儿子刚混熟又不得不分开。演讲情真意切，令人动容。白岩松紧接着上场，说道："我是一个两岁孩子的父亲，我知道，在一个孩子一岁半到两岁之间，没有母亲在身边，对于一个母亲来说是怎样的一种疼痛，我愿意把我心中所有的掌声，都献给前面的选手。"话音刚落，全场报以热烈的掌声。[1]

【简析】　白岩松的成功就在于就地取前面选手之材，表达自己真诚美好的敬意，顺应了现场观众的心理需求，激起了感情的又一高潮，同时也不露痕迹地表现了自己——把掌声献给别人的同时，也为自己赢得了掌声。

2. 构思技巧

确定了即兴演讲的话题之后，接下来就是如何快速构思和组合的事情了，常用的构思技巧主要有以下三种：

（1）扩句成篇法

扩句成篇法是指演讲者通篇围绕着中心意思来进行拓展的一种构思技巧。这种构思方法"立片言以居要"，开门见山提出观点后再加以拓展。从为什么、怎么做发表议论，并以适当的事例、名言等作佐证。这种构思方法以"居要"之"片言"为发端构成语段或全篇，构思时首先确定中心意思，然后句句紧扣中心，做到言之有物、言之有序。

【示例】　姜昆的即兴演讲："为青年服务，就要爱青年伙伴，注意发现他们身上的亮点。我遇到过这么一位青年伙伴。亚太地区足球赛，中国对科威特那场，我刚进体育场，前面一个青年一眼把我认出来了。他叼着烟，穿一身挺紧的衣服，说：'哎呀，快看，姜昆来了！'我忙说：'你歇会儿，歇会儿，干吗呀！咱们来看球对不对？别影响大伙看球！'可是他照样同我说话，弄得很多人围着我。幸亏球赛开始了，这才为我解了围。我开始讨厌他，最后又喜欢他了。我怎么喜欢他了？李富胜扑了一个点球以后，我们攻进对方一个球——1比0！那小伙子高兴啊，一蹦多高。当然我也蹦了，但没他蹦得高！他一会喊'中国万岁'，一会回头说：'怎么样？姜昆，今晚写相声段子，就写咱们的球赛。今晚我陪你上夜班了。香烟我供着，我一个人全带了！'那个兴奋劲，甭提了。当然，作为一个足球爱好者应该有这种兴奋，这是对祖国的荣誉感嘛……对足球的希望就是对祖国的希望啊！我们找到了共同点，我们共振了！"[2]

【简析】　这段演讲的中心就是开头那句话。后面的话全是前边中心的拓展。用一个典型例子说明什么是青年身上的"亮点"，以及如何发现青年身上的"亮点"。话虽不多，但结构很简单：一个观点带一个例证。

（2）散点连缀法

将脑子里闪现的一个个思维点以词语、短句的形式记录下来，然后从这些看似不相

---

[1] 李泉. 世界上最会说话的人全集［M］. 哈尔滨：哈尔滨出版社，2007：263.
[2] 臧晓娟，崔玉萍. 教师口语训练［M］. 2版. 北京：北京理工大学出版社，2021：144.

关的散点中找出一个表达的中心，再发挥想象，调动平时的储备，把这些散点连缀组合成中心明确、前后衔接连贯的演讲。散点是在即兴演讲特定的环境中闪现的景、物、人、事，它可以作为演讲的切入口，或是借题发挥的话题。散点有了，还要选好线，要用这根线将这些散点连缀起来，才会显得形散神聚，便于听众把握和记忆。

【示例】 上海市新闻工作者协会王维同志在出席上海市企业新闻工作者协会成立大会上发表了如下即兴演讲："我来参加会议，没有想到有这么好的会场，这个会场不要说是上海市企业报记者协会成立大会，就算是上海市记协成立大会也可以在这里召开。没有想到有这么多的企业报记者、编辑参加这个大会，它说明企业报的同仁是热爱自己的组织，支持这个组织的。没有想到，今天摆在主席台上的杜鹃花这么美丽。鲜花盛开标志着企业报记者协会也会像这杜鹃花一样兴旺、发达……"①

【简析】 王维同志的即兴演讲成功地运用了散点连缀法。他抓住了表现会场氛围的三个散点：会场、人员、鲜花；又通过三个"没有想到"，把三个散点巧妙地连缀成一体，从而揭示了企业报记者协会雄厚的经济实力，以及会员的凝聚力和向心力，并表达了他对企业报记者协会的美好祝愿。

（3）模式构思法

即兴演讲从被点名到走上讲台或从座位上站立站稳，通常有 30 秒钟左右的宝贵时间。有经验的演讲者都能充分利用这段时间，根据已经确定的题旨，迅速地以一个基本模式框架作为依傍进行快速构思，使自己的表达既符合人们的认识规律，又能赢得听众的掌声。模式构思的种类较多，比较实用的有以下五种：

① 理查德四部曲模式

美国演讲专家理查德总结了一个即兴演讲四部曲模式：第一步，"喂，请注意"。提示演讲者必须首先唤起听众的兴趣。第二步，"为什么费口舌"。接下去你应该向听众讲明为什么应当听你演讲。第三步，"举例子"。选择具体事例来阐述自己的观点。第四步，"怎么办"。这一步是告诉听众应该做些什么，最好能讲得生动一点、具体一点、实际一点。从根本上说，"怎么办"是演讲者的目的所在，如果演讲者忘记了这一步，或者这一步处理不好，就会给听众留下无的放矢或不知所云的感觉。下表即为理查德四部曲模式应用示例。

---

① 康青，舒磊. 教师口语训练教程 [M]. 南昌：江西高校出版社，2008：124. 有删改。

提示语	喂，请注意	为什么费口舌	举例子	怎么办
常规模式	今天，我演讲的话题是：重视儿童心理健康是我们义不容辞的责任。	儿童心理健康是一个很重要的问题。我们往往很重视孩子的身体、学习，而忽视了孩子心理的健康成长，这是很危险的啊！……	孩子的心理是否健康很重要。因为第一，它直接关系到孩子的学习和生活……第二，它关系到孩子将来的发展……第三，它关系到祖国的未来……	如何使孩子拥有健康的心理呢？我提几条建议供大家参考：第一……第二……第三……
精选模式	昨天，一个小学五年级的孩子从他家五楼的窗户跳了下来，一朵幼小的花还没有来得及绽放，就这样飘然而逝了……	如果我们不重视孩子的心理健康教育，可以肯定，这样的悲剧会愈演愈烈……	通过一个个的实例讲述不重视心理健康对儿童、对家庭、对社会带来的危害。（从博士跳楼到初中生自残，从学习、生活的方方面面举例阐述心理不健康带来的危害。）	当你发现家中的孩子突然沉默寡言了，请多陪陪他，听他说说他的烦恼；当你发现班里的孩子神情沮丧，上课走神，好好找他聊聊；当孩子拿着不及格的成绩单找你签名，千万别呵斥他，帮他找找原因……

② 戴维·卡耐基的魔术公式

美国著名演讲理论家戴维·卡耐基曾经在芝加哥、洛杉矶、纽约等地邀请了一批教授和传播学的名流，经过深入的讨论研究，博采众长，发现了一种行之有效的即兴演讲模式，即魔术公式。其步骤：第一步，尚未涉及演讲核心之前，先举具体的实例，通过这个实例，把你想让听众知道的事情透露出来；第二步，再用明确的语言，叙述主旨、要点，将要让听众去做的事情明白地说出来；第三步，说明理由，进行分析，采取集中攻破的方式来处理。卡耐基认为，这是一种"讲求速度的现代最佳演讲法"。

【示例】 白岩松《在哈工大的即兴演讲》（节选）：

有这么一对夫妻，吃完饭就坐在一起看电视，看完了，就洗漱一下睡觉。日复一日，年复一年，就这么过着。也许有的同学会说："太枯燥了吧，该离了吧？"但真正的生活就是这样，就是这样平常。生活如此，创业如此。大学生们走入社会之后注定要花大部分时间做平平常常的事。等到那对夫妻行将就木的时候，会彼此含着热泪感谢对方与自己携手相伴一生，彼此温暖一生。而同学们也会在平平常常的生活中等来生命中只占百分之五的激情与辉煌时刻！（掌声）因此，同学们要做好准备，毕业后准备好迎接平淡。

同学们在大学里一定要做梦，甚至可以梦游。（笑声）比如现在说到谈恋爱，我脑子里只会闪现我爱人的照片，而你们则可以设想一千位俊男靓女的样子……这就叫作虚位以待。我年少时看了三毛的书，也想周游列国，没准还能碰上个女荷西。（笑声）但是所有这些梦想都属于你们这个年龄段，我现在没有资格做这样的梦了，我现在所处的是人生的舍弃阶段。而你们所处的是人生的选择阶段，不要放弃做梦！（长时间的掌声）更别忘了替这个社会，替这个国家做梦。能全身心地做这种梦，一个人一生中没有几次这样的机会，等你人到中年，上有老下有小时，想做梦你也力不从心了。因此，趁现在抓紧做梦！

有人说现在大学生找不到工作。怎么会呢？我有时候就想不通，真的如此，那我国岂不是比美国更发达了……因为我们的大学生都在待业呀！（如雷的掌声）其实，大学生不是找不到工作，而是找不到一步到位的最满意的工作！实际上你就是一个骑手，毕业后你就应该先骑上一匹马，只要你优秀，你就能找到更棒的马！（长时间的掌声）

季羡林先生的一席话给我印象很深。采访他时，他说："我已经如此老了，但我的道路前方仍有百合花的影子。人生的前方要永远有希望、有温暖才行。"再举一个例子：狗赛跑怎么比？怎么让狗跑起来、跑得快？让每个狗嘴前边都叼着块骨头！我们每个人也要给自己放块骨头，（笑声）精神的骨头！（热烈的掌声）①

【简析】　白岩松先将一对夫妻过日子的实例提出来，借此引出迎接平淡的理念。接着，他用轻松、易懂、风趣的语言对此作了较为详细的陈述。最后向大学生们强调：只有对生活充满希望——"我们每个人也要给自己放块骨头，精神的骨头！"我们才能化平淡为充实。

③"三么"框架构思模式

在即兴演讲前短暂的准备时间里，快速思考三个最基本的问题，即是什么、为什么、怎么样。"三么"框架只是演讲前和演讲中的思维模式，而不是口语表达模式，表达时要选准切入口，不露"三么"的痕迹。

【示例】　梁伟的一篇即兴演说词就采用的"三么"框架构思模式：

不要希望人类是完美无缺的，不要希望每一个人都像圣人一样是不自私的，是仁慈的，是肯舍己为人的。不要这样希望！

我们这样承认，可能对人间多存几份原谅，少受一点失望的打击。说人间冷酷的青年朋友！希望你承认人间有它冷酷的地方，停止你的抱怨，想办法坚强起来，使自己有力量生存下去，而且有力量生存得够好，那才是有出息！

假如你为人间冷酷而难过，那么，你唯一能做的事就是由你自己发出光和热，使人间减少一份冷酷，增加一份温暖。假如人人都停止抱怨别人，而由自己本身，去发光发热，这人间就温暖得多了！

不要希望人们一点也不虚伪。你只能希望人们在虚伪之中仍不忘善意，并且希望人们能在该诚恳的时候诚恳，这就够了。

不要对人类失望：我们生来就是这个样子的。有好处，也有缺点；有可爱的地方，也有令人失望的地方。能承认这些，我们才可以用宽容的态度来对待人生。②

---

① 王劲松. 普通话与口才训练［M］. 合肥：安徽大学出版社，2014：118.
② 山峰. 这样说话最有效：新编情景口才技巧与素材例典［M］. 北京：中国长安出版社，2009：295.

【简析】 梁伟首先谈"是什么"的问题,即"不要希望人类是完美无缺的";接着阐述了"为什么",即分析了如何正确看待人类不完美的几方面;最后,讲了"怎么办",即"不要对人类失望",应当"用宽容的态度来对待人生"。观点鲜明,思路清晰。

④ 三部曲式

三部曲式演讲的结构分为开头、主体、结尾三部分,常用的套路是开头扣现场、中间谈看法、结尾表希望。其中开头部分不宜展开,要结合现场的话题开门见山地提出自己的意见;中间部分具体谈自己的意见和看法,要有理有据,内容翔实;结尾部分要言简意赅,收束及时。这种结构层次清楚,三部分内容各有重点,便于演讲者学习掌握。

【示例】 下面是一位学生家长在一次家长会的发言:

很感谢咱们学校组织家长会,提供这样一次机会,让我们就孩子的培养问题进行沟通。我认为咱们进行这一次沟通最大的受益者是我们的孩子。刚才很多家长谈了很多,这些意见和建议我觉得很有道理,我赞同。下面谈谈我的一点看法,咱们学校位置优越,师资力量强,教育理念先进,教学手段也很科学。可是,孩子们室外活动的场地小了点。你们看,孩子晨间锻炼挤得密密麻麻,小胳膊、小腿都伸展不开,锻炼哪会有效果呢?孩子白天都在学校,运动和锻炼需要得到保证。是不是可以尝试分批锻炼、分班锻炼的办法?这个问题解决起来比较棘手,但我认为也很重要。我相信,咱们领导和老师一定会考虑我的意见。

【简析】 这段演讲是典型的三部曲模式。发言开头紧扣沟通会的主旨,提出以解决问题为目的,并呼应前面家长的发言,让人觉得开头很自然;主体部分谈个人意见,有观点,有依据,提出的意见确实是应给予解决的问题,同时还不忘提出建设性的意见供参考;结尾谈希望时点到为止,比较得体。

⑤ "三点"归纳模式

这种构思要领在于演讲者,或归纳前面所有讲话人的要点,或提取前面某个人或某些人讲话的特点,或捕捉前面某个人或某些人讲话的闪光点。一般情况下,总结性即兴演讲可综合运用"三点"(要点、特点、闪光点);中场性即兴演讲,可选用其中某一点。

【示例】 某大学中文系一次毕业生茶话会上,首先,总支书记讲话,表示祝贺。然后彭教授讲话,主题是希望大家继续努力学习。第三位是潘教授朗诵高尔基的《海燕》片段,以此勉励同学们学习海燕的精神。第四位是系主任希望大家不要忘记母校。最后上台的王教授,一字一顿地说:"我最喜欢说别人说过的话。(笑声)第一,我要祝同学们胜利毕业!(笑声)第二,我希望同学们学习,学习,再学习!(笑声)第三,我希望同学们像海燕一样勇敢地搏击生活的风浪!(笑声、掌声)第四,我希望大家不

要忘记母校,不要忘记辛勤培育你们的老师们!"(大笑、热烈掌声)①

【简析】 王教授通过对前面四个人的演讲主题的简练概括,完成了一次机智、风趣而且具有个性特点的即兴演讲。

总之,演讲改变命运,口才决定人生。演讲能力不是与生俱来的,魅力口才也绝不仅仅是嘴巴上的功夫。演讲口才是一个人德、识、才、学的综合体现,"慧于心,才能秀于口",只有"内外兼修,标本兼治",方可让伟大的心灵不再沉默,说话的价值放大百倍。要成为一个良好的即兴演讲者,要有一定的思想深度和知识广度,要有较强的快速组合能力。"功夫在诗外",只有平时善于积累、勤于练习,才能游刃有余。

四、日常辩论

(一) 日常辩论的内涵

辩论,也称论辩,我国古代称之为"辩"。《墨子·经说上》指出:"辩,争彼也;辩胜,当也。"《现代汉语词典》解释为:"彼此用一定的理由来说明自己对事物或问题的见解,揭露对方的矛盾,以便最后得到正确的认识或共同的意见。"在日常生活中,无论是在家庭还是在学校,无论是在单位还是在公共场所,人们常常或者为国家政策,或者为某个观点,或者为某件事情,或者为某种现象而开展辩论。根据辩论背景的不同,辩论可分为日常辩论、专题辩论和赛场辩论。本节主要介绍并训练日常辩论。

日常辩论是以日常生活中发生的各种问题为中心而展开的辩论。凡有人交流的地方,人们无不自觉或不自觉地进行着各式各样的辩论,它已成为人们现实生活中的一种需要。在日常生活、工作和学习中,由于观点、立场、思想、方法等的差异,人们会在某些问题上产生分歧、矛盾甚至冲突,为了解决这些分歧、矛盾和冲突,就自然会引发对立各方的辩论。这类辩论可以说无处不在,而且它往往是非正式的,不一定有准备,也不需要什么特定的场合,随意性大,突发性强,随时可能发生,令人无法预料,内容也无所不包,上下五千年,纵横八万里,从古论到今,从国内到国外,海阔天空,漫无边际。

(二) 日常辩论的主要特点和要求

1. 观点相对抗

辩论的针锋相对特点首先体现在双方观点的对抗性上。只有当人们对某一问题产生意见分歧时,而且这种分歧是对立的,这才具备了辩论的基础。辩论双方为了维护自己的观点,坚持基本立场不动摇,就会极力表明自己的立场、态度和观点,同时批驳对方的立场、态度和观点,以证明自己观点的正确性。

---

① 邵守义. 演讲训练教程 [M]. 长春:吉林人民出版社,2005:200-201.

2. 目的可相容

辩论的论点是对立的、不相容的，但辩论的目的是可相容的。日常辩论，虽然双方针对对方的论点、论据、论证方式进行辩驳，试图驳倒对方，但其目的是明辨是非、探求真理、达成共识。即使自己理屈词穷，被对方驳得体无完肤，也能使自己在辩论中茅塞顿开，发现真理，去伪存真。

3. 辩论对立统一

辩论所运用的主要表达方式是议论。所谓议论，就是摆事实，讲道理，辨是非，即通过事实材料或逻辑推理来阐明自己的观点，批驳对方的观点，表明自己赞成什么或反对什么、肯定什么或否定什么的一种表达方式。议论有两种形式：一种以立为主，即正面阐明和论证自己的主张和观点的正确性，是为立论；另一种以破为主，即揭露、批驳对方主张或观点的荒谬性，是为驳论。辩论常常将这两种形式融为一体，有立有破，即有论有辩。辩和论是对立的统一。

（三）日常辩论的技巧

在辩论中，进攻和防守是一对基本的矛盾关系。日常辩论也要讲究进攻和防守的平衡。在日常辩论中，辩护是防守，反驳是进攻。如果只讲防守，结果辩来辩去，战斗都在自己一方进行，则无法驳斥对方的观点，这样就不可能取得胜利；如果只讲进攻，仅仅是反驳对方的观点，而不敢明确自己的看法，也无法令对方信服。常见的日常辩论技巧有以下十种：

1. 引申归谬法

引申归谬法，是指对方说出荒谬的观点时，先假定其是正确的，然后按照其逻辑进行合理的引申，进而得出明显荒谬的结论，以此来证明原来要批驳的论点错误的一种辩论方法。由于引申的结果常常使人哑然失笑，这种方法又称幽默归谬法。

2. 矛盾驳斥法

矛盾驳斥法，是指在辩论中针对对方论点、论据或论证过程中的自相矛盾的现象进行反驳，以揭露其荒谬性的一种辩论方法。用"以子之矛，攻子之盾"的技巧，可以置对方于困境之中。

【示例】 《韩非子》中记载的故事：楚人有鬻盾与矛者，誉之曰："吾盾之坚，物莫能陷也。"又誉其矛曰："吾矛之利，于物无不陷也。"或曰："以子之矛，陷子之盾，何如？"其人弗能应也。夫不可陷之盾与无不陷之矛，不可同世而立。①

【简析】 因为"物莫能陷"的盾与"物无不陷"的矛是不能同时存在的，这位楚国的"鬻盾与矛者"的话前后自相矛盾。所以当有人问："用你的矛去攻你的盾，该如何呢？"那人就"弗能应"了。使用这种方法的前提是对方的观点本身必须自相矛盾。

---

① 程坚甫. 程坚甫诗存注解［M］. 广州：中山大学出版社，2021：137.

3. 二难辩驳法

二难辩驳法，是二难推理在辩论中的运用。辩论的一方列出两种可能发生的情况，迫使对方做出选择，但不论对方肯定或否定其中的哪一种可能，都会陷入进退维谷的两难境地。这种方法表面上似乎给对方留下了最大的选择余地，实际上自己却掌握了必胜的主动权，前后钳制对方，使之落入自己的控制之中。

【示例】 清代学者纪晓岚自幼就勤奋好学，经常跑到书摊上去看书。掌柜的见他光看不买，就不耐烦了，对他说："小孩子，我们是靠卖书吃饭的，你要看，就买回去看好了。"纪晓岚说："买书就得先看，不看，怎么知道哪本书好？""你看了多少书啦，就没有一本好的吗？""你这书摊上好书倒是不少，不过我看完后就能背了，还买它何用？"掌柜料想他是在瞎说，于是顺手拿起一本纪晓岚刚看过的书说道："要是你当着我的面把这本书背下来，我就把它白送给你；要是背不下来，就永远别再来白看我的书了！""好，一言为定！"纪晓岚当即把两只小手往后一背，仰头望天，果然把那本书背下来了。掌柜大吃一惊，连连赞叹这小孩子日后将必成大器，并把这本书送给了纪晓岚。[1]

【简析】 纪晓岚在与掌柜的论辩时，就使用了二难辩驳法。他列出"看书"与"不看书"这两种情况：看书，看过就被背下了，所以不买；不看书，不知道书好不好，也不买。总之就是不买。这充分展示了作为一个孩子的纪晓岚的辩才。正确地运用这种方法要尽可能多地把握介入论辩中的各种信息以及对方较为全面的思想观点，凭借高强快速的综合能力，抓住要害，布置好严密的埋伏圈。

4. 欲擒故纵法

有些辩论者有时已经抓住了对方论点的错误，但不直接反驳，而是根据情况设置圈套，故意鼓励、赞扬对方继续发挥错误的论点，直至对方丧失警惕，不再防备，使错误论点发挥到极致而暴露出明显的荒谬时，辩者再给予沉重的打击。纵是有意放松一步，或假露破绽，伪装软弱，或为对方铺路搭桥，以此纵容对手，使其从容自得，踌躇满志，而后趁其丧失警惕时，克敌制胜。纵只是手段，擒才是目的。

5. 偷换概念法

在辩论中，如果一个概念被反复使用，则必须始终保持它的含义不变。但有些辩论者在辩论时为了达到其诡辩的目的，则会偷换概念，用一个概念去取代另一个概念，而且是非常巧妙地将错误隐藏起来，从表面上看，人们很难发现其错误。偷换概念是一种常用的诡辩技巧，在论辩中我们有时可择机选用，对别人偷换概念则要心存戒备，以防上当。

【示例】 一位旅行者经过长途跋涉来到一家小食品店门前。这时他又饿又渴。

"老板！请问夹肉面包多少钱一份？"

---

[1] 钱维亚. 普通话语音·朗读·说话训练教程[M]. 杭州：浙江古籍出版社，2003：399-340.

"五先令一份，先生！"

"请给我拿两份，我饿极了。"

老板从柜台里拿了两份夹肉面包递给了旅行者。

"请问黑啤酒多少钱一瓶？"

"十先令一瓶，先生！"

"现在我感到渴比饿还厉害，我想用这两份夹肉面包换一瓶黑啤酒，可以吗？老板。"

"当然可以。请稍等，先生。"

老板很快地收回了面包，拿出了一瓶黑啤酒递给旅行者。旅行者一饮而尽，然后背起背包就要登程。

"对不起，先生，请慢一点走，您还没有付啤酒钱。"

"是的！可我是用夹肉面包换的啤酒，并且是经过你同意的。"

"可是面包钱你也没付啊！先生。"

"我没吃你的面包，为什么要我付面包钱啊？"

老板一时不知道该怎样回答，听任旅行者扬长而去。①

【简析】 用没有付钱的面包换啤酒，等于没有付啤酒钱。但这位旅行者故意偷换没有付钱的啤酒和付了钱的啤酒之间的含义，实际上是在玩弄偷换概念的诡辩手法。要反驳这种诡辩，就必须将这些不同概念之间的含义明确地区分开来。而要使用这种诡辩手法，则要善于混淆概念之间的含义。

6. 别解词义法

别解词义，是指在辩论过程中，辩论者有意违反常识、常规、常理，利用语音、词汇、语法，临时赋予一个词语或句子原来不曾有的新义而做出奇特新颖甚至怪诞的解释。使用这种方法可以嘲讽对手，顺势发挥，增强表达效果。

【示例】 一天，沙皇下令召见乌克兰革命诗人谢甫琴科。召见时，宫殿上的文武百官都向沙皇鞠躬屈腰，只有谢甫琴科一个人凛然站立一旁，冷眼打量着沙皇。沙皇大怒，问道："你是什么人？"诗人回答："谢甫琴科。""我是皇帝，你怎么不鞠躬？举国上下，谁敢见我不低头？"谢甫琴科沉着说："不是我要见你，而是你要见我。如果我也像周围人一样立在你面前深弯腰，请问，你怎么能看得见我？"②

【简析】 这里，诗人抛开"召见"的一般含义——"应邀而来"，而是赋予它一个特殊的意思——"看见"，表现了他不畏强权、大义凛然的气概。别解语义可以分为别解词义和别解句义。在论辩中具有很大的作用，常常能化守为攻，变被动为主动。

---

① 钱维亚. 普通话语音・朗读・说话训练教程 [M]. 杭州：浙江古籍出版社，2003：405.
② 高豪. 经商口才雄辨术 [M]. 海口：海南摄影美术出版社，1997：121-122.

7. 巧设条件法

在辩论过程中，辩论者通过设定某种条件，然后对事物情况做出断定，以取得论辩的胜利。巧设条件法主要是针对对方的一些模糊、荒诞、刁诈，甚至是愚蠢的问题而施展的。它是一种强有力的雄辩绝招，要灵活自如地运用它，必须善于把握事物之间的必然条件关系。

【示例】 有一天，国王指着一条河问阿凡提："阿凡提，这条河的水有多少桶？"阿凡提答："如果桶有河那么大，那就只有一桶水；如果这个桶有河的一半大，就有两桶水……"①

【简析】 阿凡提的回答十分巧妙。面对刁难，他先设了一个条件，后说结果，条件不同，结果当然就不一样了。

8. 因果论证法

在辩论过程中，辩论者借助事物之间的内在因果联系来进行辩论。因果论证能显示事物之间的本质关系，使人知其然，也知其所以然，可以加强论点的说服力，使论点固若金汤。在表情达意时，原因和结果是不可分的，通常原因和结果之间有必然的联系。但在论辩时，有时又一反正常的因果关系，故意将风马牛不相及的两回事作为因果关系连在一起；或回答难题怪问，或借机劝诫，这种方法叫因果谬连法，也是一种独特的因果论证方法。

【示例】 南唐时候，官方在交通要道和市场上征收名目繁多的税赋，而且税额很大，商人都为苛捐杂税吃尽了苦头，同时也严重影响了货物的市场流通。有一年适逢大旱，南唐后主李煜在国都金陵北苑宴请群臣。席上，李煜对群臣说："京城之外都下雨了，这雨单单到不了都城，为什么呢？"当时有位叫申渐高的大臣在座，回答说："雨不到都城来，是害怕抽税。"后主李煜听后大笑起来，不久就宣布免除了不合理的赋税。②

【简析】 面对后主提出的一个平常问题，申渐高把"害怕抽税"作为因，把"雨不入城"作为果，使根本无联系的事物连在一起。乍一听荒唐不经，实则饶有意味，使李煜在轻松、幽默的气氛中接受了劝诫。

9. 类比推论法

类比推论法，是指在考察两类事物某些相同或相似属性的基础上，推断出它的另外的属性也相同或相似的辩论方法。这种方法灵活机动、变化无穷。使用类比法时要注意，类比推论的结果并不是必然的，而是或然的。

【示例】 在一次国际笔会上，西方人士问我国作家陆文夫："陆先生，你们东方人对性文学怎么看？"陆文夫没有直接回答，清了清嗓子说："西方朋友接受客人礼盒

---

① 田金涛. 赢在会演讲［M］. 北京：中华工商联合出版社，2022：156.
② 张在新，张再义. 论辩谋略百法［M］. 北京：红旗出版社，1993：287.

时，往往当着客人的面就打开看，而我们东方人则相反，一般要等到客人离开后才打开盒子。"①

【简析】　面对西方人士不怀好意的提问，陆文夫机敏地运用类比手法回答了自己对东西方对待性文学不同态度的看法，含蓄幽默，展示了自己的语言技巧与智慧。

10. 以小见大法

以小见大法，是指辩论者善于从高层次上，以其敏感和细致入微的观察力，从要说的事理中抓住每一个最能反映事物本质的点，触类旁通，引申扩张，从而达到论证自己观点正确、反驳对方论点荒谬的目的的一种辩论方法。运用以小见大法，关键是要注意选的小必须有代表性、典型性，要小而实，短而精，细而宏，片言以居要，一目能传神。只有选中有代表性的小，方能"见一落叶而知岁将暮"。

【示例】　春秋时期，管仲辅佐齐桓公完成霸业。管仲病危时，齐桓公前往看望。齐桓公说："你的病看来已经很严重了，你有什么话要嘱咐我吗？"管仲说："我希望你能疏远易牙、竖刁、公子开方、堂巫四，他们将来对您对国家都很不利。"桓公说："易牙是我的厨师。有一次我信口说，什么山珍海味你都给我尝过了，就是还没有尝过蒸婴儿的味道。结果易牙就把他刚出生不久的第一个儿子蒸给我吃了。他对我这么好，我怎么还要疏远他呢？"管仲反驳说："从人的感情来说，没有哪个人不爱自己的亲生骨肉，而易牙连自己的亲生骨肉都不爱，蒸给别人吃，他对你有什么用呢？"桓公又说："竖刁身为贵族，知道我喜爱宫中生活，他就自己阉割自己来侍奉我。他如此爱我，我怎么还要疏远他呢？"管仲反驳道："人没有哪个不爱惜自己的身体的，他竟然自己毁坏自己的身体，他对自己的身体都不爱，怎能真的对你好呢？"桓公又说："公子开方是卫国人。卫国并不远，可他侍奉我有15年没回去看望自己的双亲，他还不好吗？"管仲反驳说："公子开方连自己的父母都不爱，怎能真正对你好呢？他们都包藏着不可告人的狼子野心啊！"桓公终于有所悔悟，答曰："你说得对！"②

【简析】　管仲以其忠臣贤相的敏锐洞察力，通过对易牙、竖刁、公子开方等人的几个生活片段的精辟分析，剥开了他们的伪装，识破了他们的真面目，具有一定的说服力。

没有辩论的世界是冷清的，没有辩论的理论是僵化的，没有辩才的人是平庸的。要想驾驭奇妙的舌头，改变自己的命运，让自己成为一个思维敏捷、让人敬佩的人，就应从辩论开始。日常辩论无处无时不在，技巧五花八门，但应遵循一个总原则，即在一般情况下，日常辩论要注意区分于无谓的争吵，辩论中要尊重对方，同时显示自己的大度。

---

① 张红梅. 高职语文口语表达拓展教程［M］. 南京：东南大学出版社，2019：197.
② 穆子青，戈晨. 老故事新道理［M］. 广州：羊城晚报出版社，2009：274.

五、讲故事

（一）讲故事的内涵

《剑桥国际英语》词典对"Story"的解释为：对一系列有关联的事件的描述，既可以纪实，也可以虚构。《辞海》对故事的释义也有七种之多，其中第一义项为"旧事"，即往事，发生过的事情；义项六是叙事性文学作品中一系列为表现人物性格和展示主题服务的有因果联系的生活事件；义项七是文学体裁的一种，侧重于事件过程的描述。从上述解释可以看出，故事与Story的含义基本相当。也就是说，广义的故事就是指事件，包括实际发生的事件和艺术虚构的事件。讲故事就是讲述人用自己个性化的语言将实际发生的事件或艺术虚构的事件栩栩如生地进行创造性的复述。

（二）讲故事的主要特点和要求

1. 创设情境

讲故事的要领是创设情境。讲故事者角色要到位，即要努力暂时摆脱或掩蔽自己的身份，沉浸于故事中，进入故事角色，用故事中形象的个性及特点来讲述，等等。叙述性的语言也要快慢相间、高低起伏，尽量呈现故事情境。

2. 话表结合

如果说即兴演讲只需要三五个手势语，那么讲故事则需要更多的"表"，即要借助丰富的表情、辅助性的动作来强化故事情节、活跃人物形象。讲故事不是"读"故事、"背"故事，它可以分为"文讲"和"武讲"两种。"文讲"的动作幅度小，语调适中，表情含蓄一些；"武讲"的动作幅度大，语调起伏明显，表情夸张。

（三）讲故事的技巧

讲故事的主要手段就是说，"说"，一是指"话"，二是指"表"，在讲故事的过程中必须运用好。

1. 话

所谓"话"，就是通过讲故事的人直接叙述，说明故事的情节和内容。叙述要清楚，对话要生动，语言要流畅，字音要准确，这样才能收获好的效果。怎样运用好"话"？

（1）做到口语化

口语化，就是讲述者采用生活化的语言进行讲述，让听的人一听就懂。因此，不能照着书面讲，得有加工过程。讲故事时，要将故事中的叙述、描写、抒情的语言做适当变通，尽量改为日常口头用语；对故事中的人物语言，尽量采用符合其身份、性格的语调语气去讲述。

【示例】　青蛙在塘边伸着脖子唱了起来："呱呱呱，咕咕咕，小白兔、小松鼠，青草地上来游戏，大树林里去跳舞！"

讲述时，就应该加工为：小青蛙在池塘边上仰着头，张大了嘴，高声唱了起来："呱呱呱，咕咕咕，小白兔，小松鼠，快来，快来，快快来，青草地上来玩玩，大树林里去跳舞。"较之原文，更口语化了，讲起来感觉顺口，听起来也感觉悦耳了。

此外，要尽量使用表示音效、动态的拟声词句。例如，"河水哗啦啦地流""青蛙扑通一声跳水去"等，使听众如闻其声，如见其形，如临其境。

（2）声音要有高低强弱的变化

讲故事要想产生抑扬顿挫的效果，就应根据故事情节掌握声音的高低强弱变化。

a. 在表达思想感情变化时，随着故事情节的发展，声音也要有高低起伏。高兴时，声音高一些，烘托出热烈、兴奋的气氛；悲哀时，声音低沉一些，显出压抑的气氛；紧张时，就要压低声音，制造紧张的气氛；平常事，就用平常的语调。

【示例】 故事《小蝌蚪找妈妈》讲到最后小蝌蚪终于找到了自己的妈妈："小蝌蚪听了，高兴得在水里翻起跟斗来，一面还大声喊：'啊，我们找到妈妈啦！'青蛙妈妈'扑通'一声跳进水里，和它的孩子小蝌蚪一块儿游水去了。"讲这一节时，声音就要高些，以烘托出小蝌蚪和青蛙妈妈喜悦的心情和欢乐的气氛。

b. 根据故事的不同内容，声音可由低到高，也可由高到低。在表示警告、命令时，我们应当先低后高，有低有高。

【示例】 《狼和小羊》中，狼的"话"就是这样的情况："狼把眼睛一瞪，对小羊说：'谁叫你把水给我弄脏啦？我非吃了你不可！'……"

c. 在表示悲哀的感情时，就要用由高到低的声调，才能表示沉痛的感情。

【示例】 《狼和小羊》中小羊的"话"："小羊大声喊：'你太不讲理了！'（高）可是，到了后来，恶狼还是把它吃了（低）。"我们这样掌握语调，能够鲜明地表达讲故事人的爱憎感情。如果不是渐渐低下去，而是渐渐高上去，就会使听的人觉得小羊似乎应该被狼吃掉似的。

（3）速度快慢结合

讲故事速度要做到快而不乱、慢而不断。什么地方该快，什么地方该慢，要根据内容的需要而做出选择。速度无论是快还是慢，都应吐字清楚，层次分明，让人听得一清二楚。这就要掌握好每个字的发音、每句话的层次，处理好必要的停顿，使听故事的人感到像听音乐似的，有节奏感。如果没有必要的停顿，前前后后连成一片，叫人听着费劲。但是，停顿的地方不恰当也不行，那样容易让人感到莫名其妙。除了按标点符号停顿外，讲故事时还必须注意以下两种停顿。

① 按照生活习惯停顿

即不受标点符号的约束，依照日常生活用语的习惯来停顿。有标点的地方不一定停，没标点的地方有时却要停顿一下。这个停顿，可以加深口语化的味道。

【示例】　"小红帽……离开了大路,到树林里去采花,采了一朵又一朵。""采了一朵又一朵"中间没有停顿,可是按照生活习惯说的时候,应该是"采了一朵——又一朵"中间停顿一下,给人真的有一朵朵花儿,一一地数着的感觉。若连起来按标点说,就失去了口语化的味道。而"再说小红帽,在树林里采了许多许多花"句,中间虽有逗号,可不必停顿。

②按情节的需要停顿

这种做法,是为了进一步吸引听众。

【示例】　"小红帽走呀,走呀,刚走进树林,就碰见了一只——大灰狼。"在"就碰见了一只"的后边延长半拍,稍作停顿后再说出大灰狼来,这样,听众会想:小红帽碰见了一只什么呢?一下子就吸引了听众。这种停顿符合人们的心理状态。但不管什么停顿都必须掌握好停顿的时间,有的地方虽然停顿了,但语气上不能断,要做到藕断丝连,吸引听众。

2. 表

在讲故事的过程中,运用好"表"也是很重要的。所谓"表",就是通过讲故事的人,把故事中人物的语言、手势、眼神和思想感情表达出来。"表"运用得好,能引起听众的联想,让听众如闻其声,如见其人,如临其境。怎样运用好"表"?

(1) 用声音变化来"表"

故事中有不同年龄、不同性别、不同身份的人,只用一种声音,就很难区分不同人物的特点。我们如果模仿不同人物的声音"表"出来,效果就不一样了。对人物的不同情绪,要用不同的语气来表达。谈心时,要娓娓动听;争吵时,要气势汹汹。喝醉酒的人,神志不清,讲起话来舌头不灵活;奉承拍马的人,说出话来低三下四。总之,通过声音和语气的变化,表达出人物的喜、怒、哀、乐、悲、恐、惊、慌的情感。

【示例】　讲述《狼和小羊》的故事。狼说:"你把我喝的水弄脏了!你安的什么心?""就算这样吧,你总是个坏家伙!我听说,去年你在背地里说我的坏话!""你这个小坏蛋!说我坏话的不是你就是你爸爸,反正都一样。"像这些话语,处理时语言要气势汹汹,节奏要快些。小羊说:"我怎么会把你喝的水弄脏呢?您站在上游,水是从您那儿流到我这儿来的,不是从我这儿流到您那儿去的。""啊,亲爱的狼先生,那是不可能的,去年我还没有生下来呢!"处理这些话时,语速就要偏慢,气势要弱,以体现小羊胆怯的心理弱势。

(2) 用姿态来"表"

适当地借助姿势,帮助听众理解故事的内容是很重要的。讲故事的姿势,主要是手和眼,即用手的动作和眼的神情,做出符合故事要求的姿势来。

【示例】　讲述《小猴子摘桃》的故事。"它爬到桃树上,一伸手就摘到了一个又大又红的桃子",在讲到"它爬到"的地方,可把头一仰,就像真的看到了猴子在桃树上似的。说到"一伸手"时，可以把右手向上一伸，做个摘的动作，接着放下手来，两手围成一个大桃子的形状，同时说出"摘到了一个又大又红的桃子"。这样讲，猴子的动作、桃子的大小都比较形象地表述出来了。需要注意的是眼睛、手及神情要配合好，应讲到哪儿，指到哪儿，眼神就要到哪儿。如果指着东，看着西，就不合适了。

（3）用口技、音效来"表"

讲故事中用一些口技和音效，能使故事"表"得更生动。刮风了，就说"呜——呜——呜"；汽车来了，就说"嘀——嘀"。故事中讲到敲门，就敲几下桌子；说到翻书，就翻翻桌上的稿纸；等等。这样，能起到比较形象的效果。

总之，讲故事是进行口头语言训练的一个好形式，能做到上述各点，故事就会讲得生动活泼，讲得具有吸引力。

实训平台

一、交谈训练

（一）课堂实训

放暑假了，你独自一个人坐火车回家。假如你周围是下列不同身份的人，你应该如何与他们交谈？他们是：

（1）大学生。

（2）教师。

（3）军人。

（4）农民。

（5）科学家。

（6）行政官员。

（7）体育运动员。

（二）课外实训

1. 实训演练之一。

（1）实训目标。

学会在交际中使用拜访、接待、劝说、介绍、谈心、闲聊、采访等交谈方式。

（2）实训材料。

① 去拜访一位久未联系的年长的朋友或老师。

② 利用同学家长来学校的机会，尝试用5分钟接待对方。

③ 运用你所学的谈话技巧，劝说你身边的一位同学改掉不良的生活习惯。

④ 利用空余时间，到不太熟悉的寝室，尝试介绍你们寝室的文化建设。

⑤ 选择一位不太熟悉而又沉默寡言的人作为自己的交际对象，试试能否顺利地与

对方进行交谈。

⑥ 选择一位获奖的教师或同学，对他（她）进行一次采访，看看你能否熟练使用交谈技巧。

2. 实训演练之二。

（1）实训目的。

学会在交谈中熟练地展开和调控话题。

（2）实训材料。

分组，就当前社会上的"专升本"现象展开交谈，学习运用如下技巧：

① 对方谈兴不浓时，以情绪感染他，诱发其谈兴；
② 对方谈兴正浓时，认真倾听，并加以赞扬鼓励；
③ 对方表述不全时，及时补充，完善内容；
④ 对方表述抽象时，以例补证，有理有据；
⑤ 对方意犹未尽时，设疑探究，加深理解；
⑥ 对方有意回避时，暂时搁置，转移话题。

（三）他山之石

成功交谈十二忌[①]

一忌居高临下。不管你身份多高，背景多硬，资历多深，都应放下架子，平等地与人交谈，切不可给人以高高在上之感。

二忌自我炫耀。交谈中，不要炫耀自己的长处、成绩，更不要或明或暗拐弯抹角地为自己吹嘘，以免使人反感。

三忌口若悬河。如果对方对你所谈的内容不懂或不感兴趣，不要不顾对方的情绪，自己始终口若悬河。

四忌心不在焉。当你听别人讲话时，思想要集中，不要左顾右盼，或面带倦容、连打呵欠，或神情木然、毫无表情，让人觉得扫兴。

五忌随意插嘴。要让人把话说完，不要轻易打断别人的话。

六忌节外生枝。要扣紧话题，不要节外生枝。如当大家正在兴致勃勃地谈论音乐，你突然把足球赛的话题塞进来，显然不识时务。

七忌搔首弄姿。与人交谈时，姿态要自然得体，手势要恰如其分，切不可指指点点，挤眉弄眼，更不要挖鼻掏耳，给人以轻浮或缺乏教养的印象。

八忌挖苦嘲弄。别人在谈话时出现了错误或不妥，不应嘲笑，特别是在人多的场合尤其不可如此，否则会伤害对方的自尊心；也不要对交谈以外的人说长道短，这不仅有损别人，也有害自己，因为谈话者从此会警惕你在背后也说他的坏话；更不能把别人的

---

① 陈建军，王生晓. 社交礼仪［M］. 北京：中国农业出版社，2006：67－68.

生理缺陷当作笑料，无视他人的人格。

九忌言不由衷。对不同看法，要坦诚地说出来，不要一味附和。也不要胡乱赞美、恭维别人；否则，会令人觉得你不真诚。

十忌故弄玄虚。本来是习以为常的事，切莫有意加工得神乎其神，语调时惊时惶、时断时续；或卖关子，玩得深，让人捉摸不透。如此故弄玄虚，是很让人反感的。

十一忌冷暖不均。当几个人一起交谈时，切莫只按自己的胃口，更不要按他人的身份而区别对待，热衷于与某些人交谈而冷落另一些人。不公平的交谈是不会令人愉快的。

十二忌短话长谈。切不可泡在谈话中，鸡毛蒜皮地挖掘无疑义的话题，浪费大家的宝贵时光。要适合而止，说完就走，提高谈话的效率。

二、即兴讲话训练

（一）课堂实训

1. 有位教师应邀参加迎接新生的集会，主持人突然要他说几句话，他随机应变，抓住一个中心——"新"字进行现场发挥：

亲爱的新同学，你们好！

大家带着父母新的希望，带着朋友新的祝愿，也带着自己新的理想，来到了一个新的地方，在这新的学期里，我衷心希望大家以新的语言、新的行动、新的风貌、新的一切去适应新的环境，开始新的学习，展示新的生活，掌握新的知识，增加新的技能，取得新的成绩。相信大家三年之后，将以新的姿态、新的风采站在父母、朋友、社会的面前。那时，你可以骄傲地说："新的生活又要开始了。"

假如你应邀参加毕业晚会，主持人要你即兴讲话，请你根据此范例设计一段发言词。

2. 选择一个下面所提供的词语，即兴讲一席话，可以抒情、说理，也可以咏物、叙事。

风铃、野马、战鼓、青山、感恩、文化、职业

（二）课外实训

1. 实训导引。

卡耐基的《口才训练妙诀》一书中介绍了一种即兴讲话的训练方法：连锁技巧的游戏。这是一种具有刺激性的方法。当一个学员被要求尽量以幻想的形式来说话时，他发表了如下的演说："前几天，当我驾驶直升机时，发现了一群飞碟向我靠近。我正想降落时，一架最靠近我的飞碟对我开炮射击，但是我说……"铃声响了，时间已到，下一位学员接着这个话题往下说，如此循环下去。

要求：按照这种方法进行训练。事先准备若干个话题，抽到什么话题，就按此话题给予第一位发言者1~2分钟的时间，后面的同学依次接着往下说，不得改变话题。每

人发言时间不得超过2分钟。

2. 在寝室组织多次即兴演讲活动。事先由寝室长准备好十张小纸条，上面各准备好一道话题，然后由一个室友随意抽签，准备5分钟后进行即兴讲话，时间不少于3分钟。讲完后其他室友进行评述。每晚进行一次实训活动，每次一人。

（三）他山之石

机灵的道喜

解缙是明代翰林学士。有一次，皇妃生了个孩子。解缙上朝，向皇上道喜。他上前献诗一句："吾皇昨夜降黄龙。"皇帝说："不是太子，是个公主。"解缙连忙改句："月里嫦娥下九重。"皇帝说："唉！可惜已经死了。"解缙又改吟一句："料想世间留不住。"皇帝说："已经抛到金水河里去了。"解缙又顺应吟道："翻身跳入水晶宫。"

子多子少都好

某布政使宴请某按察使。席间，两人交谈。布政使孩子多，为多子而忧虑；而按察使只有一个孩子，为少子而犯愁。布政使的一个案吏安慰这位布政使说："子好不愁多。"布政使点头称是。按察使一听，又问这位案吏："我儿子少，又怎么说呢？"案吏说："子好不须多。"按察使连称有理。①

三、即兴演讲训练

（一）课堂实训

1. 以下列话题为中心，采用扩句成篇法，构思一篇即兴演讲稿。

（1）在讲究物质享受的今天，金钱并非万能，至少有钱不等于幸福。

（2）当今社会提倡大学生创业，有些大学生在校学习期间就开始创业，我认为利少弊多，不宜提倡。

（3）人人都献出一点爱，世界将变成美好的人间。

（4）尊师重教，人人有责；重在行动，贵在落实。

（5）教师最需要爱心。

2. 按照散点连缀的方法，将下面的散点连缀成一篇即兴演讲稿（三点顺序不论），并在课堂进行演练。

（1）失败、成功、教师。

（2）电脑、外星人、孩子。

（3）校园、荷花、大学生。

（4）沙滩、水晶鞋、蓝天。

（5）黄河、小鸟、希望。

3. 以"我愿做一支燃烧的蜡烛"为题，选择一种模式构思法，写一篇即兴演讲

---

① 江立员，李红. 幼儿口语教程[M]. 南昌：江西高校出版社，2019：83.

稿,并在课堂进行演练。

(二) 课外实训

1. 戴维·卡耐基在《口才训练妙诀》一书中介绍了即兴演讲的训练方法。

其中一种是道格拉斯、卓别林、玛丽福特三人每天晚上玩的说话游戏。道格拉斯是这样描述游戏方法的:我们三个人各取一张纸条,在每一张纸条上书写一个说话题目,然后把纸条叠起来,三人轮流抽取,抽到什么题目,就立即针对那个题目发表1分钟的演说。两年中,我们从没有重复过相同的题目。一天晚上,我必须针对"灯罩"这个题目发表1分钟的即兴演说。如果你认为这个问题很简单,不妨试试看,我可是好不容易才把这1分钟打发过去。长期玩这种游戏,使我们三个人的反应变得异常敏捷,学到了应付各种复杂情景的知识和技巧。更重要的是,面对任何场合,我们都能很快把自己心中的想法、知识整理起来,也就是说,我们已经学会了"站起来思考"的方法。①

要求:按照这种方法,在寝室中进行训练。

2. 将寝室同学分成三组,每组成员商议后在三张小纸片上分别写上一个词。练习时,每一位同学从三组卡片中各抽一张,然后把不相干的三个词连缀成一段话。刚训练时,可以准备3~5分钟,到后来准备的时间要逐渐减少,直至达到拿到题目就可以进行演讲的境界。

(三) 他山之石

即兴演讲的公式

1. 宽度 + 深度 + 案例 + 结论。

宽度:对事物的解释,包括种类、结构、颜色、功能……占演讲内容的15%。

深度:指事物的原理、发展历程、前景等,也可以是一些具有象征意义、引申意义的内容。占演讲内容的15%。

案例:结合自己和他人相关事例来讲述,证明自己的观点。占演讲内容的60%。

结论:用一句话总结要表述的观点。占演讲内容的10%。

2. 点石成金公式。

点即观点,石即案例。

四、日常辩论训练

(一) 课堂实训

讲述你在日常生活中发现的同学之间的一次争辩,并点评双方使用了哪些辩论技巧。

(二) 课外实训

1. 课后查阅东西方辩论的经典实例,看看从中你能受到哪些启发?它们对你的辩论能力训练有什么帮助?

---

① 姜燕. 即兴口语表达 [M]. 济南:山东人民出版社,2013:216-217. 有删改。

2. 在寝室里，尝试进行辩论训练。注意辩论的语言和辩论技巧的使用。

(三) 他山之石

公 鸡 蛋①

甘罗的爷爷是战国时期秦国的宰相。

有一天，甘罗看见爷爷在后花园里走来走去，不停地叹气。

"爷爷，您是不是遇到什么难事了？"甘罗问道。

"唉，孩子，爷爷碰到难题了，不知大王听了谁的挑唆，要吃公鸡下的蛋，命令满朝文武想方设法地去寻找。限期三天，要是在规定的期限内找不到的话，大家都得受罚。"爷爷答道。

甘罗一听，就气呼呼地说："天底下哪有这种事？大王也太不讲理了。"他眨了眨眼睛，不一会儿工夫便想出了一个对策，便对爷爷说："爷爷，您别急，我有一个办法。明天我替您上朝就好啦。"

第二天，甘罗就代替爷爷上朝。他不慌不忙地走进宫里，向秦王施礼。

秦王见是甘罗，心里很不高兴，说："小孩子来凑什么热闹，你爷爷呢？"

"大王，今天我爷爷不能来了。他正在家里生孩子呢，所以就让我来代替他。"甘罗说。

秦王一听，乐了，问："男人怎么能生孩子呢？你这孩子又在瞎说！"

"大王既然知道男人不能生孩子，那么同样的道理，公鸡也是不能下蛋的。大王叫臣下去找公鸡蛋，岂不是为难他们吗？"甘罗反驳说。

秦王听了觉得有道理，连夸甘罗聪明，并且收回了自己的命令。

五、讲故事训练

(一) 课堂实训

参考下面故事中有关符号提示和说明进行练习，运用好"话""表"，然后到讲台上讲给同学听。

猴王吃西瓜

从前，一只猴儿王找到个大西瓜，可是│怎么吃呢？↗这个猴儿啊是从来①也没有吃过西瓜。忽然│他想出了一条妙计，于是，就把所有的猴儿都召集来了，对大家说：②"今天，│我找到一个大③西瓜，这个西瓜的吃法嘛，我是全④知道的，不过│我要考验一下你们的智慧，看你们谁能说出西瓜的吃法，要是说对了，我可以多⑤赏给他一份儿；要是说错了，我可要⑥惩罚他。"小毛猴一听，搔了搔腮⑦说："我知道，吃西瓜是吃瓤儿。"猴王刚想同意，"不对，↘我不同意小毛猴的意见！↘"一个短尾巴

---

① 山峰. 这样说话最有效：新编情景口才技巧与素材例典 [M]. 北京：中国长安出版社，2009：298.

猴儿说，"我清清楚楚地记得│我和我爸爸到姑姑家去的时候，吃过甜瓜，吃甜瓜是吃皮的，我想⑧西瓜是瓜，甜瓜也是瓜，当然该吃皮啦!"大家一听，有道理。│可到底谁对呢？于是都不由把眼光集中到一只老猴子身上，老猴一看，觉得出头露面的机会来了，就清了清嗓子说道："吃西瓜嘛，当然……是吃皮啦。我从小就吃西瓜，而且一直是吃皮，我想⑨我之所以老而不死，也正是吃了西瓜皮的⑩缘故!"↗

有些猴儿早等急了，一听老猴儿也这么说，就跟着嚷起来："对，吃瓜吃皮!"↗"吃西瓜吃皮!"↘猴儿王一看，认为已经找到了正确的答案，就向前跨了一步，开言道："对! 大家说得都↗对，⑪吃西瓜是吃皮! 哼，就小毛猴崽子说西瓜是吃瓤儿，那就让⑫他一个人吃去，咱们大家都吃⑬西瓜皮!"于是，西瓜一刀两断，小毛猴吃瓤儿，大伙儿共分西瓜皮。

有个猴儿吃了两口，就捅了捅旁边的猴儿说："哎，⑭我说这可不是滋味啊!"

"咳——老弟，↘我常吃西瓜，西瓜嘛，⑮就这味↗……"

【提示】

"·"表示重说，"│"表示较长时间的停顿，"～～"表示慢速，"＿＿"表示快速，"↗"表示语调上扬，"↘"表示语调下扬，"↗"表示语调曲折，"⌒"表示语音连接。

① 摇头；② 双手后背；③ 双手掌心向内比画一下；④ 晃一下脑袋；⑤ 和颜悦色地、左手向左前方点一下；⑥ 瞪眼，向右瞥一下；⑦ 摇头，眼神亮出；⑧ 神情认真；⑨ 摸长胡须；⑩ 得意地摇头晃脑；⑪ 自信地、肯定地；⑫ 冷漠地；⑬ 双手搅一下；⑭ 皱眉、吐舌；⑮ 不以为意地挥一下手。

（二）课外实训

课后在寝室，每天晚上利用10分钟安排一位同学进行讲故事训练。讲完后，室友从讲故事的"话"和"表"两方面进行评论。

（三）他山之石

反复倾听名家讲故事，从中借鉴适用于自己的"话"与"表"，再进行模仿实训，逐渐形成自己的个性化的讲故事风格。

# 教师职业交际口语

学生是教师交际的主体，教育学生也是教师的主要责任。为了提升教育教学效益，教师也需要与学校领导、同事进行有效交际，以营造良好的工作、学习与生活氛围；为了共同培育学生，教师还需要和家长进行接触、沟通，以充分发挥家校共育的效能；为了构建良好的社会教育环境，教师更需要与社区人员进行交流、交谈，以拓展培养学生的教育资源。围绕着学生的成长成才，教师必须掌握这些职业交际口语的表达技巧，做到语言得体，讲话富有说服力与感染力。

一、与家长沟通

苏霍姆林斯基说过："没有家庭教育的学校教育和没有学校教育的家庭教育，都不能完成培养人这样一个极其细微的任务。"新时代的学校教育，需要家长们的积极参与。通过沟通，教师可以了解学生在家里的各方面表现，家长也可了解学生在学校的学习、生活情况。如何赢得家长的信任，获取家长的支持，发挥家校共育的最大功效，取决于教师的沟通能力。如何与家长沟通，是一门学问，更是一门艺术。

（一）与家长沟通的原则

1. 尊重自己，尊重家长

教师与家长在人格上是平等的。在与家长进行沟通时，教师一方面要尊重自己，不卑不亢，不嫌贫爱富，廉洁从教，树立教师的良好形象；另一方面要尊重家长，态度诚恳，交谈时克服埋怨的情绪，不伤害家长的感情，不使用推卸责任的讽刺、挖苦的语言，给予他们充分的发言权，要让家长体会到教师尽职尽责尽心地在教育他们的孩子。

【示例】 童老师有次去雯雯家进行家访，刚进门便看见三五个男人坐在一起吞云吐雾，高谈阔论。只见坐在中间的中年男子更是流露出傲视群雄的神色。凭观察长相，童老师感觉这男人与雯雯极为相像，便看着该男子问："我是雯雯的老师。请问，哪位是雯雯的家长？"中年男子说："我是，有事吗？"旁边的一位中青年男子满脸堆笑接话："这是我们的教育局局长！"童老师笑了笑说："我是从雯雯的档案中知道的。今天我是来找雯雯家长的，主要是谈谈雯雯的教育问题。"听到此话，雯雯爸爸立刻站起身，招呼童老师坐下。童老师坐下后，围绕着雯雯的教育话题侃侃而谈，毫不拘束，博得了在场所有人的敬意。

【简析】 童老师面对教育局局长这一官职，没有像普通人那样毕恭毕敬，而是说

了一句"我是从雯雯的档案中知道的",言下之意是自己了解雯雯爸爸的身份,无须别人介绍;"今天我是来找雯雯家长的",巧妙的回答,把自己置于与教育局局长平等的地位上,明确表明在自己心目中家访时对方的身份只是一个家长;"主要是谈谈雯雯的教育问题",则表明了自己家访的目的。童老师的语言表述分寸把握恰当,既尊重了自己,也尊重了家长。

2. 实事求是,全面评析

多数家长都有"望子成龙,望女成凤"的思想。母不嫌儿丑,父不嫌儿坏,自己的孩子永远都是优秀的。教师在与家长交谈时,要有这样一种理念:每一个学生都有优点,每一个学生都能成才。教师应该实事求是地分析学生的优缺点,要随时举出学生的具体事例,并给予恰当的评价,既不能报喜不报忧,也不能报忧不报喜,而应该向家长做全面的、发展的介绍,使家长既能认识到自己孩子的不足,又能看到孩子的优点和发展。

【示例】 下面是一位班主任进行家庭访问时与家长的对话:

班主任:你们家的赵勇向来是个好学生。在学校,尊敬师长,团结同学,乐于助人;每次考试,他的成绩总是名列前茅……

家长:(微笑)老师,您过奖了……

班主任:但是,最近这段时间以来,我们班的同学学习非常努力,成绩好的同学一下冒出了不少,而赵勇同学似乎状态不太好,仍在原地踏步。你看,这次期中考试,他就落在了很多同学的后面。

家长:唉,这孩子真是的!什么都不跟我们说……

班主任:我希望你们多和孩子交流交流、沟通沟通,鼓励他向班上刻苦、勤奋的同学学习,发挥学习的主动性和积极性。当然,也希望得到你们家长的配合和帮助,让赵勇同学尽快跟上全班同学奋进的步伐。

家长:好的,好的,谢谢老师的关心和提醒!

【简析】 在这段教师和家长的对话中,我们可以看出这位教师运用了交际技巧来完成了家访任务。教师首先表扬了学生,既没有给家长造成教师家访就是告状的错误印象,也让家长觉得在教师心目中孩子还是优秀的,为进一步交流奠定了基础;接着教师陈述了学生学习成绩下降的现状,有意思的是,教师没有直言赵勇学习退步,而是说其他同学进步,而赵勇原地踏步。一样的意思,由于表达方式不同,给家长带来的心理感受是大不一样的。这段对话充分体现了教师在口语交际活动中语言的艺术性。

3. 反馈及时,学会倾听

学生的日常表现、特殊情况、不良表现等信息都要及时向家长反馈。当学生有了点滴进步,教师要及时把这些快乐的成长信息传递给家长,让家长享受孩子成长的快乐;当学生犯了一点错误时,教师要及时告知家长,以求得家校共同协作,让孩子改正缺点。教师及时将学生的表现反馈给家长，家长会在感动中不知不觉地产生支持、配合教师的原动力；反之，则容易引起家长的误会，甚至反感。

【示例】　音乐课上，陆老师安排了两人一队跳新疆舞。园园跟朋朋一对。跳着跳着，前面的队形乱了，朋朋也没心思跳了，开始跟园园闹起来。两人闹得正高兴，朋朋忽然挥起拳头模仿动画片里的人物，不小心打到园园的鼻子，血猛地从园园的鼻孔里流了出来。看到血，园园"哇"地哭了。陆老师连忙带着园园到校医务室去，经校医检查后及时地处理了。陆老师看园园没什么大事，就想等放学时再来向家长反映这个情况。下午放学，园园妈妈来接园园时，陆老师刚好跟别的家长谈话，没有留意到。隔了几分钟，园园的妈妈怒气冲冲地返回来了。她劈头就问："你们老师也太不像样了吧，我们孩子今天被人打得鼻孔出血，你们老师竟然也不说！要不是我看到她衣服上有血，我还不知道呢！真是岂有此理！怎么当老师的，一点责任心都没有！"陆老师听了，急忙道歉，可是园园妈妈还是生气地说："是我现在跟你说，你才来解释，我要是没及时发现，你们老师就当没这回事吧？"这时，校长碰见了，便把园园妈妈请到校长办公室，把陆老师也叫去。陆老师左解释、右道歉，园园妈妈还是留下了一句话："明天我带她详细检查，没事咱们好说，有事再来。"幸亏园园只是一般性的刺激性流鼻血，经医生检查后没什么事。尽管如此，校长和陆老师还是再次打电话安抚园园家长，最后才平息了事情。

【简析】　在教学活动中发生这样的事情，属于偶然事件。陆老师当时及时地处理了这件事情，这是正确的，但事后还是应主动向家长反映并解释道歉，这才有利于事情真正解决。陆老师因为接送时间的忙碌，未能及时向家长反馈此事，使家长产生了不满情绪，确实是教师的疏忽。学生在学校无论事件是大还是小、是进步还是不足，教师都应及时反馈信息给家长，才能使家长感到孩子在学校受到了教师的关爱。

此外，教师在与家长沟通时，要善于倾听，注重把话语权交给家长，切忌在家长面前唠唠叨叨，甚至呵斥、责备家长。在表达自己的意见时，教师可以用"您看呢""您觉得怎么样""您说这样行吗"等商量性的话语；尽量避免使用"是不是""对不对"等命令性的话语。教师可以用"您看对吗""您的意思是"等话语让家长有表达自己观点的机会。当短时间内无法顺利沟通时，教师可以说："那您的要求是……"。让家长发表其意见。

【示例】　放学时间到了，张老师站在教室门口等家长接自己的孩子。兵兵和妈妈走出教室门口时，张老师发现兵兵妈妈脸色有些不悦，又听见她小声地抱怨："真是，你爷爷自己不吃，都花在你嘴上了。"第二天，兵兵妈妈来接孩子时，刚巧兵兵去洗手间了。张老师笑眯眯地随口跟她闲聊了一句，没想到兵兵妈妈忽然说："老师，我想问你个事。"张老师问她是什么事，兵兵妈妈说："我们兵兵特别爱吃零食，还特别爱在回家的路上买。我们也耐不住他磨，多少都会买一点。要是他爷爷来接，每次起码花七八元钱，前天最厉害了，一天就花了十三元。其实呢，我们倒也不是说花不起这个钱，就是觉得好像多了些，毕竟孩子还小，怕以后长大了会大手大脚乱花钱。您说我们该不该给他买呢？"张老师认真地听兵兵妈妈说话，在倾听过程中不时地用"嗯""哦""这样呀"等话语来回应，等兵兵妈妈提出问题后说："咱们这样，您看好不好？您呢，今天回去先和兵兵爸爸、爷爷、奶奶商量一下，大家都说好了，统一口径，每天严格控制兵兵零花钱的数量。咱们多向兵兵说说爸妈挣钱不容易，兵兵是好孩子，我相信他会接受这个观念的，这也能让孩子自觉养成节约的好习惯；然后咱们也分头查查有关资料，给兵兵讲一些勤俭节约方面的故事。另外，您告诉兵兵，买零食吃的危害性，如一些零食不卫生，吃了会生病，还有对牙齿不好，等等。"兵兵妈妈听了显得很高兴。最后，张老师还说："学校也搞些相应的活动，帮助兵兵克服吃零食的毛病，配合你们的教育。您看行吗？"兵兵妈妈听了连连点头，脸上露出放心的笑容。

【简析】 家长主动把育儿的烦恼告诉教师，并向教师寻求帮助，这说明家长对教师是信任的。这时，教师不要急着作判断下结论，而应先认真倾听家长的叙述，不要随意打断家长的话。在倾听家长说话的过程中，眼神要注视对方，并适当地用一些"嗯""哦""这样啊""是呀"等语气词来呼应，表示教师正在仔细倾听。家长倾诉之后，教师应根据家长提出的问题提出一些建议，借此来进一步获得家长对教师工作的支持与信任。

4. 称呼恰当，用词准确

教师在与家长沟通时应多用"我""我们"等第一人称词，这样会显得亲切；要尽量避免用"你""他"等第二、三人称词，否则会无形地拉开教师与家长之间的距离。例如：

（1）咱们青青今天可乖啦，会帮老师拿书了。

（2）罗浩经常迟到，我担心我们的浩浩会错过好多有意思的活动呢。

（3）咱们一起想想办法，帮助丝丝克服不吃饭却爱吃零食的毛病。

（4）班里的小朋友都很有礼貌，咱们大家都有功劳。

（5）虽然可可有点调皮，但只要我们一起来教育，我们的可可一定会变好的。

此外，教师在与家长沟通时，用词要准确，尽量不使用模糊性语言、命令式语言，而应多用描述性语言。

【示例】 王老师是个宽容的年轻教师，第一次担任班主任，她带的一年级有30多个小朋友。每天放学，王老师总是面带微笑地在教室门口欢送孩子。家长们常问起孩子的表现，对这样的问题，王老师把他们分成两类：一类是小朋友表现良好的，就回答"挺好的"；另一类是有些不足的，就说"还行吧"。可没想到期末开家长会时，家长却对王老师提了意见。一位家长抱怨道："我的孩子在学校已经很长时间了。说真的，我现在对孩子在学校的情况很不了解。您看，孩子每天在学校八个小时，晚上接回家和家长也就待几个小时。孩子回家不太说学校的情况，问老师，老师总是说'挺好的'。不知道这'挺好的'到底好到什么程度，我们家长该为孩子做哪些准备？"语言之间，充满了对孩子教育的焦虑，对了解孩子在学校情况的渴望，对"挺好的"的困惑。这位家长的发言，立刻引起了其他家长的共鸣。王老师没料到，那句原意是赞美的"挺好的"竟然引来了不满，很想不通。

【简析】　家长渴望了解孩子在学校的各种情况，要求教师尽量反馈孩子的表现、发展特点和水平，说些针对性强的评价。但王老师却采用模糊性词语，"挺好的"是人们对事物模糊表态的一种方式，用这个词来回答家长，没有提供具体的信息，一两次兴许还可以，久而久之，必然让家长觉得教师在敷衍自己，感觉到自己的需求与教师提供的服务质量之间存在差距，自然会对教师产生不满情绪。正确的做法应该在"挺好的"后面，补充说明到底好在哪里，要用描述性语言，向家长尽可能详细地讲述孩子有哪些具体的"挺好的"表现和行为。

5. 因人而异，情理结合

来自不同的文化背景、家庭和工作岗位的家长，其文化修养、思想素质、教育理念等都不尽相同。因此，教师要和不同素养、个性的家长交流，就要讲究谈话的艺术，要因人而异。面对知识素养较高、教育观念较强的家长，教师可以适时与他们交流一些教育的艺术，相互间讨论一些敏感的教育话题，以便取长补短；面对文化水平较低、教育观念较弱的家长，教师则应直接交流孩子在学校的表现，并真诚地提出一些具体的教育措施，建议家长予以配合。面对性格开朗、亲和力强的家长，教师可以在轻松的说笑中拉近家校的情感距离，完成家校合作教育任务；而面对不善言谈、个性内向的家长，教师可以主动出击，热情地向家长介绍孩子在校的表现，好的给予肯定，存在的问题则提出与家长合作，用真诚的态度激发家长的参与激情。面对脾气暴躁、虚荣心较强的家长，教师应多提孩子的长处，并委婉地指出孩子的缺点；而面对谦虚、诚恳的家长，教师可直接挑明孩子近阶段的问题，并商量对策等。

【示例】　有位家长酷爱字画，从不与人交往。以往教师去他家家访，大多坐了冷板凳。新接手的班主任李老师对家长的怪癖早有耳闻。今天，李老师又登门了。一见面，寒暄了几句之后，这位家长说了声："老师，您请坐。"转身就进了书房摆弄他的字画去了。李老师起身也踱进了书房，看了看墙上的字画，突然对着王羲之书写的一副对联大声说："哎呀，这幅作品几乎可以乱真呀！"家长一听，马上凑过来问："这怎么会是赝品呢？我倒是想听听您的高论。"李老师便慢条斯理地说："王羲之的字笔法圆润、饱满流畅，极少有枯笔，这幅字又是对联又有印。依我看……"还没等李老师说完，家长频频点头称赞："还是老师高明，这幅字的确是后人拼出来的。"于是，两人重新坐下来，由字谈到了孩子，从而达到了家访的目的。

【简析】　投其所好是开启沟通、实现交际目的的重要手段。本案例中的李老师一改以往教师家访时直接谈论孩子教育的惯例,注重观察家长室内的字画,并与家长讨论王羲之书法的特点,双方找到了共同的话题,使得交谈得以正常进行。在交谈融洽时,李老师再水到渠成地提出了孩子的教育话题,家长此时积极配合,家访的目的达成了。

(二) 与家长沟通的主要形式和技巧

常见的与家长沟通的形式有以下四种:

1. 日常沟通

日常沟通,是指学生家长来校同教师进行沟通,这是最常见、使用频率最高的一种沟通形式。它主要分两种情况:一是家长接送学生时与教师沟通;二是约谈。日常沟通多为个体沟通,即解决个体问题。这种日常沟通要注意如下技巧。

(1) 寒暄入手,营造气氛

寒暄是教师和家长沟通的基础。教师主动和家长寒暄,能很快地营造和谐氛围,赢得家长的好感,拉近双方的心理距离。与家长寒暄的内容可包括:谈身体、谈工作、谈家庭、谈年成、谈物价等。与家长寒暄还应注意以下几点:一是要积极、主动、爽朗。一般情况下,教师与家长的沟通,教师常常是主动者。二是要注意寒暄时的表情和姿势。寒暄时应保持笑脸,要与对方目光接触。三是见面时教师最好能主动上前握手,要热情地倒杯水,行礼时一定要挺直上身,等等。

(2) 用心倾听,拉近距离

很多教师在和家长谈话时,说得多,听得少,有时只顾自己发泄一番,不顾家长的感受。这样家长原来想说的话没法说,在学校受的气憋足了,回到家里孩子就遭殃了,不但旧的问题没有解决,而且很可能造成新的问题。优秀的教师在与家长交谈时,会做个耐心的听众,用心倾听家长对自己孩子和学校教育的看法,一来可从家长的谈话中了解情况,更好地了解学生,制订针对性较强的教育方案;二来可以拉近同家长的距离,赢得家长的信赖和配合。

(3) 主动调控,掌握分寸

教师与家长的每一次沟通都事先带着某种目的性。教师必须始终围绕着它主动调控。不少家长因个性、环境等因素的制约,有时会对教师表现冷漠、不关心,或沉默不语、勉强应付。因此,教师必须主动与家长攀谈。交谈时,要听清其主要内容,弄清其言外之意、难言之隐;注意问话的方式,启发家长朝着与目的有关的方面谈,引导家长说出教师想了解的信息。若家长偏离了中心,不要急于打断对方的话,仍需继续倾听,然后选择时机不露痕迹地把家长的谈兴重新引到谈话的主题上。如果遇到不该出现的尴尬场面,应及时转移话题,待气氛活跃些,再将谈话推进。

(4) 少些横比,多些纵比

交谈时,不要进行横比,即在进行个人交谈时,不谈论别的学生,也不要随意地将学生进行比较,说长道短。赞扬别的学生,等于贬低对方小孩;贬低别的学生,家长也会产生疑问，不知老师在别人面前怎样说自己的小孩。家长关心的主要还是自己的孩子，想了解的是自己孩子的表现、进步，教师只有以对方孩子为中心，将学生的情况做纵向比较，才能让家长看到希望。

（5）多些肯定，少些否定

美国著名的心理学家贝蒙竭力倡导用"肯定的评定"来改变学生的态度和行为。鉴于此，教师在与问题生、留守儿童、困难学生家长谈话时，应勤于运用"肯定的评定"策略，以肯定的语言平和自然地与他们交谈："我觉得你的孩子在××方面了不起，可以当我的老师。""看得出，你的孩子富有正义感、同情心，他很善良。""你的孩子学习成绩虽然还不理想，但这段时间进步很快。""你的孩子虽然有时有点小毛小病，但他已经改正很多了，相信在我们的共同努力下，他很快能克服身上不良的毛病。"通过对话的语言形式，把一些本来要批评、劝诫的意思化为肯定的评定语言，唤起家长对小孩的信心。

（6）忌讲气话，微笑交谈

问题生、留守儿童、困难学生经常犯错误，教师生气是难免的，但面对家长，教师最好要控制自己的情绪。否则，感情失控，乱打棍子，全盘否定，说些气话，如"你的孩子真笨，谁见了都头疼！""唉，你的小孩是伸腿的骡子——没治了！""你的孩子不是读书的料，还是让他去打工吧，在学校也是浪费钱！"这些言语像一枚枚毒针，极易刺伤家长的自尊心，引起家长的反感和自卑，不利于与家长共同教育学生。教师若想以此来作为"杀手锏"转化这三类学生，只能是越治越有问题，其结局很可能是家长回去怒打小孩一顿，甚至让子女放弃学业。微笑着来谈问题，则能起到事半功倍的效果。

（7）肯定效果，致以谢意

交谈完毕，教师要表示本次沟通对双方都有益，强调沟通对自己的工作有帮助，有利于今后加强工作的针对性。同时，对家长来校沟通表示谢意，欢迎家长今后多来校指导工作，自己愿意竭诚与家长密切合作，共同促进学生的发展。

【示例】　强强年龄比同伴小几个月，各方面显得比较稚嫩，父母每次送到学校都有点不放心，天天向教师询问强强在校表现如何。以下是某一天强强父母和教师的对话。

家长："老师，强强今天表现得怎么样，有没有哭闹？"

教师：（笑脸相迎）"强强是个很活泼开朗的孩子，这些天进步了，他喜欢上学了，能和小朋友一起做游戏，玩玩具，像个开心果。"

家长："我怕他比别人小，会不会有些事情做不好？"（家长在试探可能发生的事情）

教师："您放心，我们会多照顾他一些的。要是有什么情况，我们会及时与您联系的。"

接下来几天里，班主任老师注意到强强身子较弱，家长也比较担心孩子的在校用餐情况，但是又不好意思和教师说，牵挂和担心藏在不舍的目光中。于是，教师在家长来学校接送时主动和家长说："您的孩子这几天在老师的帮助下都能吃完一碗饭了，他回家后晚饭吃得怎样？有没有觉得肚子饿？"

家长："这几天好像没说起，他平时胃口就不怎么好，所以在家里都是大人喂的。老师，真谢谢您，让您费心了。"

教师："不客气，我们会尽量照顾孩子的。（转身又对强强说）强强在学校能自己吃几口饭呢，强强很棒，是不是？如果在家里也试试自己吃饭，老师和同学都会更加喜欢强强了。"

强强点点头，一家人高高兴兴地回家了。

【简析】 该教师以诚待人，观察细致，能主动说出家长的心里话，赢得家长的信赖。这种日常沟通因具有时间短、对象多的特点，教师要做到重要的事情及时说，长话短说，话题也要尽量单一。如果家长所问问题比较多，要委婉但明确地告诉对方，另找一个时间坐下来具体沟通。

【示例】 新新喜欢玩洗手液，他经常把盥洗室里的洗手液按出许多，然后搓出无数的泡泡，玩吹泡泡游戏。这天，新新又趁老师不注意，把一大瓶洗手液全部挤进了洗手池，玩起了吹泡泡游戏。老师非常生气，但仍然耐心地了解情况，之后打电话给新新妈妈，约她在接孩子时谈谈新新在学校的表现。新新妈妈来接新新的时候，老师把新新母子请到办公室，说："新新妈妈，新新最近可喜欢帮老师做事情了，他在家一定也帮您干活吧。"新新妈妈笑着说："是的，在家经常抢着帮忙做事情，其实还不是想玩，总是好心办坏事。""是的。"老师接茬说，"今天，新新想帮老师清洗洗手池，结果把所有的洗手液都挤在了里面，弄得厕所里全是水和泡泡，他玩泡泡玩得开心极了，连活动都不参加了。我对他说，帮老师做事情是好的，但不能把洗手液全挤掉，洗手液是给小朋友洗手用的，这样一来，没有了多可惜。下次不能再这样了。"听了老师的话，新新妈妈连连点头，说："老师，你说得对，批评得对，我会和新新再说一说的。"第二天，新新妈妈送新新来上学时带来了一瓶洗手液，说是专门买来的，让新新给大家赔礼道歉。

【简析】 当孩子有错误时，教师应抱着一种真诚、爱孩子的态度，约谈家长，共同商讨如何解决问题、教育孩子，而不能给人一种发泄心中对孩子的不满、责备孩子、批评家长的感觉。教师在向家长反映孩子的问题时，先要肯定学生的优点，再反映其存在的问题，并分析其原因。对待孩子的缺点时，要持理解、宽容的态度，以此作为向家长反映情况的立足点，这样才能收获良好的沟通效果。当然，这一切也要有个沟通的好环境。

2. 家访

家访，是指教师为了特定的目的，主动到学生家中，与学生家长就学生教育进行面对面的交谈的一种沟通方式。它是联系家庭教育和学校教育的纽带，是促进学生健康发展的必要手段；它是实现学校、家庭教育一致性的必要条件。家访的基本程序一般分为以下三个阶段：一是介绍阶段。即教师向家长介绍学生在校情况。此阶段基本上是以教师独白的形式进行。二是了解阶段。即教师向家长了解学生在家里的情况，包括学生家长的基本情况、家庭对学生的教育情况、学生在家的表现等。此阶段以教师发问、家长答复的形式进行。三是讨论阶段。即围绕着学生的教育，教师与家长共同研究教育学生的措施与策略。此阶段以双方交谈的方式进行。家访要注意如下技巧。

（1）准备充分，有备无患

家访之前，教师要做好的准备工作有：第一，要全面具体地了解学生，优点有哪些，缺点是什么；学生应该在哪些方面加强教育，如何教育。第二，大致了解学生的家庭情况，比如家长的职业、家庭的基本情况、家庭教育等。第三，如何向家长介绍学生的情况，向家长提些什么问题或要求，等等。

（2）目的明确，访问及时

做好学校与家长的沟通，共同教育好学生，这是家访的总目的。具体到某一次家访，或者因为学生存在某方面的缺点，而了解家庭原因；或者因为学生有某方面的特长，希望得到家长的支持；或者因为家长忽略了某方面的教育，导致学生存在某方面的不足，建议家长采取措施；等等。每次家访的目的都应十分明确，而且必须趁热打铁，及时发现问题，及时进行家访，以便及时解决问题。家访时要切记：必须从关心和教育学生的角度出发，而不是向家长告状，不是利用家长来整治学生。

（3）有的放矢，因人而异

有的家长性格开朗，有的家长性格内向；有的家长健谈，有的家长缄默寡言；有的家长高傲，有的家长谦和。家访时教师就必须善于分析各种类型家长的性格、脾气、爱好等，这样才能做到有的放矢，容易和家长找到共同话题；否则，对牛弹琴，不是天南海北瞎扯一番，就是坐冷板凳扫兴而归，达不到家访的目的。

（4）创造氛围，控制过程

家访谈话，有主动与被动之分。教师是谈话的发起者，要有准备，有目标，有策略，要营造积极的家访氛围。相对而言，家长就显得被动多了，他们只能被动地接收教师发出的信息，或按照教师的意向提供信息。当然，有些家长在与教师交谈时，只要有机会，他们便会就人们普遍关心、感触到的社会问题，滔滔不绝地说开去，越说越投机，越说越起劲。譬如，说到学生的不良表现，立即就与社会风气联系起来；谈到学生的学习成绩，又会与升学、就业、发财、购房等扯在一起大谈特谈；等等。家访时，教师如果为了照顾家长的面子而一味地迎合这些话题，不仅达不到家访的预期目的，也有失教师的身份。正确的做法应该是不失时机地接过话茬，不偏不倚地控制谈话的全过程。

【示例】　一位领导干部的孩子,在校经常欺负同学,打架斗殴,谁也惹不起,就连老师也不放在眼里,他开口就是:"我爸爸管你们,你们能把我怎么样?"为此,班主任走访了这位家长。一见面,家长就问:"我的孩子在学校还可以吧?""当然可以,有其父必有其子嘛。"老师接着充分肯定了孩子的优点。

"老师,您别尽挑好的说,孩子有什么缺点、错误,您就直说吧。别的我都要管,孩子怎么能不管呢?"

"您这种认真工作的作风我们是知道的,就连您的孩子也这么说,说我们都由您管。不过,我相信,您一定不会让孩子滋长这方面的情绪吧?"

"那当然,孩子是不是有这方面的毛病?"

班主任不失时机地接过话茬,谈了孩子的毛病。听完了班主任的话,这位领导干部深有感触地说:"我这也管,那也管,恰恰忽略了管一管教育子女的问题。谢谢您今天对我的提醒。"不久,这位领导在工作单位制定了关于正确处理领导干部与家属子女关系的几条规定,而且加强了对自己子女的教育。

【简析】　这位班主任的家访是成功的。针对学生的缺点,他上门与家长沟通。家长主动问起孩子在校表现时,他先肯定优点。在家长想了解孩子存在什么缺点时,他不失时机地谈了其毛病,促使这位担任领导的家长醒悟——加强了对自己子女的教育。

3. 家长会

教师与家长进行会议沟通可以是小范围的家长代表座谈会议,更多更主要的则是家长会。家长会是学校、老师、家长三方面相互交流、协调的最好机会,它是一种群体性的沟通。其目的主要有三个:一是与家长进行群体沟通,加深双方对学生的了解,让家长知道自己的小孩与其他小孩的长短之处;二是向家长宣传,帮助家长正确地教育子女,并为家长相互取经提供一个机会;三是向家长展示,让家长认识老师、理解老师,进而支持老师、支持学校。召开家长会要注意以下技巧。

(1) 提前通知,精心准备

家长会的时间要选择多数家长有空的时间,而且要提前一至两周以书面的形式或在微信群中正式通知家长。要避免出现"叫你家长下星期天上午8点到校参加家长会"等粗野的"师霸"作风。为使家长会真正发挥其交流、沟通作用,让家长感觉既隆重又亲切,使之自然而然对学校产生一种宾至如归、心心相通的感情,教师事先要做精心的布置。一是会议的内容、程序要准备充分。要考虑到可能出现的情况,对每个学生都要准备详尽的材料;二是会场的布置要整洁。备好富于情感的欢迎标语、温馨的鲜花盆景、供家长翻阅的学生材料、班级标示牌、饮用水、会议进程安排表等,以示学校对会议的重视、对家长的尊重。

(2) 谨言慎行,态度谦和

由于家长会人数众多,教师的一言一行不仅影响会议的效果,也关乎自己的形象、学校的声誉，因此，教师一定要谨言慎行。一是用语要恰当。不伤害任何家长，不开庸俗的玩笑，不讲与会议无关的人和事，等等；二是举止要大方，表情要自然。发言时要抬头挺胸，不要畏畏缩缩，忌讳指手画脚。开家长会，要把家长当作客人，态度要谦和。教师介绍情况后，多给家长发言的机会，让他们畅所欲言，使家长会开成"知无不言、言无不尽"的献计献策会。同时，要提供家长之间相互交流的机会，让他们取长补短，相互促进。

（3）正面反馈，关注全体

每个孩子在父母心中都是优秀的、完美的，教师要掌握家长的这种心理。因此，在家长会上教师应逐一对每个学生进行表扬，不能把家长会开成告状会、批斗会、训斥会。对一些存在的问题要不点名地提出，以引起家长的警惕。教师一般对两类学生比较关注：一类是特别优秀的，另一类是特别调皮的，而介于这两者之间的比较守纪律、不太爱表现的学生往往会被忽视。家长会是家长了解学生在校情况的一种渠道，和接送学生时的沟通交流不同，家长会上对每位学生的评价是面向全体家长、公开透明的，教师一定要顾及每位学生，也要顾及每位家长，不能顾此失彼，这样会伤害一些家长的自尊心，甚至让家长对教师产生不信任感，从而影响教师与家长的沟通。

（4）流程完整，重视反馈

完整的家长会流程包括三部分：一是致辞，即开场白。主要是对家长前来参会表示感谢，多属礼节性的客套话。如果是新接班的教师，则首先要介绍自己。发言时尽量不看发言稿，要用口头语而不能念书面语。二是进入正题，即向家长汇报学校、班级及学生各方面的情况。教师可事先向家长发放家长会的内容提纲，以给家长留下教师做事认真、责任心强的印象。在教师完成事先准备的内容后，有时候在家长会上可安排相互交流活动。三是结束。结束之时，可以这样说："今天家长会的主要内容就是这些，想进一步了解情况的家长可以留步，我们再单独交流；家长相互之间也可以交流一下在家各自教育孩子的经验。没问题的家长请您自便。"此外，老师不要置家长的意见于不顾，对家长会反映的信息要及时分析、认真处理，有关意见的处理结果要及时反馈给相关家长，以增强家长对学校的信任、对教育的重视。

【示例】 开家长会那天晚上，教室里又是彩带，又是气球，这不像是开家长会，倒像是开联欢会。班主任王老师用微笑迎接着每一位家长的到来，这种微笑给家长一种平静与安全的感觉，带来信心与鼓舞。人到齐了，班主任宣布家长会开始，可家长们都奇怪了，为什么所有的学生也在教室，难道学生与他们的家长一起参加家长会？王老师向大家问好后，带着几分神秘说："今天所有的孩子与家长一起参加我们的家长会。对在座的家长来说，今天可能是个不同寻常的日子，因为我们为你们准备了一个特别的礼物。不，准确地说，这个礼物不是我们为你们准备的，而是你们的孩子为你们准备的。"听到这儿，有些孩子们在交头接耳。王老师说："孩子们，请不要吃惊，你们当然也不知道这个特别的礼物是什么,因为在两小时前,我们才把它从一个遥远的地方取回来。但确实是你们创造了它!"王老师向站在她旁边的一个老师示意。这个老师立即走出会议室,转眼间从门外推进一个四角装有轮子的小桌子,小桌子的上面是一块用彩色绸布盖着的一个四方块儿。王老师走向前,掀开绸布,展现在家长与学生面前的是一捆捆的新书。看着大家惊奇的目光,王老师得意地说:"这个学期,我们讲授了诗歌的写作,我试着让孩子们写了一些诗。这些诗感动了我,也感动了我的许多同事们,我们因此把这些诗汇集起来,印成这本诗集。我想,这本诗集,可能是你们孩子人生的第一件作品。请各位阅读吧,你们会比我们更为孩子感到骄傲,因为是你们养育了他们!"这太出乎所有人的意料,这些小孩子竟然还写诗,还出了诗集?学生可能也感到惊奇了:"我写的诗还上了诗集?"老师把一本本书发给家长们,家长们看到各自的孩子写得像模像样的诗,开始反思了:"我的孩子能写出这么好的诗?我知道自己的孩子发生了这么大的变化吗?我真的了解自己的孩子吗?"当老师们推出一个大蛋糕为孩子们祝贺时,会议的气氛更加热烈了,一些家长开始亲吻自己的孩子,好像是孩子刚刚从远处归来似的。整个家长会取得了极大的成功。

【简析】 气氛的设置:微笑迎接,布置彩带气球。事件的准备:诗集的编印,蛋糕的祝贺。言辞的真挚:"……这个特别的礼物……确实是你们创造了它!""你们会比我们更为孩子感到骄傲,因为是你们养育了他们!"如此的家长会,感动的不仅仅是学生、家长,就连我们局外人也会为这种别具一格的设计而感动。如果我们按传统做法,家长在下面听,老师在上面进行"你们的孩子在学校的表现是……"等毫无感情的介绍,说些"你们家长要怎么做"等带有"祈使意味"的话语,哪能做到让家长真正重新认识自己的孩子与了解自己孩子的变化?哪能做到让家长在家长会上真正受到感动?

4. 网络沟通

在"互联网+"的时代背景下,不少中青年教师通过网络平台搭建家长微信群来与家长进行沟通。这种网络沟通方式具有不受时空限制、沟通快捷自由、信息量大等特点,非常适合当今教育形势的发展。

【示例】 倪老师班上有几位学生家长频繁到外地出差,还有几位学生家长常年出国在外,平时都是爷爷奶奶或者保姆接送孩子,但是孩子的父母还是不放心,非常想了解孩子在校的生活与学习情况。总是一个接一个地打电话也不现实,后来倪老师就在网络上创建了班级校友录。这样,每天20:00至22:00成为这个班级最活跃的家校沟通时间。那些平时不能亲自接送孩子、想了解孩子但又不便直接与教师联系的家长,就可以通过网络实现与教师的"零距离"沟通。他们说:"远在千里之外能看到孩子和他认识的小朋友,感到很欣慰。"可见,网络延长和拓展了家校沟通的时空。

【简析】 随着网络的迅速发展,网络沟通越来越受到年轻教师和家长的青睐,这也反映了信息时代家校沟通的新需求、新特点。值得提醒的是,在微信群中的沟通应以学生的教育为中心，教师与家长均可将自身的育人体验、名家的育人理论等文章发至该平台，以便相互学习、交流。但要注意尽量不要在该平台发布不良言论，以影响建群的初衷。

二、与领导沟通

在工作中，教师要与各级领导特别是本校领导接触，或向领导汇报工作，或向领导寻求帮助，或向领导征求意见，或因工作失误向领导作检讨，等等。掌握与领导相处的艺术，是职场生存智慧的一种体现，也是职业人士在职场有效地表现自我、不断拓展自我生存空间、把握发展机会、实现自我价值的重要途径。与领导沟通要注意如下技巧。

1. 摆正位置，把握角色

教师在接触领导时，必须严格遵守上下级关系，恪守各种口语交际规则，调整好自己的社会角色，摆正位置，一言一行都按照下级的言语行为规范进行。在口语交际活动中，应严格按照领导的分工和实际工作的需要，弄清请示、汇报的对象：该请示谁就请示谁；该向谁汇报就向谁汇报；对所有的领导都应该一视同仁，积极服从分管领导的安排。当然，在领导面前，我们要不卑不亢，保持一颗平常心，既不要把领导看成是自己前途和命运的主宰，见了领导就矮三分，连话也不敢说；也不要一味地在领导面前溜须拍马，刻意讨好，逢迎领导。

2. 口齿清楚，语气谦敬

领导需要处理的工作头绪很多，时间有限，所以教师在与领导接触时，应当注意口齿清楚，语速适中。说话时，语气要谦逊，表现出对领导的尊重，这是开展口语交际活动的基础。在进行口语交际时，称呼必须准确。一般以称呼领导的职务为主，尤其在公务场合，称呼领导要用"姓氏＋职务"的模式，不可过于随意，不宜采用显示自己与领导交情非同一般的称呼。多使用表示尊敬的人称代词"您"。谦敬的语气，往往能让交际双方保持良好的心态，创造和谐的口语交际氛围。

3. 语义明确，表达简洁

与领导沟通时，教师应本着对工作负责、对领导尊重的态度，开门见山地把要说的问题说出来，或汇报工作，或寻求帮助，或提出建议，不要兜圈子，不要拖泥带水，要言简意赅。交谈时，教师宜多使用疑问句和陈述句。疑问句用于提出问题，含有商量、征求意见的口气，能表现出下级对上级的尊重；陈述句是对客观事情或现象加以说明，有利于教师方便、快捷地向领导提供信息。在与领导交谈时，不用祈使句，因为祈使句表达要求听者采取行动或制止听者行动的语气，带有命令的口吻，容易使人不愉快。

4. 提前了解，把握时机

教师与领导谈话的时机是影响口语交际活动的关键性要素之一。时机选择得恰当，有利于教师实现特定的交际目的；时机选择得不合适，难以达成如愿的交际目的。例如，当教师对领导的决策、指示持有异议时，教师应该通过正常渠道和恰当的方式，在合适的场合向领导提出；而不是在公开场合或会议上横加指责。此外，选择合适的口语交际，必须建立在教师对领导基本了解的前提下。所谓基本了解，主要包括了解其思维方式、工作方法、工作习惯、性格爱好、素质的强项和弱项等内容。这种了解主要是为了更好地与领导相互协调、精诚合作，促进工作的开展。它与为了讨好、奉迎领导而进行的"基本了解"具有本质的区别。

【示例】 某县实验小学体育教师小高，由学校委派，就筹办全县乡镇中心小学学生春季田径运动会一事，来到县教委，找到分管教育的副主任请示运动会筹备工作，小高是县教委副主任上班后接待的第四位来访者。副主任送走上一个无理取闹者之后，正心烦意乱。当小高说出寒暄话的时候，副主任明显很不耐烦，小高微笑着说："主任，现在，我是您接待的第四个人了。我看您的工作确实千头万绪，够忙够累的了。看着您这么劳累，本该让您休息一会儿。但因工作紧急，我还是用较短的时间，就全县乡镇中心小学学生春季运动会的筹备事宜做一汇报并请示，看您的意见怎么样？"副主任温和地说："来自教学第一线的老师比我们更辛苦，都是为了工作，说吧！时间长一点也不要紧，以解决问题为重嘛！"于是小高条分缕析地说了起来，副主任对这项工作也表示了明确的意见。

【简析】 教师与领导交流，由于各种原因，可能一时半会儿会遇上言语交际的障碍。作为交往的下级的一方就要讲究同领导说话的艺术，以取得语言交际的良好效能。案例中的小高面对领导不耐烦的尴尬局面，不反感，不动气，而是用对领导理解、同情、尊重的语言，换取了这位领导对自己工作的理解与尊重。因而心理相容，言语相通。

【示例】 有家长向学校领导提出，每天下午留在值班室的孩子总开展单一的看书、看电视活动，能否安排他们进行分组活动。于是，校领导建议教师根据学生的兴趣开展分组活动。作为教师，虽然每周只轮到一次值班，但面对这种附加要求，应该怎么说？

吴老师：（一脸的不愿意）"老师工作一整天够辛苦了，还要分组活动，那和开展兴趣班有什么区别？人家兴趣班还收费呢！"

赵老师："我认为，是否要让家长知道，我们是体谅双职工没法按时接孩子而开设值班室。我们在照顾家长实际困难的同时，是否让家长也能看到并且体谅我们的难处呢？大部分的孩子都是值班老师不认识的，管理本来就有难度，再加上老师辛苦了一天，精神状态已经大打折扣，如果还要开展分组活动，老师容易顾此失彼，万一有个孩子跑出去了怎么办？值班老师的首要责任是保证孩子的安全，我们为了照顾个别家长的要求，可能会让更多的家长对我们的工作不放心，所以我个人认为不要开展分组活动比较好。"

【简析】 两位教师表达的是同一个观点,即留在值班室的孩子不要分组活动。很明显,赵老师的观点更容易让校长接受,其理由在于该教师对事件做了充分的说理分析;而吴老师的表述过于生硬,让校长不易接受。向领导提建议的方式有很多种,包括正面直陈式、迂回按时式、制造悬念式等,下面口语可经常使用:

- 请领导认真考虑我班的方案。
- 您看我的意见可以采用吗?
- 您对我的看法意见如何?请多多指教。

三、与同事沟通

教师在工作时间里,接触最多的人是同事。同事之间或因工作而争论,或因讨论某一话题而交流,或因相互帮助而沟通。同事关系是一种特殊的社会关系,是建立在工作基础之上的,它直接关系到工作的效率、事业的发展和心情的变化。就教师这个职业而言,它属于一种群体性、协作性要求较高的工作。教师之间只有建立起和谐、团结、协作的同事关系,形成良好的工作氛围,才能达到提高自己与同事共同提高的目的。与同事沟通要注意如下技巧。

1. **相互尊重,诚心相待**

同事之间相互尊重才能构建一个良好的人际交往环境。同事之间礼尚往来,不但能增加同事之间的亲密感,而且还容易达成工作中的精诚合作。在口语交际中,对同事要做到人格上尊重,工作上支持合作,生活上相互关心。同事需要帮助时,务必热情回应;同事取得成就时,及时给予祝贺;同事心情不佳时,巧妙疏导化解。在和同事交际时,不要固执己见,不要恶语伤人。无论出于什么交际目的,无论处于何种交际语境,无论运用哪种交际手段,我们都必须本着一颗真诚的心和同事交往,态度要诚恳,言语要平实。

2. **注意礼仪,保持距离**

在与同事谈话时,不随意议论他人的长短,不披露同事的隐私,不挑拨同事之间的关系。工作性谈话,一切都应该从"公"字出发,从大局出发,语调平和,言辞有理、有礼、有节。尤其是在名利面前,不要毫无顾忌地争夺或寻找各种冠冕堂皇的理由进行争夺。另外,在交谈中,还要注意把握好与同事亲与疏的分寸,不可以亲此疏彼。此外,职场的利益关系是客观存在的,与同事保持适度的距离,可以减少冲突,避免引发矛盾。这样,既有利于维护各自的利益,也有利于彼此的合作和竞争。

3. **因人而异,灵活表达**

同事之间相处,应注意做到平等待人,尤其是在人格上要一视同仁。这是教师在口语交际活动中应遵循的基本原则。在交际表达时要根据这些交际对象的身份、思想、修养、个性以及心境,巧妙地选择和调整自己的话语表达方式。例如,在同事相处中,有些人总想在嘴巴上占便宜；有些人喜欢说别人的笑话，占了便宜才肯罢休；有些人喜欢争辩，有理要争，没理也要赢三分；有些人谈论国家大事也罢，日常小事也好，都好像如临大敌，不容对方有丝毫破绽，否则就抓住不放。这些情况都是不讨人喜欢的。

4. 求同存异，恰如其分

在日常的口语交际活动中，人们往往会与三种人发生争吵：一是不一起共事的人，二是家人，三是同事。这三种争吵会产生三种不同的结果：与不一起共事的人发生争吵，吵过之后双方走人，不会使争吵和矛盾再引发面对面的碰撞；家人之间因为有血缘或亲情关系，吵过之后会重归于好；同事之间争吵之后仍然要在一起共事，甚至要相互竞争，这种特别的关系就使得同事之间争吵后的情感破裂且难以弥合，使同事相处的人际环境长时间地蒙上阴影。因此，在与同事沟通时，切不可有理不让人，逞一时口舌之利。对有些问题的看法不一致也很正常，可以求大同存小异。

【示例】 在一次教研活动中，大家以特殊儿童教育为主题展开讨论。当谈到关于班级中性格特殊儿童的教育时，青年教师赵老师专心地听其他的同事发言，当听到有价值的内容时，低头做一些笔记，轮到她发言时，她这样说："刚才各位老师提出几点建议，我很受启发，如其中的……其实在我们班，也有这么几种性格比较特殊的孩子：一种是经常有攻击性行为的孩子，一种是容易退缩的孩子，一种是过分好强的孩子。首先，我个人认为，对那些有攻击性行为的孩子，不能体罚他们，要用讲道理、讲故事、角色扮演等方法让孩子知道不良行为的后果。还可以用'冷处理'的方法，就是……其次，我说说容易退缩的孩子……最后，我有一个困惑，就是当我们用尽以上的教学手段仍不能取得效果时，如我班有个孩子……这时候用什么办法好呢？"

【简析】 赵教师的发言事先做了充分准备，她明确这次教研活动的主题，寻找了相关的资料，并且结合自己班级的实际情况总结了自己发言的内容。此外，她的发言非常有条理，用"首先""其次""最后"表明说话的层次，让听者易于抓住重点。在教研活动中，下列口语可以经常使用：

- 我想从以下几个方面谈一下个人的意见，第一方面是……
- 刚才你的观点我很赞同，但有个问题我还不是很明白，麻烦你解释一下，好吗？
- 您好，刚才你的发言我觉得很有道理，但我在这个问题上是这样看的……
- 对不起，就你说的这个问题，我可以打断一下吗？

【示例】 在开学初的环境布置中，蒋老师与胡老师对主题墙的布置有异议。胡老师注重环境的美观，蒋老师注重环境的功能、教育的价值。下面是两名老师的谈话：

蒋老师："你说我们为学生创设怎样的主题墙好呢？这样吧，我们把各自的设想说出来，看怎样创设主题墙更好。"（蒋老师在说这些的时候，态度诚恳，始终面带微笑，语速缓慢。）

胡老师："孩子们都很喜欢卡通形象，所以我找了很多可爱的卡通图案。你看看吧。"

蒋老师（一边看，一边赞叹）："真可爱！孩子们肯定很喜欢。可是怎样体现主题墙与孩子对话的功能，怎样让孩子也参与我们的环境布置呢？如果我们把这些可爱的卡通图案作为分隔或背景，再对主题墙做一个布局，我们的主题墙肯定很棒！你觉得呢？"

胡老师听了蒋老师的话，觉得很有道理。于是，两个人详细商量主题墙的创设。

【简析】 蒋老师首先做到放慢语速，面带微笑，让胡老师觉得很有诚意，感受到蒋老师对自己的尊重，这样从情感上就已经接受了对方。其次，在谈话中蒋老师始终把握一个宗旨：我们的共同目的是把班级的主题墙创设好。最后，蒋老师善于协调，采纳了对方的好建议，完善了主题墙的创设方案。在与同事交谈时，特别不要使用"你这人总是这样""你一向这样""你这老毛病怎么改不了"等揭人短处的话语，可经常使用以下口语：

- 谢谢你的建议，这让我对自己做好工作更有信心了。
- 你刚才提的建议某些方面对我很有启发，有一点我认为……你认为呢？
- 你说得很对，很抱歉给你带来了麻烦，我马上去弥补。
- 你的观点比较全面，但是如在……这些方面再注意些，就会显得更完善。

四、与社区人员沟通

所谓社区，是指社会上以某种标准划分出来的地区或居住区。社区中拥有丰富的教育资源，小学生通过参加社区活动，可以开阔视野，增强实践能力。因此，教师除了在学校完成特定的教育教学工作外，还承担着联络社区的重要任务。在联络社区的活动中，教师需要用自己特有的交际口语，把教育教学工作和社会联系起来。从职业特点来看，教师主要是以语言为工具来开展职业活动的。同其他职业相比，他们更加注意语言运用的交际价值，即语言的交际效率和表达效果，也有着更为丰富的驾驭语言的经验。与社区人员沟通要注意如下技巧。

1. 自我介绍，简洁清晰

教师到社区要进行自我介绍，具体包括问候语、姓名、所在学校及部门、担任的职务或从事的具体工作。问候语也是见面语、招呼语，使用问候语的目的主要是表示对他人的尊重、拉近人与人之间的距离；在介绍姓名时，应一口气报出，有姓无名，或名无姓，都会有失庄重感；所在学校及部门最好也全部提及；在职位较低或无职务时，则可以介绍目前自己从事的具体工作。自我介绍讲究简洁清晰，不要支支吾吾，语义不明。

2. 用语文明，态度友好

在人们的心目中，教师的形象是崇高的，人们尊重教师。作为教师，无论在什么场合，在交流时都应使用"请""麻烦""打扰""谢谢"等礼貌用语。这一方面可以树立自己的良好形象，另一方面也让对方感到自己被尊重，有利于促进双方合作。在初次接触时，教师要进行恰当的自我介绍，包括本人的姓名、工作单位等。在联络社区人员的过程中，要多站在对方的立场，以协商、合作的语气进行交谈。例如，运用得体的称呼以赢得对方的好感，运用情感性较强的语气词以增强话语的感染力，等等，可以起到较好的沟通效果，最终实现交际的目的。

3. 目的明确，表述准确

教师与社区人员的联系往往带有公务性质。公务活动具有非常明显的交际目的，承担着非常明显的交际任务。处理公务的口语交际活动，应该以促成公务的办理以及相关工作的解决和完成为宗旨。在交谈中，要努力使对方谈话的中心紧扣自己沟通的目的，详细地与社区人员交流合作事项。例如，合作的形式、双方的负责人、活动的安排、资金的投入等细节。教师在口语交际活动中，要做到表达准确，言简意赅，注意语言使用的规范性，多用通俗化语言，不用或少用专业术语，避免对方产生畏难情绪，或产生因不能理解某些术语内涵而产生误会的情况。

【示例】 为了对学生进行消防安全教育，增强学生的消防安全意识，提高学生逃避火灾的能力，学校充分利用社区消防大队的有关人力、物力资源，制订了参观消防大队的方案。以下是教师与消防队长的谈话：

"您好，我叫肖艳萍，是××学校的老师。请问队长贵姓啊？"

……

"刘队长，您好，我今天到这儿来，是代表学校跟你们消防队谈谈关于参观贵单位的相关事项，你们什么时候有空呢？"

……

"这是我的计划书。这次活动可能会给你们的工作带来一定的麻烦与影响，感谢你们的支持！我们希望通过此次活动，能使学生初步掌握消防安全知识，提高自我保护的意识及应对突发事故的能力。"

……

"这次活动我们想请你们做一个关于消防知识的专题讲座，内容多以图片为主，介绍一些简单的消防器材及使用方法，如果能让学生们穿上消防服，坐上消防车，当一回消防员，那就更好了。另外，请问你们需要我们给予什么帮助？"

……

"真的很谢谢你们，能够给我们提供这么大的帮助，我代表学校全体教师和学生再次感谢你们！"

【简析】 从范例中，我们可以看出，教师在与社区部门进行沟通时，首先，以真诚的口吻获得了对方的好感；其次，简明地表达了此行的目的是借助消防大队的帮助，让学生了解消防安全知识；最后，根据对方的情况提出自己的建议，使双方合作取得成功。在与社区人员交流时，下面这些说法有助于沟通：
- 您好，我是××学校的某老师，今天来是想请你们提供以下的帮助……
- 很抱歉给你带来麻烦了，但我们真的很需要你的帮助。
- ……以上是我们活动的方案，从你们实际情况出发，看看能否帮助我们？或者还有哪些地方需要调整？
- 再次感谢你对我们工作的支持。

实训平台

一、与家长沟通训练

（一）课堂实训

1. 一位同学在学校经常和同学打架，请你作为班主任老师和家长进行一次谈话。假设：

（1）这位家长是一位性格粗暴的父亲，你准备怎样和家长谈？

（2）这位家长是一位放任自由的母亲，你准备怎样和家长谈？

（3）这位家长是一位溺爱孙子的奶奶，你准备怎样和家长谈？

（4）这位家长是一位懂得教育的爷爷，你准备怎样和家长谈？

2. 班主任来到一位学生家里，敲开门，孩子的父母正在与两位朋友围着桌子搓麻将，兴致正浓，以至于孩子带老师进去了，孩子的父母也没起身，只是抬头瞧了一眼，说声"请随便坐"，接着一个劲地玩麻将。过了一会，觉得有些过意不去，又抬头说："会搓麻将吗？来，搓几圈。"丝毫没有接待老师来访的意思。面对这种局面，你认为下面哪种方式最能开启你跟这位家长的谈话？并模拟班主任说出来。

（1）老师觉得很尴尬，说了声："你们玩吧，我下次再来。"起身准备回校。

（2）老师见家长打了招呼，便说："好吧，我就不客气了，陪你们玩几圈，也好边玩边谈谈孩子的情况。"说完，便坐上去。

（3）老师见家长玩得正起劲，也不想扫兴，于是挪动身子，边看他们玩麻将，边谈学生的情况。

（4）老师很生气，站起来说："是麻将重要，还是孩子重要？如果你们认为麻将重要，那么我今天就把孩子送回来了，从明天起，你们的孩子就不用到学校来了！"

（5）老师见家长仍然一个劲地玩，站起来笑了笑说："既然你们的玩兴正浓，那么我就只说两句话，自古说：'子不教，父之过；教不严，师之惰。'作为老师，我是尽到了责任；至于你们做父母的怎么教育自己的孩子，我可管不着。我今天安排家访的时间是一个小时。"他看了看表，接着说："我还可以等37分钟。"

（二）课外实训

1. 课后到你所熟悉的小学进行调研，问问你所认识的教师是如何与家长进行沟通的。做好询问记录，并将素材进行归类整理，再与同学交流。

2. 假设你是一位五年级的班主任，期末考试结束后，按惯例要开一次以学生的学习、纪律、课外活动等为主题的家长会。请你到相关小学进行具体调查，然后设计详细的家长会方案。

(三) 他山之石

家访记录

家访时间：2022 年 3 月 22 日

家访地点：浩浩家

家访对象：浩浩的妈妈

家访老师：吴苗苗

记录人：吴苗苗

最近我班学生浩浩爱从家里带一些零碎的东西入校，分组活动时她不但不参加活动，还带领其他小朋友玩她带的那些东西。我曾跟她说过几次，叫她不要带这些东西进校，但就是不管用；也曾没收过她的东西，还是没用。有时浩浩还带一些存在安全隐患的东西。另外，有家长向我反映，浩浩不听妈妈的劝告，喜欢在街上乱跑、滑冰。街上车子多，很危险。是什么原因造成孩子这样的情况，我决定去她家里看看。

吴老师："浩浩这孩子很聪明，口语发展特别好，在学校喜欢唱歌、跳舞、画画，老师都很喜欢她。但她这几天爱从家里带一些不安全的东西入校，上课也不专心了，还影响邻座的小朋友，听其他家长说，她有时候还一个人上街，在街上滑冰。是吗？"

浩浩妈妈："是呀，我和她爸爸最近工作很忙，没时间去管她，所以她只要不吵，要什么就给她买什么，要去哪里就让她去哪里玩，有什么好吃的也任由她挑选，时间长了，孩子就养成了任性霸道的坏脾气。"

吴老师："我们给孩子讲了很多关于安全的故事后，孩子决定把有危险的小东西都丢掉，其他的则由您代为保管，再也不要带到学校，希望您能够配合。"

之后，我和浩浩的妈妈进行了沟通，针对怎么教育孩子提出了以下几点建议：

一是父母要多抽时间陪陪孩子，教育管理好孩子才是最重要的事情。

二是对待孩子的缺点和错误不要打骂，要慢慢地引导。

三是对待孩子的优点和进步，要及时地鼓励和肯定，逐步引导孩子改掉任性的坏脾气。

四是爷爷、奶奶和父母对孩子的教育方式、方法要保持一致。

小结：这次家访提醒我，在工作中我们应该仔细地观察每个孩子，发现问题要及时寻找根源，并和家长一起探讨恰当的解决办法，让每个孩子都能健康快乐地成长、和谐地发展。

二、与领导沟通训练

（一）课堂实训

1. 设想当你遇到以下情况时，你将如何说？在班上当众试试。

（1）情况一：领导找你谈话，布置某项工作任务。

（2）情况二：领导称赞你工作中取得的成绩。

（3）情况三：领导批评你工作中的某些不足。

（4）情况四：领导让你为他办事，你觉得很棘手。

（5）情况五：领导希望你谈谈学校的教育教学改革。

2. 校长分配给你一项任务，要求第二天上午十点之前必须完成。接着，他又布置给你一项新任务，也要求短时间内完成。这让你很为难。此时，有两种做法，你会选择哪一种？

（1）你害怕因拒绝而惹恼校长，虽然明知到时候完成不了，也要硬着头皮接下来。而到了第二天，你会非常惭愧地对校长说："对不起，校长，您给我的任务我还没有完成。"

（2）校长布置任务的时候，你就告诉他："校长，第二天上午十点之前，我只能完成其中一项工作，您希望我完成哪一项呢？"

（二）课外实训

利用见习或实习时间，仔细观察该校各年龄段的教师是如何与领导交流工作的，并做好记录，反思其对自己的启示。

（三）他山之石

校长汇报工作的"六要"与"六不要"[①]

向上级汇报工作是校长履行职责的基本功，是展示其工作能力和水平的重要机会，也是与上级领导建立良好关系，让自己更快成长的过程。可以说，一个成功的校长必然是一个善于汇报工作的人，但在现实工作中，有些校长不重视汇报，不善于汇报，或者说不会汇报，这在一定程度上影响了工作，甚至影响了学校的发展。所以校长应该花点时间研究怎样汇报，如何掌握汇报技巧。笔者认为，在向上级领导汇报工作时要做到"六要"与"六不要"。

一要目的明确，不要"散"。校长在汇报工作之前，一定要搞清楚汇报的目的是什么；需要向领导传递什么样的信息，得到领导怎样的支持。校长汇报工作时一定要目的明确，内容要有主线、有层次，不要事无巨细，面面俱到，更不能随意发挥或记"流水账"。有些校长汇报工作时随意性强，如向领导汇报"学校发展的基本情况"时，一会儿大谈学校怎么缺钱、缺教师，一会儿又谈工作如何难以开展，一会儿又谈学校的办学

---

① 杨哲. 校长汇报工作的"六要"与"六不要"[J]. 中小学校长，2013（2）：55.

理念、办学特色，结果使领导感觉汇报就是在诉苦，啰啰唆唆，不得要领，不知所云。

二要重点突出，不要"偏"。校长汇报工作时，对应该讲什么，不应该讲什么，要做到心中有数。在汇报工作之前，有必要对所汇报的领导进行分析，了解领导的风格，投其所好。比如，校长在汇报学校工作特色时，一定要围绕"特色"主题把工作讲清楚，不能泛泛而谈、蜻蜓点水，更不能偏离主题过多过细地讲与主题无关或关系不大的内容，否则就不能把领导的注意力吸引住，汇报的质量与效果不高。

三要条理清晰，不要"乱"。领导永远喜欢层次分明、条理清晰、翔实的工作汇报，所以校长汇报工作时切忌想到哪里就讲到哪里。要做到条理清晰，校长要遵循三个步骤：一是筛选汇报内容；二是归纳重点，一定要把汇报的重点精练地归纳出几点；三是厘清次序，比如，紧急的汇报一定要先讲重要的，再讲次要的，日常的工作汇报就可以先讲工作成绩、主要做法，再谈存在的问题、措施及建议等，这需要视具体情况而定。

四要实实在在，不要"空"。校长汇报工作时不能大话、套话、官话、空话连篇。比如有的校长汇报题目过大或过空，动辄谈"大力推进素质教育""培养创新型领袖人才"，动辄是苏霍姆林斯基说、陶行知讲，却不知结合学校的实际情况或特点汇报。有的校长在汇报时仅仅提出了问题，但没有向上级领导提供解决问题的方案或建议，给领导出了难题。

五要实事求是，不要"假"。教育无小事，学校工作都是一些实在具体的事情，向上级汇报工作时一定要实事求是，不拔高成绩，不回避问题，不只报喜不报忧。校长汇报工作时，既不要夸大，也不能缩小，既不能隐瞒不报，也不能主观臆断，凭想象上报。汇报的数据必须真实准确，严禁弄虚作假。

六要注重细节，不要"糊"。细节决定成败，校长向领导汇报工作时要注意几个细节。一是着装不能随意，汇报时尽量着正装，这是对领导的尊重；二是尽量用普通话汇报，语言要简洁；三是汇报时要淡定，不要"照本宣科"，要有自己的一些观点和认识；四是当自己的意见被领导否定时，要冷静对待，不要把带有感情色彩的语言带到汇报中来，不要轻易打断领导的讲话；五是汇报的时间不要过长或过短，一般以20分钟为宜。当汇报已结束而领导仍有兴致询问其他问题时，校长切不可频繁看表，或打呵欠，以免领导误解。汇报一般应在领导说"结束"时结束。汇报工作是一门技术活，校长在生活中要做一个有心人，多观察、多学习，只有这样才能不断进步。

三、与同事沟通训练

（一）课堂实训

1. 作为一名新入职的教师，你所在的教研室既有老教师，也有中年教师，还有和你同时分配到这个教研室的新教师，你会如何与他们交谈？

2. 根据以下场景，分角色扮演。

(1) 三名同事饭后闲聊。
(2) 一位教师穿了漂亮的衣服,另一位教师进行赞美。
(3) 一位教师在办公室吸烟,另一位教师阻止。
(4) 一位教师家里有急事,临时请同事代上课。
(5) 一位教师情绪低落,另一位教师进行宽慰。

(二)课堂实训

选择几位熟悉的教师,和他们聊聊,看看他们是怎样处理同事之间关系的。

(三)他山之石

看大师如何面对批评[①]

批评,无论对谁都是一件难堪与不齿的事儿。因为人的内心深处都喜欢表扬恭维,没有人喜欢挨批评,这是人性的共同弱点,绝大多数人不能免俗。2011年,中国青年报社会调查中心通过民意中国网和新浪网搞了一次1 200人参加的在线调查,结果显示,57.3%的人表示身边很少有能虚心接受批评的人,仅12.9%的人认为还有这样的人。可见,面对批评,又能接受它,没有相当的胸怀与雅量实难做到。由此,想起几位已故大师直面批评的事,也许会对我们胸襟的培养有些益处。

剧作家曹禺在中华人民共和国成立前写过非常著名的话剧《日出》和《雷雨》,但后来他的写作急转直下,尽写命题作文,为人诟病。1983年,与他私交不错的画家黄永玉写信给他,对他进行了激烈的批评:"你是我极尊敬的前辈,所以我对你要严,我不喜欢你在中华人民共和国成立后写的戏,一个也不喜欢,你心不在戏里,你为势位所误,从一个海洋萎缩为一条小溪流。""为势位所误"——这批评一针见血,出言尖锐,只有性情中人黄永玉说得出来。曹禺收到信后并没有恼羞成怒,而是回信道:"我读了你的信,告诉我的女儿,到街上买了一个大照相本,把它一页一页地贴到照相本上。现在我可以随时翻,当我偶尔失去信心的时候,我在你的信里看到一个火辣辣的词语,它促使我拿起笔再写下去。"尽管曹禺后来的写作并未改变多少,但他面对批评的雅量与诚恳态度,值得后人尊敬。

一次,作家萧乾应邀到一所大学为大学生做报告,在谈到残疾人自强自立的问题时,使用了"残废"一词。在报告快要结束的时候,他收到了一张大学生写来的纸条,纸条中说:"萧老师,我是您的忠实读者和崇拜者。可是今天我觉得你在我心目中的地位动摇了,因为你在报告中竟然用了'残废'一词,这深深刺痛了我。我是一个失去左臂的人,但我觉得我并不是废人。"萧乾读后觉得确实用词不当,深感内疚,马上在报告结束时说:"今天,我在这里做报告时,有一个词用错了,我将残疾说成了残废!虽然仅仅是一字之差,虽然我不是有意的,但它却深深地伤了所有残疾人的心。我在

[①] 高伟杰. 看大师如何面对批评[J]. 中华活页文选(高一年级),2014(12):27-29.

这里真诚地向给我写纸条的这位青年道歉,也通过你向所有的残疾朋友们道歉!"面对来自一个比自己年轻的残疾人的批评,萧乾没有居高临下,而是以平等交流的方式当面诚恳地表达自己的歉意,确实难能可贵。

20世纪20年代,梅兰芳的事业发展已经如日中天,他以《霸王别姬》名震京华,扮演的虞美人秀美俊逸,舞剑清爽灵动。可是,有一次梅兰芳在出演《霸王别姬》时,前排一位老者却在观众的掌声中喝起了倒彩,起身大声说:"什么名角,徒有虚名!"然后大步退场。正处于鲜花和掌声包围中的梅兰芳听说后大为震惊,一个普通的老人竟然公开出言不逊,着实让人不爽!梅兰芳转念一想:"世外高人多的是,既然敢说我不好,其中肯定有他的道理。"于是,他托人四处打听,终于了解到老者姓朱,住在北京云居寺。一天,梅兰芳特意来到云居寺拜访,进院后见老者正在庭院舞剑,他深鞠一躬,虔诚地说:"晚生梅兰芳,戏演得不好,多有得罪,今日特地前来请教。"老者凝视他片刻,微微点了一下头,淡淡地说:"哪里,你名震四方,是名角,老生岂敢指教。"听了这话,梅兰芳再鞠一躬,更加谦恭地说:"人外有人,天外有天。晚辈一心只愿中华国粹能够发扬光大,若承蒙您能指点一二,将不胜感激。"见梅兰芳如此坦诚,老者便请他进屋说话。进了屋内,梅兰芳第三次鞠躬,再次恳求老者赐教。老者感叹说:"你的三次鞠躬让我看到了你为人的高度。"便把梅兰芳慢慢扶起,娓娓道出了自己的看法:"你演的《霸王别姬》确实很精彩,但是有一点不足。你可清楚,虞姬是美人,而你扮演的虞姬舞的却是男人剑法,这与虞美人的身份不相称呐!"一番话如醍醐灌顶,梅兰芳当即跪拜:"您若不嫌弃,晚生愿拜您为师。"老者一边口中念叨"岂敢岂敢",一边扶起梅兰芳。随后几个月,梅兰芳常来云居寺,在老者的指导下潜心研究不同的剑式,细心领悟男人与女人舞剑的不同特点,将多种舞剑功夫练得炉火纯青。自然,这为他以后的表演锦上添花。

西方谚语说:"恭维是盖着鲜花的深渊,批评是防止你跌倒的拐杖。"曹禺、萧乾和梅兰芳之所以能成大师,在于他们克服了人性最大的弱点,他们对待批评的态度与雅量,给我们做出了楷模。这不仅是供我们来钦佩赞叹的,更是让我们学习效仿。只有勇敢地面对批评,不怕丢面子,诚恳地接受批评,才能发现差距,改正错误,得到更大的进步与提升。

四、与社区人员沟通训练

(一) 课堂实训

假如你所在的学校要举办一次大型公益活动,需要社区支持。校长要你代表学校与该社区负责人进行沟通,你打算做哪些准备,选择什么时机,怎样用言语策略去和对方交谈,以获得对方的大力支持?

(二) 课外实训

课后以寝室为单位,自行拟定某一任务,寝室同学分别扮演小学教师与社会接待人员，围绕着拟定任务轮流进行模拟口语交际训练。

（三）他山之石

村支书为何改变了主意[①]

主持学校工作的潘老师想让村里改善办学条件。一天晚上，他登门找到了村支书。下面是他劝说村支书支持办学的谈话：

"前几天，报上登了一则可怕的消息，说南方某县的一个小学因校舍太陈旧，在一场大雨中塌了3座教室，当场砸死3人，砸伤10多人。那情景真是惨不忍睹。看了这则报道我日夜提心吊胆，因为咱们学校也尽是危险房啊！哎，我听说今年的村里收入不错，你准备拿出20万元翻修教室，是真的吗？（其实村支书根本没这个意思。）听了这个消息以后，我和全校教师们比老年得子的人还高兴。这不，我连夜送县广播站的表扬稿子都写好了。等房子盖好，我们还打算在省报或省广播电台上报道一下。（听了这番话，支书有了触动。）

"您要真的决定拿20万元办学校，我算服了您了。这一举动实在高明得很！从大处讲，'百年大计，教育为本'，办学条件好了，教师教着踏实，学生学着用功。好老师、好学生都愿意到咱这来。用不了几年，咱就能为国家输送一批优秀人才，这就是名留后代、功在国家的大贡献啊！再说这也很符合党和国家号召大办教育的精神。学校一旦建好，谁不说咱村能评上先进，那时谁不说支书您目光远大？从小处讲，几年后，咱们村的大学生毕业分到各地，到那时咱们出去联系业务，门路也多得多。咱村的工厂一定会越办越红火。过去说'要想发富，修桥铺路'，现在办教育比修桥铺路带来的利益更大。您想想是不是这个理儿？另外，从个人角度讲，行善积德是大家都懂的道理，共产党员更应该行大善、积大德，而当前没有比办教育更大的善事了。有个村的支书每年带礼物到大学看一次他村的大学生并给以经济资助。有个台胞一次给他的故乡捐款50万美元办学校。他们在干什么？他们都在行大善、积大德啊！"

村支书被潘老师的这番话感动，不仅把村集体20万元用到教育上，自己还带头捐款建校。不出半个月便集资50多万元，终于建起了一座新学校。近几年，该校年年有学生考上中专或大学。

[①] 郭启明，赵林森. 教师语言艺术 [M]. 北京：语文出版社，1998：311-312. 有删改.

中篇

教学口语

　　教学是一门艺术，在这艺术殿堂里不可缺少的一朵奇葩就是教学口语。教学口语是教师口语中极为重要的部分，它在某种程度上决定着教师课堂教学效率的高低，决定着学生能否有效学到知识、锻炼能力。那么，教师运用什么样的教学口语，才能深深吸引渴求知识的学生呢？本篇主要介绍了教学口语概述、教学口语的表达方式、教学环节的口语以及不同学科的教学口语四方面内容。

第五章 教学口语概述

一、教学口语的内涵

教学口语,是指教师在从事教学活动时所使用的语言。它是教师在课堂上根据一定的教学任务、针对特定的学习对象、使用规定的材料、按照一定的教学方法、在有限的时间内、为达到某种预期的效果而使用的一种工作语言。著名特级教师于漪说:"教师的教学语言虽属日常口语,但又不同于大白话,应该是加工了的口头语言,与随想随说的日常交谈有区别。"[①] 教学口语是经过转化的书面语和经过优化的口头语的结合。它以有声语言为主,辅以态势语,具有一般交际口语的特点,也可视为是交际口语在教学活动中的延伸。

教学口语是教师进行教学最基本、最重要的教学工具和手段,也是教师从事教学所必须掌握的基本功。苏霍姆林斯基曾说:"教师高度的语言修养,在极大的程度上决定着学生在课堂上脑力劳动的效率。""对语言美的敏感性,这是促使孩子精神世界高尚的一股巨大力量,这种敏感性是人类文明的一个源泉所在。"教师的教学口语除了要符合一般的语言运用规律外,更要适应不同年龄段学生的心理特点和语言接受能力,这样才能完成教学任务,达到理想的教学效果。

二、教学口语的特点

教学口语作为教师在教学中使用的交际工具,除了具有一般口语的共同特点外,还有着明显的自身特点。

(一) 规范性

规范性,是指教学口语应当遵守国家规定,在语音、词汇和语法等方面符合全国通用的普通话的规范要求。规范性是教学口语最基本的特征。文化知识的确定性、学习方法的科学性、教学环境的制约性等均要求教师所运用的教学口语必须是规范的。从形式上讲,教学口语必须使用规范的普通话词汇,语句的组织应当符合共同语言的语法习惯,不用方言词、生造词以及不规范的网络词;从内容上讲,教学口语不同于一般的交际口语,它要紧扣教材内容,并受其制约,语义应当确切、真实和可靠,不发生歧义。

---

① 王向阳. 教师语言修养指导手册 [M]. 长春:东北师范大学出版社,2010:79.

（二）形象性

法国教育家卢梭认为，在达到理智的年龄之前，孩子不能接受观念，而只能接受形象。俄国教育家乌申斯基认为，儿童一般是用形状、颜色、声音、感觉来思维的，因此，必须对儿童进行直观性的教学。这种教学不应该建立在抽象的概念和语言的基础上，而应该建立在儿童所直接感知的具体形象上。《学记》中记载："君子之教，喻也。"教师应根据儿童的思维特点，善于运用语言创造直觉形象，多用修饰语，适当运用比喻、比拟、对比、夸张等修辞手法，把深奥的知识讲浅显，把抽象的概念讲形象，借此来激发学生的学习兴趣，加深对知识点的理解。

【示例】 "1000－453＝?"这样的数学知识对小学生来说是个难点，李老师为了突破这个难点，这样讲述：今天，数学王国来了一家人，这家人十分有趣。"0小个"是个穷光蛋，减3不够，向"十哥哥"借钱；"十哥哥"也是个穷光蛋，可是他乐于助人，于是向"百叔叔"借；"百叔叔"还是个穷光蛋，他也很热情，悄悄地向"千爷爷"借。"千爷爷"把仅有的一千元钱借给了"百叔叔"；"百叔叔"马上把它换成了十个一百，自己留了九个，拿出一个借给"十哥哥"；"十哥哥"又把它换成十个十，自己留了九个，拿出一个借给"0小个"；"0小个"欢天喜地，马上用借来的十减三……

【简析】 李老师将个、十、百、千分别比喻成小个、哥哥、叔叔、爷爷，形象的比喻、幽默风趣的语言成为叩打学生心灵的鼓点。这种趣味化的讲解让学生学得轻轻松松，听得意犹未尽，枯燥的数学计算变得如同磁石般富有吸引力。课堂上学生自然学得轻松有效。

（三）启发性

传道授业无疑是教师教学的主要目的，借助文化知识来解惑和开启学生的智力，也是教师教学的另一个重要目的。新的教学理念主张教师在教学中不要采取灌输式的教学方法，不要把知识传授的量作为衡量教学成效的唯一标准，而应当注重学生思维的发展、智力的开拓。教师要能够根据不同的内容和对象，运用恰当的、多样的话语方式来设置悬念、引疑求趣，启发学生求知、求疑、求解，刺激他们的求知欲，打开他们的思路，让学生学会在思考中学习，在学习中思考。富有启发性的语言是开启学生智力、调动学生学习积极性的有效手段，它还有助于学生获取新知识，并令他们充满成就感和满足感。

【示例】 于漪老师在讲《宇宙里有些什么》时，留给学生时间看书、提问题。这时，有个学生站起来问："课文中有这样一句话，'这些恒星系大都有一千万万颗以上的恒星'，这里的'万万'是多少?"话音刚落，全班都笑了。这位提问的学生很后悔，责怪自己怎么问了一个这么蠢的问题，谁不知道"万万"是"亿"呢？提问的学生灰溜溜地坐下去，深深地埋下了头。于老师笑着说："这个问题不用回答，可能大家都知道了。可是我要问：既然'万万'是'亿'，作者为什么不用一个字'亿'，而用两个字'万万'呢？谁能解释？"教室里静了下来，学生们在思考。有学生说："我觉得用'万万'读着顺口。还有，好像'万万'比'亿'多。"于老师说："讲得非常好，别的同学还想说什么吗？"在确认没有不同的看法后，于老师总结说："通过对'万万'的讨论，我们了解到汉字重叠的修辞作用。它不但读起来朗朗上口，而且增强了内容的表现力。那么，同学们想一想，是谁引发我们对这一问题进行思考的呢？"全班学生不约而同地将视线集中到刚才提问的学生身上。这个学生如释重负，先前那种羞愧心理一扫而光，仿佛自己一下子又聪明了许多。于老师的一句话，无疑是对他的最大鼓励，这也正是于老师所在班级的学生总是能保持高涨的学习热情的重要原因。[①]

【简析】 启发性的教学口语是增强学生学习有效性的重要因素。从心理学的角度看，学生掌握知识、培养能力的过程，总是由已知到未知，循序渐进、螺旋上升的。学生不容易理解和掌握抽象的知识，教师如果能借助于具有启发性的教学口语，就有利于学生理解和掌握新知识，提高学习效率。于老师无疑是使用启发性教学语言的高手。

（四）情感性

情感性，是指教师组织教学活动的语言必须是充满感情的，富有感染力的。在学生学习活动过程中，教师只有用具有鲜明情感色彩、强烈的感染性和鼓动性的教学语言，才能拨动学生的心弦，引起他们内心世界的共鸣，进而获得理想的教学效果。教学过程不是传道授业的单向过程，而是师生互动交流的双向活动。教育心理学的研究表明，富有情感的语言比单纯表述理论的话语更具接受性。因而课堂上教师的动情讲述会拨动学生的心弦、触动他们的情思、引发学生心灵的震撼。相反，过分严肃的教师会让课堂干巴冰冷，死气沉沉，会让学生感到乏味枯燥。

【示例】 特级教师于永正在教学《学歇后语，编童话故事》时，这样开场：见到你们，非常高兴！一提起青岛市实验小学，那真是"哑巴开会——没说的"（众笑）；同学们可真是"雨后春笋——一天一个样"（众喜），咱们的校长、老师那真是"铁锤敲锣——响当当"（学生自豪地笑），在爷爷奶奶眼里同学们都是"老寿星的脑袋——宝贝疙瘩"（学生的脸上溢满自信）。

【简析】 课堂气氛的优劣直接影响着教学效果与教学质量的好坏，积极活跃的课堂气氛使教师的"教"和学生的"学"变得轻松而有效。于老师这种幽默风趣的开场白，既营造了关于授课内容——"歇后语"的充满诱惑力的语场，又瞬时让学生兴趣盎然地参与到语言交际中。充满情感性的教学语言，可以化解学生对于以往严肃课堂的紧张情绪，在一种轻松活跃的气氛中开始新知识的学习。

---

① 程培元. 教师口语教程［M］. 北京：高等教育出版社，2004：122-123.

（五）简明性

教师教学口语不简明，势必给学生接受教学信息带来极大的困难。教学口语的简明性由特定的教学环境和表达方式共同决定。其一，一节课40分钟，教师要在有限的时间内把知识传递给学生，又要对学生进行思维训练，语言的表达必须简明扼要。其二，教师教学口语是诉诸学生听觉的，它转瞬即逝，冗长的语言会使学生抓不住重点，也容易造成学生听觉疲劳，以致影响学习情绪。英国BBC广播电台发表过这样的评论：语言冗长使人难以理解和回忆，在无线电广播上作一次谈话包括讲解应以10分钟为限，而关键的部分不要超过1分钟。当然，我们不是主张一堂课教师的教学口语限制在10分钟内，而是强调教师的教学口语应当讲究简明性，以学生听懂为原则，少说废话。

【示例】　一位老师在指导小学高年级学生作文时经常这样讲："写作文要注意材料和结构的关系，只有材料没有结构不行，同样，只有结构没有材料也不行。这就像一个书店，书分了类，摆得也很整齐，但是书太少了，所以顾客不愿意去；还有一个书店，书很多很多，但并没有分类，顾客买书时找得很吃力，所以顾客也不愿意去。"

【简析】　作文材料和结构是写作上的两个专业术语。作文材料相对容易理解，作文结构难以形象解读，而二者的关系更是无法从理论层面向小学生解说清楚的。这位老师将作文比作书店，书的多少比作作文的材料，书的摆放比作作文的结构。使用简洁形象的语言，自然让学生明白了写作文既要有丰富的材料，也需要有良好的结构。

三、教学口语的作用

《学记》中记载："善歌者，使人继其声；善教者，使人继其志。其言也，约而达，微而臧。"由此可见，良好的教学口语的运用是使学生"继志"的前提，也是教师"善教"的标志。教学口语水平的高低还直接影响着教学效果的优劣，其作用具体如下：

（一）为提高课堂教学效率提供保证

教学口语是教师向学生传授文化科学知识、培养学生实践能力的重要手段，无论现代化教学手段怎么先进，都无法离开教师的教学口语。教师教学口语艺术的高低直接影响着课堂教学质量的优劣。教育家苏霍姆林斯基在《给教师的建议》中提到自己二十年前去听过一位老师的课，观察孩子们怎样感知新教材的讲解。他发现，孩子们听后很疲劳，下课时简直筋疲力尽了。他开始仔细观察听教师的语言（该上课教师教生物学），使他大吃一惊。教师的语言是那样混乱，没有逻辑顺序，模糊不清，以至于第一次感知概念的孩子，不得不用全部力气，才能听懂一点点东西，孩子们感到疲劳的原因正在于此。可见，劣质的教学语言严重影响教学效果。特级教师于漪说："语文教师带领学生学习规范的书面语言，如果自己的口头语言生动、活泼、优美，就能给学生熏陶，大大提高学习效果。"① 优美动听的教学口语，是增强教学吸引力和感染力的重要因素；富于激励性的教学口语，是调动学生学习主动性的重要因素；富有启发性的教学口语，是提高学生学习有效性的重要因素。教师良好的教学口语具有化深奥为浅显、化抽象为形象、化枯燥为有趣、化平淡为新奇的功能，可促使学生爱听、乐听。这样，不但可以节省时间，也能提高教学效率。

（二）为培养学生口语能力提供示范

培养学生口语能力是教学的任务之一。心理学家、语言学家研究认为，儿童学习语言，大部分是在没有强化条件下通过观察和模仿进行的。语言示范性对儿童语言发展具有重大影响。培养学生口语能力的途径很多，但课堂上教师所使用的教学口语无疑是学生模仿的一个样板，而且是非常重要的样板。古罗马教育家昆体良强调过："最要紧的是，孩子的保姆应当是说话准确的人。"② 因为"儿童先听到的是他们的声音，首先模仿的是他们的言语。我们天生地能历久不忘孩提时期的印象，如同新器皿，一经染上气味，其味经久不变；纯白的羊毛一经染上颜色，其色久不能改。越是令人讨厌的习惯，越是牢不可破，因为好的习惯变坏是容易的，但何时能使坏习惯变好？所以，即使还在婴儿时期，也不要让他学会以后不应当学习的语言。"③ 特级教师斯霞曾在一次演讲中提到，教师的语言应该成为学生的楷模，要使学生学会普通话，口齿清楚，咬字正确，声音响亮，语言完整，简短扼要，用词确切，那么，教师首先要做到这些。绝不可低估教师言语对学生言语的影响，这也是一种潜移默化。

（三）为融洽师生关系建立纽带和桥梁

教学口语不仅是传授科学文化知识的工具，也是师生进行沟通的桥梁和纽带。在教学实际中，在一定程度上，师生关系的融洽程度和教师的语言水平有很大的关联。亲其师，方能信其道，善于说话的教师，更容易展示个人的风采，进而获得学生的爱戴，爱屋及乌效应也随即在教师身上产生。师生之间建立起一种和谐友好的关系，教学的良好氛围也由此而创造出来了。相反，如果教师不善言辞，势必会造成较为疏远的师生关系，甚至造成师生之间的情绪对立，进而严重影响到教学。

 实训平台

一、课堂实训

阅读下列教学示例，分析其教学口语的特征。

---

① 李晖旭. 打造有灵魂的课堂：教师语言技能及培养策略研究［M］. 长春：吉林人民出版社，2019：33.
② 高长梅，欧阳慧. 教师素质培养手册［M］. 北京：九州图书出版社，1998：540.
③ 徐汝玲. 外国教育史资料［M］. 北京：教育科学出版社，1995：40.

小学作文"练习描写人物的外貌"教学实录

师：这节作文课，练习描写人物的外貌。我们学过的课文有描写人物外貌的部分，谁来谈谈作者是怎样写的，为什么要这样写？

生：踊跃发言。（略）

师：刚才我们复习了有关课文中描写人物外貌的部分，同学们学得很扎实，理解得比较透彻。归纳起来，我们至少可以学到三点：第一，外貌描写要抓住人物体态、衣着、容貌、表情等方面的特征来写。世界上没有完全相同的两片叶子，也没有完全相同的两个人。第二，还可以通过外貌描写展示人物的内心世界，反映人物的个性品质，体现作者的爱憎倾向（教师边讲边板书）。老师这里准备了几幅肖像画，请大家仔细观察，然后说说他们的外貌特点（出示小女孩肖像画）。

生：这是一个大约八九岁的小女孩。头上戴一顶黄色的小草帽，草帽上缠着一条红色的绸带，上面扎着一朵洁白的小花，脖子上戴一串银白色的项链，看上去很美丽。

生：她有一对好看的双眼皮，眼珠子又黑又亮。

师：能打个比方，说得生动些、形象些吗？

生：像黑色的珍珠。

生：像夜空中的星星。

生：像熟透了的黑葡萄。

生：像两滴浓墨。

生：像一对蝌蚪。

师：她的神情非常专注，也许她正在欣赏一幅画，也许她正在观看精彩的节目。

生：她很高兴。

师：你怎么知道的？

生：她笑得很甜，嘴角边有两个圆溜溜的小窝窝。

师：你这个句子说得很美。还可以这样说——嘴角边有两个圆溜溜的小窝窝，里面盛满了甜甜的微笑。能根据外貌，推断她的性格吗？

生：她是文……文……我找不到恰当的词儿来说。

师：她是个文静的小姑娘，对吗？

生：是的。

师：现在请大家写一段短文，描写一位同学的外貌，不写姓名，写好后读给同学听。若大家一听就知道写的是谁，就说明你抓住了特点。老师同大家赛写，看谁写得又好又快。写好后再互相评一评。

生：（鼓掌）

（师生赛写约8分钟）

（老师请学生读自己的短文）

林×：她瘦高个儿，喜欢穿红色的衣服，远远望去，像一团火。乌亮亮的长发瀑布似的披在肩上，有时用白手绢束成一把，马尾巴似的在脑后飘呀飘的。眼睛很小、很亮，鼻子又尖又直。嘴唇微微有些上翘。尖尖的下巴上有一颗黑痣。别看她瘦得像猴子，身体可好啦，不仅门门功课好，还是学校的女子短跑冠军呢！同学们猜一猜，她是谁呀？

生（齐）：是刘×，刘×！

师：请这位同学站起来（刘×站起来）。写得真像，祝贺林×同学获得成功。

生：（热烈鼓掌）

师："乌亮亮的长发像瀑布似的披在肩上……"一句写得生动、形象，你怎么想出来的，能告诉大家吗？

林×：我是"小说迷"，这个句子是我从小说中学来的。

师：能灵活运用从课外书中获得的知识，很好，同学们对这段短文还有什么意见？

生甲：说刘×像猴子，对同学不礼貌，应该改一改。

生乙：把头发写成马尾巴也不好。

生丙：这是打比方，突出刘×外貌的特点，并不是说她就是马、猴子，何况马和猴子也不坏。

生：（大笑）

师：刘×同学，你的意见呢？

刘×：她爱怎么写就怎么写，没关系，我不会计较的。

师：刘×同学宽宏大量，心胸开阔，值得学习。我的意见是，这个句子生动、形象，比喻贴切，增添了文章的幽默感，改还是不改，让作者自己决定吧。

二、课外实训

利用教育见习的机会，到自己熟悉的小学听优秀教师上课，注意记录他们的教学口语，课外与同学一同分析，看看哪些教学口语需要修改，你将怎样修改？

三、他山之石

欣赏下面的教学片段，体会教师教学语言的艺术。

1. 一位教师教《赤壁之战》时的一段教学语言：

老师叫一名学生简单介绍作者。这位学生脱口而出："作者是司马迁，宋代人……"话音未落，笑声四起，这位同学很难堪。待声音稍稍平息后，老师平静地说："虽是一字之差，却让司马迁多活了一千年，但这能全怪我们的同学吗？谁让司马迁、司马光的名字只有一字之别？谁让他俩又都是史学家、文学家？谁让《史记》与《资治通鉴》又都是史学名著、文学巨著？谁让我们刚刚学完司马迁的文章旋即又学司马光的文章？"

2. 黄老师曾记录过《威尼斯的小艇》课堂教学中引导学生掌握"新月"这一概念

的过程。

师：谁能说说什么叫"新月"？

生：新月就是新的月亮。

师：月亮还有新旧之分吗？（学生笑）

生：新月就是月亮。

师：你读读课文这句话："船头和船艄向上翘起，像新月的样子。"月亮有时候是圆的，有时会是半圆的，……想想看，什么时候月亮叫新月呢？

生：新月就是农历月初时的月亮。

师：谁来画画农历月初的月亮？

（一学生上来画新月）

师：他画得很对，农历月初时月亮的样子就是两头翘起的，我们叫它——

生：（齐声）新月。

第七章 教学口语的表达方式

说话是用语言表情达意的过程，说话过程伴随着复杂的心理和生理活动。在这个过程中，说话人需要借助于一定的词语、句式将头脑中的思维结果转化为口头语言。一个人的口语有没有魅力，从根本上说，除了取决于优美的音色和标准的普通话外，更重要的取决于内在的素养。无论是交际口语还是教学口语，其口语表达方式大体相同，概括起来主要有复述、描述、解说、评述四种类型。这四种表达方式相对独立，但也存在一定的交叉关联。了解这些口语表达方式的概念、要求、步骤及技巧，有利于教师提升教学口语的表达水平。

一、复述

（一）复述的内涵

复述，是指把听到或看到的语言材料重复叙述一遍。教师复述，特指教师为了教学需要而把读过或听过的材料，用自己的语言叙述一遍的一种口语表达方式。它是教师教学口语实训的基础训练。一方面，教师的有效复述能为学生提供更多的信息量，利于学生理解所学知识；另一方面，学生的复述实训，能够为学生提供充分内化语言的机会，使学生在理解、积累语言材料的同时，自动激活、调出、选择、重组、检验头脑中已有的语言材料，利于学生巩固所学知识。

（二）复述的要求

复述虽然是重复性语言，但也有一定的讲究，具体如下：

1. 内容完整，中心准确

完整，是指复述时不缺少某一部分内容，特别是对听者理解原材料有影响的内容；准确，是指复述的内容不能出现与原材料不相符的成分，更不能出现与原材料相反的意思，要确保中心不变动、主旨不动摇。复述时，原材料中涉及的人物、事件、时间、地点、环境、中心思想等都不得随意改动。

2. 条理清晰，讲述有序

复述主要是借助口语来完成的，口语具有转瞬即逝的特点，它在人们脑海中留存的时间非常短暂，信息量也非常有限。因此，复述要在分析理解的基础上弄清原材料的结构层次，理清原材料的脉络。复述时一定要井然有序，逻辑分明，层次清晰。这样，教师的有效复述才能让学生更多地记住复述的内容，学生的复述才能更好地训练其思维。

3. 语言简练，形象生动

复述并不是完全照搬原材料，它不像照相机那样只进行简单的拍照，而要像经过人的大脑加工而成型的色彩画。完全照搬原材料，那是背书；完全照搬别人说过的话，那是引用。复述的语言必须是在理解原材料的基础上、经加工处理后的属于自己的语言。这种语言要努力做到口语化、生动化，要以短句为主，讲究简洁精练，生动形象，适合教学需要。

（三）复述的类型及技巧

常见的复述类型主要分为三大类：详细复述、简要复述和拓展复述，其要点及技巧如下：

1. 详细复述

详细复述，是指尽量完整地将原材料的主要内容、观点和情节等信息陈述出来的一种复述方式。一般情况下，详细复述要做到顺着原材料的思路逐段复述内容，关键语句基本保持原状，能体现原材料的内容要领。但详细复述不是一字不差地背诵，允许对语法、句式进行调整；可以把复杂的长句改成简单的短句，将晦涩难懂的书面语改成通俗易懂的口头语；等等。详细复述的作用在于：一是有助于将书面语言转换成口头语；二是有助于训练记忆能力和逻辑能力。

【示例】 晋朝骠骑将军王济，因相貌英俊、风度翩翩、博学多才而享誉全城。某年，其外甥卫玠母子来投。王济见卫玠眉目清秀，目瞪口呆，谓卫母曰："人说我貌美过人，与外甥相比，犹如石头与明珠宝玉一般，我丑极矣。"隔日，王济携卫玠拜访亲友，行走街上，人以卫玠为白玉雕刻，摩肩接踵观看，轰动全城。至亲戚家，亲友欲考问卫玠学问，恭请卫玠讲解玄理。推辞再三，侃侃而谈。闻之，莫不赞叹。人嬉笑曰："三王难抵卫家一个二郎乎！"王济曰："呜呼，携外甥共行，犹如明珠熠熠生辉于身旁。"[1]

下面是对以上材料所作的详细复述：

晋朝的时候，有个骠骑将军名叫王济，他相貌英俊，待人接物也很有风度。虽然是个提刀弄枪的军人，但平时读书论经，才学很好，在城里也颇有名声。有一年，王济的外甥卫玠母子前来投靠王济。王济一见卫玠如此眉清目秀，风度翩翩，简直惊呆了，他对卫母说："人家都说我相貌漂亮过人，现在与外甥一比，就像把石头与明珠宝玉放在一块，我真是太难看了！"过了几天，王济带着卫玠骑着马去拜见亲朋好友。走到街上，看见卫玠的人都以为他是白玉雕成的，大家都争着围观，你挤我拥。几乎轰动了全城。好不容易到了亲戚家，亲友们想了解卫玠漂亮的外貌下学问是否出众，便坚持要他讲解玄理。卫玠推辞不了，便讲了起来。讲的时间不长，听的人却没有一个不称赞他讲得精

---

[1] 龙瑞兰. 普通话与小学教师口语训练［M］. 广州：广东高等教育出版社，2012：90.

深透彻的。人们嬉笑着说:"看来,你们三王抵不上卫家的一个二郎啊!"王济说:"是啊,和我这个外甥一起走,就像有明珠在我身旁,熠熠发光。"

【简析】 这段详细复述,基本上囊括了原材料的所有内容,包括故事发生的年代、故事情节以及人物的肖像描写、言语描写、心理描写等,但与原材料的明显不同之处在于将晦涩难懂的书面语改成了明白晓畅的口头语言。教师在给学生讲述故事的时候,可以经常采用详细复述的形式,复述时要做到细而不乱。

2. 简要复述

简要复述,又称概要复述,是指对原材料加以浓缩、选择和概括,然后用简明扼要的语言陈述出来的一种复述。它要求在保留原材料中心意思的前提下,简明扼要地讲述原材料的内容。其要点在于,要着眼整体和全局,把握主干而删除枝叶,同时注意内容前后的衔接和结构的完整,防止取舍不当或偏离中心。原材料中的举例、解释、描写、过渡甚至评论性的文字可略去不说。它类似于写作中的缩写,可调整原材料的结构层次,重新组合语句,但要防止变成内容提要或者复述提纲,必须保持原材料的血肉。简要复述的作用在于训练概括能力、综合能力。

【示例】

夏 夜[①]

峻 青

夜,来临了。是一个非常幽美的海滨的夏夜。

夕阳落山不久,西方的天空,还燃烧着一片橘红色的晚霞。大海,也被这霞光染成了红色,但是,它比天空中的景色更要壮观。因为它是活动的,每当一排波浪涌起的时候,那映照在浪峰上的霞光,又红又亮,简直就像一片片霍霍燃烧的火焰。闪烁着,滚动着涌了过来。

随着夕阳的逐渐西沉,天空的霞光渐渐地淡下去了,深红的颜色变成了绯红,绯红又变成浅红,最后,当这一切都消失了的时候,那突然显得高而远了的天空,则呈现出一片肃穆的神色。最早出现的启明星,在这深蓝色的天幕上闪烁起来了。它是那么大,那么亮,整个广漠的天幕上只有它一个在那里放射着令人注目的光辉,活像一盏盏挂在高空的明灯。

夜色加浓,苍空中的"明灯"越来越多了。而城市各处的真的灯火也次第亮了起来,尤其是围绕在海港周围山坡上的那一片灯光,它们从半空倒映在乌蓝的海面上,随着波浪,晃动着闪烁着,像一串流动着的珍珠,和那一片片密布在苍穹里的星斗互相辉耀,煞是好看。

在这幽美的夜色中,我踏着软绵绵的沙滩,发出温柔的唰唰声。晚来的海风,清新

[①] 马彦锋,刘亚军. 语文(第四册)[M]. 西安:西北大学出版社,2004:63-64.

而又凉爽。我的心里，有着说不出的兴奋和愉快。

下面是对以上材料所作的简要复述：

夏天。太阳落山不久，大海被火红的晚霞染成了红色。

随着太阳的逐渐西沉，天空的霞光渐渐消失了，只有启明星像一盏明灯高悬在空中。

随着夜色的加深，万家灯火倒映水中，像一串珍珠，跟满天星斗相辉映，真是好看极了。

瞧着这迷人的夜色，心里真有说不出的愉快。

【简析】　这段简述材料，将太阳落山时大海颜色及夜空的变化过程省略了，但原材料的核心内容（太阳落山后大海的颜色、天空的霞光、城市灯火及"我"的感受）均得以保留，省去的只是一些过程性的描述。如果是对情节性较强的材料，比如小说，则只需要简述情节，对原材料中的描写、抒情及说明性语言都可考虑删除。

3. 拓展复述

拓展复述，是指在不改变原材料主题和重点内容的基础上，根据表达需要对原材料进行合理加工、大胆想象，使内容更生动、更完整的一种复述。拓展复述的要领，一是根据原有材料作合理想象，或者作理性延伸，但不要背离原意和基本框架；二是不要面面俱到，根据原材料的中心思想确定拓展的重点；三是根据表达的需要运用描述、解说、论证、比喻、对比、夸张等多种手法。对不同的材料内容作拓展复述，其侧重点各不相同。对叙述性材料作拓展复述，要通过合理想象补充细节，使讲述的内容更生动、更充实、更完整；对说明性材料作拓展复述，可以使所述内容更具体、更详尽；对议论性材料作拓展复述，可以增加理性论证的层次，补充论据材料，作更深入的剖析。

【示例】　在一次战斗的间隙，一位战士到附近的小镇上修了一双鞋，不久他的一双脚因踩到地雷被炸掉了，住进了医院。后来，他想起修鞋的事，请战友找到那个鞋摊，付了修鞋钱，但那双鞋他没要了。

下面是对《鞋的故事》所作的拓展复述：

每到傍晚，小镇上那位鞋匠收摊前总要向路口张望，望了很久总要纳闷地叹气。他希望那个修鞋的军人能够把修好的鞋取走。可是，10 天、20 天过去了，那位军人魁梧的身影一直没有出现。

又是一个傍晚，一位瘦高个子军人来到修鞋摊前，问："一个多月前，是不是有个大个子军人来您这儿修过一双鞋？"鞋匠点点头，觉得很奇怪，心想怎么换了人来拿鞋子？军人问："要付多少钱？"鞋匠估摸了一下，说："修鞋 2 块钱，搁到今天才拿，外加 1 块钱保管费，给 3 块钱。"接着又埋怨道："都像那个大个子军人，我这儿要堆成鞋山了！"

军人丢下修鞋钱，走了。

"鞋!"鞋匠提起那双鞋,边喊边追了上去,"鞋不要啦?"

军人止住脚步,沉重地说:"不用了,他用不着鞋了,他的一双脚被地雷……他在医院,要我把修鞋钱送来。"

说着,军人大步走了。

鞋匠呆呆地站在路口,好半天才转过身来……

【简析】 在这段拓展复述中,体现了"人民军队爱人民"的主题。复述者在原故事框架的基础上,大胆想象,营造了一个付鞋钱的场景,并根据生活常理,添加了人物对话,营造了"边喊边追"的细节,进而塑造了那位没有出场的战士的高大形象。

二、描述

(一)描述的内涵

描述,是指运用各种修辞手法,以生动形象的语言,把人、物、事、景等各种具体事物的特征和形态绘声绘色地讲述出来的一种口语表达方式。其特点是使人如闻其声、如见其人、如睹其物、如临其境。描述与复述的主要区别在于:一是内容不以听到或看到的材料为基础,而是以描述人的观察为基础;二是表达不具模仿性而要求独创性;三是没有现成的语言材料,要求自己组织语言。教师教学时,运用描述语,有利于勾勒人物特点,显示事物性状,再现某种情景,为学生塑造栩栩如生的听觉形象,以增强教学口语的生动性、直观性和审美性。

(二)描述的要求

描述带有一定的原创性,要想栩栩如生,让人接受,必须符合以下要求:

1. 符合实际,让人信服

描述客观事物或现象时,必须紧扣教学内容,忠于对象的原来面貌,尊重事实,不能不着边际地描述,要让人信服。譬如,描述一个人,对方实际身高只有1.6米,可为了体现其魁梧,便臆造为1.8米;又如,描述某个建筑的结构特点,描述人想通过一些数据来突出它的雄伟,本来是100米的高度,却夸张为200米,那就失去了可信度。

2. 突出特征,惟妙惟肖

无论教材涉及的是人、物、事还是场景,都要抓住其特征,切中要害,让所描述的对象有效区别于其他对象,使学生过耳不忘,并能用同样生动形象、惟妙惟肖的语言加以转述。比如说人瘦,不仅要说瘦,还要说瘦得跟猴子似的,说他瘦得像根柴,说他瘦得清风吹来都站不稳……描述常使用比喻、比拟、夸张等修辞手法。

3. 语调流畅,语音动听

描述的过程必须如行云流水,舒展优美,语调讲究抑扬起伏;语音动听,讲究音韵和谐,让学生浮想联翩,神往难忘。

（三）描述的类型及技巧

描述一般分为直观描述和想象描述两种，其要点及技巧如下：

1. 直观描述

直观描述，是指面对实物或场景所作的描述。这种描述常常采用修辞手法来化抽象为具体、化繁杂为简单。教师在教学中经常使用直观描述，有利于培养学生的观察力。

【示例】　《鸟的天堂》写得如诗如画，美不胜收。但是有一个句子把学生难住了："那翠绿的颜色明亮地照耀着我们的眼睛，似乎每一片树叶上都有一个新的生命在颤动。"为了让学生能顺利理解教材，需要借助于鲜明的具体形象，以便为学生提供创造思维的条件。教师先让学生观察教室外树叶在微风中的各种姿态。然后设计了这样一段话："大榕树的叶子绿得发亮，它把生命全部展示给了我们。有的在轻松地摇摆，好像在翩翩起舞；有的左右旋转，好像在摇动着美丽的衣裙；有的发出沙沙的响声，好像在说悄悄话；有的互相簇拥，层层叠叠，好像要把这'天堂'的每一寸土地都铺上绿荫……这是作者精心的描写，他赋予了这些树叶新的生命、新的灵魂。"[①]

【简析】　这段描述语中，教师用形象生动的描述展示了"似乎每一片树叶上都有一个新的生命在颤动"的丰富内涵，把抽象的概念变成了触手可及的形象，让学生顺利地理解了课文内容，调动了学生的想象力和思维的积极性。有时候，为了让学生充分理解知识点，教师采用直观性描述，能营造浓郁的审美情境。

2. 想象描述

想象描述，是指根据作品中的线索或情节，用创造性的语言进行描述。这种描述多含想象成分。教师在教学中经常使用想象描述，有利于培养学生的想象力。

【示例】　有位教师在讲解成语"望梅止渴"时是这样说的："望梅止渴是怎么回事呢？传说有一次曹操带兵打仗，找不到水喝，太阳像一盆火，晒得士兵的喉咙眼儿都冒烟了，他们肩膀上的刀枪越来越沉，两条腿像灌了铅，步子也迈不动了。这时，曹操骑在一匹大白马上，眉头一皱，计上心来。他清清嗓子，大声说道：'大家听着，这一带地形我很熟，前面不远有一片梅树林，年年这时候，梅子挂满了枝头，又甜又酸，好吃得很，大家快走，我们采梅子好解渴！'士兵们信以为真，顿时嘴里酸溜溜的，流出了口水，浑身也来劲了，一下子走了好长一段路，终于找到了水源。这就是望梅止渴成语的由来。"

【简析】　这段想象描述，犹如一支传神的画笔。讲述者根据资料，经过合理推测，融入了再造想象，将故事发生的场景、人物的神态和心理活动，描绘得惟妙惟肖；并且运用了比喻、夸张、示现等手法，学生对这个成语故事产生了较为深刻的印象。

[①] 郭启明，赵林森. 教师语言艺术 [M]. 2 版. 北京：语文出版社，1998：102–103. 有删改。

三、解说

（一）解说的内涵

解说，是指运用一定的解说方法对事物进行解释说明的一种口语表达方式。对于各种事物的形态、性质、构造、成因、种类、功能或概念、特点、来源、关系、演变及其发展变化规律等，教师在教学中，只有借助通俗易懂的解说剖析，才能帮助学生加深理解，形成概念。作为教师的一种教学口语，解说常用于教学释疑、图片讲解、科普知识介绍、看图说话、竞赛解说等方面。教师的有效解说，利于学生了解事物；学生的解说练习，有助于积累和获取知识，有利于培养敏锐的观察力、迅速的反应能力和准确的表达能力。

（二）解说的要求

解释既有客观性，又有主观性，有效的解说是主客观的高度统一。良好的解说要符合以下要求：

1. **语言简明，形象生动**

解说必须简明扼要地揭示事物的本质属性。解说的语言首先要通俗易懂，尽量用学生能明白的词句；其次要简洁精当，可举例，可做比较，力图把各种抽象的道理和知识讲得简单明了，具体可感。

2. **内容集中，层次清晰**

很多时候，解说的内容对学生来说是比较陌生的，如果内容太多太杂，学生接受起来有难度。所以，解说时必须中心明确，重点突出，一次解说一般只确定一个中心，一个语段只讲一个意思；层次清晰，要根据事物本身的条理和学生认识事物的特点或规律来安排解说的顺序。

3. **讲究技巧，重点突出**

解说时不能拖泥带水，吐字要字字清晰，让学生听得明明白白；解说的语速不宜太快，说到重点字词、关键的地方和难懂的术语等，要说得慢一些，有时甚至要一字一顿地说，可以辅助停顿、重音等表达技巧的使用，必要时还可以重复所说的内容，使用合适的体态语来辅助展示。

（三）解说的类型及技巧

根据解说的方法来分，教学中常见的解说主要分为定义解说、诠释解说、比喻解说、举例解说四种。其要点及技巧如下：

1. **定义解说**

定义解说，是指用精练、简洁的语言对事物的本质属性或某一概念的内涵下一个明确的定义。其特点是能使学生对被解说的对象有一个明确的、本质的了解，又能使学生将该事物与其他事物区别开来。

【示例】 王老师教一年级学生对家畜进行分类。他把动物卡片和画着房子的两张白纸发给每个学生，然后对大家说："我请小朋友让小动物分别住进两间房子里，动脑筋想一想，哪些动物能住在一起？"学生开始操作、讨论。等学生完成分类后，王老师解释说："小朋友们把牛、马、羊、猪放在一间房子里，为什么这样住呢？哦，因为它们都有四条腿，有蹄子，有尾巴，能生小牛、小马、小羊、小猪，还能喂奶，又都是家里养的。它们有共同的特点，所以让它们住在一起，我们管这样的动物叫作家畜。"

【简析】 一年级学生的逻辑思维尚处于发展阶段，他们对概念的理解能力非常有限，需要配合视觉形象，才能形成概念。案例中的王老师为了让学生理解家畜的概念，先让学生进行活动，借助于学生对动物卡片的分类，顺利地对家畜概念进行了定义解说，让学生明白了家畜是有四条腿、有蹄子、有尾巴、能生育并在家里养的动物。

2. 诠释解说

诠释解说，是指对事物的各方面特征或概念做具体而详细的解释说明。它常和定义性解说结合起来使用，即先下定义，然后诠释说明，使学生对事物或概念既有概括的认识，又有具体的了解。

【示例】 什么是袖珍国？袖珍国就是很小的国家。为什么说梵蒂冈是袖珍国？首先，它的人口不足1 000人。我们学校有多少人？2 000多人。这就是说它全国的人只是我们学校人数的一半。其次，它的国土面积不足0.5平方千米。0.5平方千米有多大？我们学校的面积是0.25平方千米，梵蒂冈一个国家的面积也就我们学校面积的2倍。如果骑自行车从国家的最东边到最西边，只要几分钟就行，大家说梵蒂冈小不小？

【简析】 这段教学口语先用定义解说阐述了什么是袖珍国；接着用诠释解说从人口、面积两方面解说了梵蒂冈之小。诠释解说一般不要求对概念做完整的解说，只要求解释概念的一部分内涵即可。

3. 比喻解说

比喻解说，是指使用恰当的比喻来解释某一抽象事物的含义。它常常借助学生常见或熟知的事物，来说明教学中出现的对学生来讲不太常见、不太熟悉的事物。其特点就是把复杂的事物或抽象的事理说得浅显易懂、具体形象、简洁生动。

【示例】 某教师在教学生认"钓"字时是这样解说的：钓鱼的"钓"为什么是包字框里加一点，而不是加"厶"呢？因为呀，一点是鱼饵，"厶"是鱼钩，钓鱼时，应该把鱼钩藏起来，只露出一颗鱼饵，鱼吞食鱼饵时，就被钓起来了。

【简析】 小学生最容易混淆"钓"和"钩"两个字，教师把"钓"中的点比作鱼饵，把"钩"中的"厶"比喻成鱼钩，形象生动，学生很快就能记住。使用比喻解说，要求所采用的比喻要准确贴切，不能夸张。要多用明喻，不宜使用暗喻或借喻。

4. 举例解说

举例解说，是指举出具体的、典型的事例来解说事物特征、解释抽象的事理或深奥的科学知识。其作用是能将抽象、复杂的事物或事理，向学生解说得具体而通俗易懂。

【示例】

师："'鸟'是什么动物呢？它是脊椎动物的一纲，体温恒定，卵生，喙内无齿，全身有羽毛，胸部有龙骨突起，前肢变成翼，后肢能行走。而在'鸟'的这些特征中，最本质特征是'有羽毛'。因此，也可以简单地说，鸟就是'有羽毛的动物'。例如，燕子、鸽子、乌鸦等都是有羽毛的动物，都是鸟。那么，狮子、老虎、狗、猪是鸟吗？"

生："不是！"

师："为什么？"

生："因为它们没有羽毛。"

师："对！那么，同学们还可以说出哪些鸟呢？"

生："斑鸠、布谷、鹰。"

师："对，还有吗？"

生："海鸥、蝴蝶……"

师："请等一等，蝴蝶是鸟吗？"

师："蝴蝶有翅膀，会飞，但翅膀是羽毛吗？"

生："不是。"

师："有羽毛的才是鸟，那蝴蝶是鸟吗？"

生："蝴蝶不是鸟。"

师："对，我们刚才举的例子都是有羽毛，又会飞的鸟。有些同学就以为'会飞的'就是鸟，许多鸟都会飞，但会飞的不一定是鸟，鸟必须有羽毛。"

【简析】　该教师在解说"鸟"的概念时，采用的是举例解说方法。首先，教师解说了鸟的一般特性；接着紧扣"有羽毛"的本质属性列举了燕子、鸽子、麻雀、乌鸦等鸟类，作进一步解说。为进一步了解学生对"鸟"的概念的掌握程度，教师又要学生进行解说。这样的解说抓住了小学生的思维特点，符合小学生的认知规律。举例解说应力求注意选例的典型、真实、具体、生动，不能选择缺乏共性的例子来以偏概全。

四、评述

（一）评述的内涵

评述，是指教师在教育教学中针对某个具体问题，运用议论的方法阐述自己的见解或主张的一种口语表达方式。"评"是表达自己的见解和感受；"述"是用复述或描述的方法介绍要评论的内容。评述就是把叙述和议论有机结合起来，述中有议，议中有述，相辅相成，相得益彰。教师通过评述，向学生讲授教育教学内容，同时表达自己的态度，学生学到了相关的知识，同时也体会到教师的感情倾向。评述的内容也很广泛，包括评述学生的答问、活动情况、正确或不正确的言行等。教师除了采用独白方式的评述外，还可以采用师生共述共评的形式，诱导学生进行讨论，从讨论中得出正确的结论。教师有效的评述，利于学生明晰事理；学生进行评述实训，则能训练其思维和表达能力。

(二) 评述的要求

评述是主观性极强的表达方式，让人接受的评述应符合以下要求：

1. "述"要准确，"评"要客观

"述"是"评"的基础，"评"是"述"的目的。"评"建立在"述"的基础上，不能对所述内容断章取义，片面主观；也不可对所述内容妄加篡改，夸大其词。两者的关系是材料和观点、论据和论点的关系，"评""述"要高度统一，切忌南辕北辙、"述""评"分离。"述"要有选择性，"评"要有针对性；"述"要具体，"评"要有分寸。

2. **语言规范，逻辑严谨**

语言规范是指评述要言之有序，"述"要浅显易懂，简练明快；"评"要明确达意，要言不烦，提纲挈领。评述时要重视论证，讲究逻辑性，层次要清晰，条理要分明，同时要分清主次，抓住重点和关键。评述语气需斟酌，有时语气要确定，不容置疑；有时需要用商榷的语气，以激发学生思考；有时需略带感情色彩，以使自己的观点倾向性更加鲜明。

3. **彰显个性，形成特色**

评述时不要人云亦云，老调重弹；要少讲空话，切忌生搬硬套、华而不实。要充分发挥逆向思维或发散性思维的作用，在评述中体现出自己独特的思维角度，发表自己独特的观点，再用独特的语言风格体现出来，这样就会显示出个性。有了个性才有活力，才能产生魅力，才能让学生信服。

(三) 评述的类型及技巧

根据"述"和"评"的先后次序，评述主要分为先述后评、先评后述和边评边述三种类型。其要点及技巧如下：

1. 先述后评

先述后评，是指先将需要评述的内容作复述、描述或解说，然后再进行评论。其构成方式一般是"述"与"评"分成两个部分，"述"在前，"评"在后。整体而论，"述"的内容相对较多，"评"的内容相对较少，但观点明确而集中。"述"作为"评"的依据，应有所选择和侧重；"评"则应条理清晰，公允准确，忌以偏概全。

【示例】 在一次作文练习中，崔老师发现有相当一部分同学对"美"的理解并不全面。有的说"美"贵在永恒，不被时代所淘汰。有的说"美"贵在合乎潮流，哪怕它只是昙花一现。崔老师用一篇寓言开头，做了这样的评述："虹看到弧形的石桥，向它说道：'我的大地上的姐妹，你的生命比我长久。'石桥回答：'你那样美，你在人们的记忆中必然是永恒的。'"在引导同学们讨论之后，崔老师归结道："我认为虹和桥都是美的。虹美在壮烈灿烂，美在短暂；桥美在默默奉献，美在长久。美的内涵是丰富的，它的外延又十分广大。它丰富多彩，无所不在。我们不能因为有虹在，便鄙夷脚下的石桥；也不能因为踏上了石桥，便不愿抬头看天上的彩虹。美，绝非一个简单的判断句所能包容。我们要积极地发现身边的美，包括美的事物、美的人格、美的生活、美的理想。既不能因为蓝色的辽阔，便排斥绿色的生机勃勃；也不能因羡慕轰轰烈烈，而忽视了默默无闻。应在自己生活的时时刻刻中，自觉地追求美的语言、美的行为、美的心灵，用美的标准要求自己……"学生认真地边听边思考。在下一次作文中，崔老师高兴地发现，学生开始尝试用辩证的方法，去一分为二地看待问题了。

【简析】 在这段教学口语中，教师先是描述寓言中虹和石桥的对话，接着辩证而又严谨地论述了美的内涵。述得形象，评得深刻，语气确定，不容置疑。显然，在这样的作文课上，教师运用恰如其分的评述语有针对性地对学生进行"美"的思辨教育，其教学效果自然明显有效。

2. 先评后述

先评后述，是指先提出见解并略作分析，然后通过叙述事实，证明自己观点的正确性。从表达的动因来看，将"评"放在前面是为了强调观点，先声夺人，以引起注意。在这类评述语段中，材料的引述多用概述，少用描述，并将材料做点面结合的系列铺垫，以避免孤证之嫌。

【示例】 一位教师在给学生讲解如何做人的作文主题时，引用了蒙曼评述唐高宗李治的材料来讲解：第一点，孝顺。李治是个好孩子，温情脉脉。贞观十年，长孙皇后去世。当时李治才九岁。他悲不能忍，哀感行路，他爸爸和舅舅都被深深感动了，都想着以后好好照顾照顾这孩子。对母亲这样，对父亲也是如此。贞观二十年，唐太宗打高丽回来，在路上，腿上长了一个毒疮，不能走路。李治看见二话没说，扑上去就把毒给吮出来了。这可不是一般人能做到的，这都是可以上《孝子传》的孝行啊。第二点，聪明感性。《旧唐书·高宗本纪》说，唐高宗幼而"歧嶷"，所谓"歧嶷"，就是不一般的聪明，是聪明绝顶。李治的才气，表现在文学方面，他擅长写华丽的诗文，如行云流水；表现在书法方面，他的字写得大气磅礴，可能李唐皇室没有字写不好的，唐太宗、唐玄宗都擅长书法，当时是一个书法艺术流行的时代；表现在音乐方面，他曾经为舞蹈配乐，在宫中演奏，风靡一时。从这几个方面我们可以看出，他的才华主要表现在文学艺术方面，很感性，有艺术家气质。

【简析】 这段文字以先评后述式的语言，评述了唐高宗李治的五个主要性格特征中的两个，即"孝顺"和"聪明感性"。第一段中，"孝顺"是评价的结论，评述者举了唐高宗对待母亲和父亲这两个实例，充分证明自己的观点，语言通俗易懂，形象生动。第二段中，"聪明感性"是评价的结论，评述者使用引用法证明了他的聪明，又从文学、书法、音乐三个方面证明了他多才多艺的感性特征。可以看到，评述者使用先评后述的评述方式，集中鲜明地表达了自己的见解。

3. 边述边评

边述边评，是指将"评"与"述"统一于水乳交融的整体之中，无拘无束地且说且评，随时插入重笔浓墨的详评，也可以随意来几句点而不破的淡评。它建立在评述者对材料十分熟悉的基础上。在教学实际中，教师最多采用的还是边述边评的方式。因为这种评述方式可以在教学过程中依次发表各自的意见，使评论有针对性，观点更加明确。同时，边述边评、有述有评，两种表达方式交替进行，课堂气氛更加活跃，学生学习的积极性更高。

【示例】　社会生活的不平衡必然带来心理诉求的不平衡。20世纪90年代后期，中央电视台在六一儿童节期间，采访了中国各地的孩子，问他们"六一"的时候最想得到的礼物是什么？一个北京的小男孩说想要一架真正的波音飞机，不是玩具飞机；一个西北的小女孩却羞怯地说，她想要一双白球鞋。两个同龄的中国孩子，梦想有着如此巨大的差距，这是令人震惊的。对这个西北女孩来说，她想得到一双普通的白球鞋，也许和那个北京男孩想得到的波音飞机一样遥远。这就是我们今天的生活，不平衡的生活。区域之间的不平衡、经济发展的不平衡、个人生活的不平衡，带来心理的不平衡，最后连梦想都不平衡了。梦想是每个人与生俱来的财富，也是每个人最后的希望。即便什么都没有了，只要还有梦想，就能够卷土重来。可是我们今天的梦想已经失去平衡了。[①]

【简析】　这是余华2007年5月21日在上海中德心理治疗大会上的演讲《我们生活在巨大的差距里》演讲中的相关内容。余华以边述边评的方式评述了对当今社会生活不平衡的认知。首先是"评"，即"社会生活的不平衡必然带来心理诉求的不平衡"；然后是"述"，以一个北京小男孩和一个西北小女孩为例展开阐述，陈述他们两人由于生活水平的差异导致梦想的巨大差距；接着余华再"述"，描述什么是不平衡的生活，从单纯的个人生活到全面复杂的社会生活，由物质生活到精神生活；最后余华再"评"，"我们的梦想已经失去平衡了"。边述边评的评述方式，让听者在认清事实的基础上不断地深入思考这种不平衡产生的原因究竟是什么，发人深省。

复述、描述、解说、评述是教师开展教学最常用、最基本的表达形式。需要特别强调的是，在教学过程中，以上四种教学口语的表达方式并不是孤立运用的。教学过程中，单一的复述会流于平淡，一味的描述不利于发展学生思维，过多的解说会显得枯燥，过滥的评述则会扼制学生的独立思考。教师的教学口语应当将多种表达方式合理地综合运用。优秀的教师在使用这四种口语完成教学任务的同时，也会注重指导学

[①] 余华. 没有一种生活是可惜的：余华经典散文[M]. 西安：陕西师范大学出版总社有限公司，2019：233-234.

生进行复述、描述、解说、评述等训练,以发展学生的思维,提升学生的语言表达能力。

 实训平台

一、复述训练

（一）课堂实训

1. 在8分钟内阅读下列两则材料,提炼复述提纲,再进行详细复述实训。

小壁虎借尾巴[①]

小壁虎在墙角捉蚊子,一条蛇咬住了它的尾巴。小壁虎一挣,挣断尾巴逃走了。

没有尾巴多难看啊！小壁虎想：向谁去借一条尾巴呢？

小壁虎爬呀爬,爬到小河边。它看见小鱼摇着尾巴,在河里游来游去。小壁虎说："小鱼姐姐,您把尾巴借给我行吗？"小鱼说："不行啊,我要用尾巴拨水呢。"小壁虎告别了小鱼,又向前爬去。

小壁虎爬呀爬,爬到大树上。它看见老黄牛甩着尾巴,在大树下吃草。小壁虎说："黄牛伯伯,您把尾巴借给我行吗？"老黄牛说："不行啊,我要用尾巴赶蝇子呢。"小壁虎告别了老黄牛,又向前爬去。

小壁虎爬呀爬,爬到屋檐下。它看见燕子摆着尾巴,在空中飞来飞去。小壁虎说："燕子阿姨,您把尾巴借给我行吗？"燕子说："不行啊,我要用尾巴掌握方向呢。"

小壁虎借不到尾巴,心里很难过。它爬呀爬,爬回家里找妈妈。

小壁虎把借尾巴的事告诉了妈妈。妈妈笑着说："傻孩子,你转过身子看看。"小壁虎转过身一看,高兴地叫起来："我长出一条新尾巴啦！"

2. 在5分钟内阅读完下列故事,再进行简要复述。

月下老人[②]

唐朝时候,有一位名叫韦固的人,有一次,他到宋城去旅行,住宿在南店里。

一天晚上,韦固在街上闲逛,看到月光之下有一名老人席地而坐,正在那里翻阅一本又大又厚的书,而他身边则放着一个装满了红色绳子的大布袋。

韦固很好奇地走过去问他："老伯伯,请问你在看什么书呀？"

那老人回答说："这是一本记载天下男女婚姻的书。"

韦固听了以后更加好奇,就再问："那你袋子里的红绳子,又是做什么用的呢？"

老人微笑着对韦固说："这些红绳是用来系夫妻的脚的,就算男女双方是仇人或者

---

① 王宗海. 童向朗读 [M]. 上海：复旦大学出版社,2021：34.
② 张亚新. 优秀小学生应该阅读的中外神话故事 [M]. 北京：新世界出版社,2007：22－24.

距离很远，我只要用这些红绳子系在他们的脚上，他们就一定会和好或相见，并且结成夫妻。"

韦固听了，自然不会相信，以为老人是和他说着玩的，但是他对这个古怪的老人，仍旧充满了好奇，当他想要再问他一些问题的时候，老人已经站起来，带着他的书和袋子，向米市走去。韦固也就跟着他走。

到了米市，他们看见一个盲妇抱着一个三岁左右的小女孩迎面走过来，老人便对韦固说："这盲妇手里抱的小女孩便是你将来的妻子。"

韦固听了很生气，以为老人故意开玩笑，便叫家奴去把那小女孩杀掉，看她将来还会不会成为自己的妻子。

家奴跑上前去，刺了小女孩儿一刀后，就立刻跑了。当韦固再要去找那老人算账时，却已经不见他的踪影了。

光阴似箭，转眼14年过去了，这时韦固已经找到满意的对象，即将结婚。对方是相州刺史王泰的掌上明珠，人长得特别漂亮，只是眉间有一道疤痕。韦固觉得非常奇怪，于是便问他的岳父："为什么她的眉间有疤痕呢？"

相州刺史听了以后便说："说来令人气愤，14年前在宋城，有一天保姆陈氏抱着她从米市走过，竟然有一个狂徒，竟然无缘无故地刺了她一刀，幸好没有生命危险，只留下这道伤疤，真是不幸中的大幸呢！"

韦固听了愣了一下，14年前的那段往事迅速地浮现在他的脑海里。他想：难道她就是自己命仆人刺杀的小女孩儿？于是他便很紧张地追问说："那保姆是不是一个失明的妇人？"

王泰看到女婿的脸色有异，且问得蹊跷，便反问他："不错，是个盲妇，可是，你怎么会知道呢？"

韦固证实了这点后，真是惊讶极了，一时间答不出话来。过了一会才平静下来，然后把14年前在宋城遇到月下老人的事全盘说了出来。王泰听了也感到惊讶不已。韦固这才明白月下老人的话并非开玩笑，他们的姻缘真的是由上天做主的。因此，夫妻俩更加珍惜这段婚姻，过着恩爱的生活。

不久这件事传到宋城，当地的人为了纪念月下老人的出现，便把南店改为"订婚店"。这个故事的流传，使得大家相信：男女结合是由月下老人系红绳子加以撮合的，所以后人就把媒人叫作"月下老人"，简称"月老"。

3. 根据下面诗歌的情节和意境，在5分钟内拓展成一段话复述出来。

寻隐者不遇

松下问童子，言师采药去。
只在此山中，云深不知处。

(二) 课外实训

课外阅读陶渊明的《桃花源记》，再根据作品中的线索或情节，用创造性的语言分别进行详细复述、简要复述和拓展复述。

（三）他山之石

请欣赏一位教师在教《火刑》时设计的一段充满感情色彩的拓展复述：

布鲁诺的眼睛凝望着遥远的天空，他望得很远很远，似乎望到了景色明媚的海港那不勒斯附近的一个小城市——他那可爱的出生地。望到了贫穷的父亲含着泪水把他送到了阴森的修道院，望到了自己瘦小的身体正在背诵《圣经》的教义。刹那间，他把《圣经》扔进了烈火之中。（声音低沉、缓慢，表现出对过去的思念之情。）

烈火熊熊地燃烧起来了，映红了天空，这不是永远放射着光和热的太阳吗？在太阳的周围，还有地球围绕着它公转。不，就是太阳，也不是什么宇宙的中心，而只是满天星斗中的一颗而已。他觉得自己正站在大学讲台演讲："世界在无穷无尽的宇宙的广阔胸怀中产生、发展、灭亡，又重新产生……"百花广场人群轰动的声音，在他耳朵中变成青年人热情的掌声和欢呼声……"请相信我吧，在别的行星上，也有生物，甚至还有像人一样有智慧、会思索、按照理性生活的动物。"（声音抬高、变强，表明出沉着、坚定的感情。）

烈火越烧越旺，烧着了他破烂得成了一片片的衣服，烧灼了他遍体鳞伤的身子。他仍然望着遥远的天空，感到满腔的热血在沸腾。人体血液的学说是谁也不能推翻的，尽管医生塞尔维特被活活烧死了，我身上的血液不是仍然在奔腾着吗？

"火并不能把我们征服，未来的世纪会了解我们，知道我们的价值。"（声音高亢，表现出执着追求、真理必胜的感情。）

布鲁诺想，将来总有一天，会在百花广场为他的老师——"日心说"创始人哥白尼竖起一座铜像的。透过遥远的天空，他似乎望到了世界各地的人民正在前来参加揭幕典礼，他闭上眼睛，笑了……（声音充满喜悦，表现出激昂向往憧憬之情。）

二、描述训练

（一）课堂实训

针对下列题目，进行直观或想象描述训练。

1. 我喜欢的动（植）物。
2. 我喜欢的一个人。
3. 那天，我去了游乐场。
4. 我在美丽的大草原。

（二）课外实训

"口头写生"是对近在眼前、身边的事物作原原本本的、生动传神的描述，是将口语作为一支高明的画笔，画出一幅幅活生生的生活画面。请站在寝室阳台、窗前或者教室走廊上，对眼前的景物或生活场景作观察，然后用平静的语调作力求准确、生动的口头写生。说的时候，尽量使用录音设备录下当时所作的描述，然后复听，并在寝室或班上与人交流,请别人作出评价。

(三) 他山之石

例1 为了激发学生学习的兴趣,有位教师在教完朱自清先生的《威尼斯》时,让学生对照课文,口头描述一幅威尼斯城的风景图。有个同学这样描述:

威尼斯是著名的"水上之城",在意大利半岛的东北角上,是一群小岛。这些小岛花团锦簇似的东一块西一块在绿波里荡漾着。海水那么绿,那么美,会带你到梦中去。大运河穿过市区,像反写的"S",这就是大街。轮船像公共汽车,在大街上走。这里没有煤烟,天空干干净净;在温和的日光中,一切都像透明的。中国人到此,仿佛在江南的水乡。

例2 一位教师在教授《巍然天地之间》这篇描写重庆郊外歌乐山烈士陵园烈士群雕的散文时,向学生展示了群雕的照片,并向学生做了这样的描述:

正面群雕是浩然正气图,左侧群雕是烈士前赴后继图,右侧老者抓住五星红旗的一角,背面是妇幼百鸽图。

这种直观的描述既丰富了学生的感性认识,又使学生很快进入课文特定的情境。

例3 一位教师在讲《草原》一课时,一边播放着关于美丽草原的录像片,一边在明快悦耳的音乐声中描绘了内蒙古辽阔大草原的美丽景象:

那儿的草原碧波万里,牧草是那么茂盛,牛羊是那么肥壮,天空是那么明朗,空气是那么清新……对了,有不少同学还会背诵那首《敕勒歌》。好,现在大家背诵那首诗吧:"敕勒川,阴山下,天似穹庐,笼盖四野。天苍苍,野茫茫,风吹草低见牛羊。"啊,大草原美不美啊?(美,太美了!)好,现在我们就跟着老舍爷爷一起去那风景如画的内蒙古大草原游览一番。(板书:草原)

例4 对于杜甫的《绝句》,一位教师这样描述:

这是一幅春天的美丽的图画:新绿的柳枝上,成双成对的黄鹂在欢快地鸣叫着。那蔚蓝的天空好像用水清洗过一般,清澈明朗。一字儿排开的白鹭在碧空飞翔。凭窗向西远眺,那巍峨的群山,大概有千年的积雪吧,在阳光下闪闪发光。就在门前的河边,那停泊的船只啊,或许是远眺归来,或许是即将登程航行远方……

三、解说训练

(一) 课堂实训

任选一种自然现象(如风、雪、雨、雾)或传统食品(如汤圆、粽子、月饼、糍粑),撰写一段解说词,并在课堂上进行演练。

(二) 课外实训

有些名家游记散文,记叙了旅游的见闻和感受,描绘了旖旎的风光、绚丽的景色。因此,课后可以从网上下载一段与此相关的录像,自己充当解说员,进行解说训练。

(三) 他山之石

有位教师在教完刘白羽的《长江三峡》这篇游记后,为训练学生的口头解说能力,找来了长江三峡的风光片，用电视展示给学生，要求他们边看画面边跟着解说。有个同学是这样解说的：

三峡自上而下，首先是8公里长的瞿塘峡。它像一道闸门，其峡口为三峡最险处，杜甫有诗说："白帝高为三峡镇，瞿塘险过百牢关。"足见其险恶。峡中激流澎湃，涛如雷鸣，江面形成无数漩涡。巫峡两岸是陡如斧削、隽秀婀娜的巫山对峙，看得出连一扇大门那么宽也没有。江随壁转，突然，深灰色石岩从高空垂直而下，浸入江心，令人想到一个巨大的惊叹号；紧接着又是绿茸茸的草坂，像一支充满幽情的乐曲。峡陡江急，水面布满大大小小的漩涡，船只能缓缓行进，像一个在崇山峻岭之间漫步前行的旅人……

四、评述训练

（一）课堂实训

阅读下列材料，写一段评述性文字在班上进行交流。

上海初中教材中首次开辟"爱情如歌"单元，新编课文包括苏霍姆林斯基的《给女儿的信》、普希金的《致凯恩》、舒婷的《致橡树》、苏童的《老爱情》、节选自夏洛蒂·勃朗特的《简·爱》的《因为我们是平等的》、公刘的《只有一个人能唤醒它》以及秦观的《鹊桥仙》。其中"爱情如歌"单元在编排上可谓煞费苦心：《给女儿的信》说明爱情是崇高而不盲目的情感；《致凯恩》则是对爱情的讴歌；《老爱情》体现了爱情的忠贞和相濡以沫；《致橡树》和《因为我们是平等的》则强调爱情应当是平等的。

（二）课外实训

阅读《文学评论》杂志中的评论性文章，选择自己感受最深的评论文章与同学交流；或者课后多查阅一些关于作文点评的范例，再结合学生的作文情况，设计一段作文教学评述语。

（三）他山之石

名人岂容玷污？

在屈原罹难地——湖南省岳阳市发生了一件新鲜事，古代诗人屈原竟然成了某种饲料的"品牌代言人"！此事被媒体曝光后，社会舆论一片哗然。以下是对此的评论。

我们的爱国诗人屈原成了"猪饲料"的品牌代言人，著名文学家、思想家鲁迅先生也要为臭豆腐代言，更过分的是旁边还竖着"遗臭万年"的牌子。如此不尊重文化、不尊重先贤的行为真是让人难以容忍。

生活中我们也会开些小玩笑，在网络上发表些有趣的文章、视频，这些都很平常。但凡事都有个限度，利用一些反常规的手法单纯地搞笑，或提示身边的人注意不文明、不礼貌的行为，再或展示一下我们高超的制作技术、文学功底，这些都无可厚非。但是，如果玩笑开大了，就会让人产生反感，原本轻松的环境也会变得尴尬。

一些企业的老板为了宣传自己的产品，用历史名人代言与人物背景关系相悖的产品，试图出奇制胜，引来大家的关注。

　　但是，这些广告损害的是我们民族的尊严或感情，这些伟人是我们中华民族景仰、尊崇了几十年几百年甚至上千年的文化先贤。倘若我们纵容这些"拿无聊当有趣，视油滑为幽默"的恶俗、低俗事件任意糟蹋我们的文化，多少年之后，我们的子孙对这些事情变得麻木了，没有了愤怒，我们民族的文化、尊严也就失去了它应有的价值和地位。

第七章 教学环节的口语

最能展示教师教学口语水平的是课堂教学语言。一般情况下，教师的课堂教学活动包括开始、展开、结束三大环节。对应这三大环节，教学口语便有了开始环节的导入语，展开环节的讲授语、提问语、评价语，结束环节的结束语，以及渗透在三个环节之中的应变语和过渡语，等等。教师只有熟悉并掌握这些教学语的运用技巧，才能有效传递知识技能、表达态度情感，真正做到教书育人。

一、导入语

（一）导入语的内涵

导入语，又称导语或开讲语，是一节课教学活动开始时，教师为吸引学生注意力、激发学生学习兴趣、引出活动的内容而使用的与教学内容密切相关的一种教学口语。其主要功能是营造教学情境，快速引导学生进入学习状态。著名特级教师于漪曾说："课的第一锤要敲在学生的心灵上，激发起他们的火花，或像磁石一样把学生牢牢地吸引。"好的教学导入语往往能在较短的时间内激发学生的学习兴趣，安定学生的学习情绪，沟通师生之间的感情，为课堂教学内容的教与学做好铺垫。

（二）导入语的主要特点和要求

1. 目的明确，简洁精练

导入语是一堂课的引子。它的设计要紧紧围绕本堂课的教学内容或目的，不可随心所欲，信口开河，游离于教学内容之外。又因为导入语只占一堂课极少的时间，一般控制在 5 分钟以内，如果时间太长就会使课堂主次不明，不能使学生及时地进入文中。因此，它要简明扼要，力争用最少的话语、最短的时间，迅速将学生的注意力集中到听课上，切忌拖沓冗长。

2. 新颖活泼，意趣巧妙

成功的导入语求新、求活、求巧。新，就是角度新颖独特；活，就是话语要生动活泼；巧，就是要有巧妙的意趣。新颖的角度会使学生耳目为之一新，自然能够很快吸引学生的注意力；生动活泼的话语又能使学生兴趣盎然；而巧妙的意趣则能进一步激发学生学习的欲望。一堂课的导入语只要激起了学生的兴趣，学生就会主动跟随教师去探讨知识的奥秘。

3. 亦庄亦谐，庄谐适度

导入语虽要活泼生动，但也不能过于轻松，任意随便，甚至以低级庸俗的东西挑逗学生。低级庸俗的导入语，既会分散学生的注意力，又会有损教师的形象。好的导入语活泼而不失庄重，生动而有雅趣。有人曾把导入语及其作用概括为如下口诀：名言警句，群情振奋；故事谜语，趣味猛增；对比悬殊，令人吃惊；志士伟绩，鼓舞精神；巧插小引，开拓意境；点将开篇，活跃气氛；新闻奇事，娓娓动听；切身利益，人人关心。

（三）导入语的基本类型及技巧

良好的开端是成功的一半。教师在上课开始时的导入语，如果能先声夺人，激发起学生浓厚的学习兴趣和强烈的求知欲，就为课堂教学打下了良好的基础。由于教学对象不同、教学内容不同，所以每节课的导入语也不应相同。一般来说，常见的导入语有六种，其要点及技巧如下：

1. 情境导入法

情境导入法，是指利用语言、环境、活动、音乐、绘画等各种手段制造一种符合教与学需要的情境，以激发学生兴趣、诱导学生思维的一种导入法。得当的情景导入，会使学生身临其境，感同身受，在潜移默化中接受教师的引导。运用此法要注意善于创设情境，要加强诱导，巧妙构思，激发思维。它在多媒体教学中应用最广泛。这种导入法的最大特点是趣味性浓，使用时要注意调控时间。

【示例】 某教师在上《蜜蜂》一课时是这样导入的：

师：同学们，看看老师给你们带来了怎样的一群小客人（课件：在音乐声中，一群可爱的小蜜蜂来到花丛中采蜜）。蜜蜂是我们日常生活中常见的一种小昆虫，你对它们了解多少呢？

生：（自由回答）

……

师：有一个法国人叫亨利·法布尔，他听说蜜蜂有辨别方向的能力，他是怎样想、怎样做的呢？结论又是什么呢？今天，我们一起来学习他写的一篇文章——《蜜蜂》。

【简析】 教师播放直观的课件，能将学生的注意力都集中到小蜜蜂上，从而很好地进入课文。语文课中多数讲授景物描写的文章都可以借鉴这种导入法。

2. 游戏导入法

游戏导入法，是指教师通过游戏活动调动学生的学习积极性来导入新课的一种导入法。尤其针对小学生，因其好动，喜欢做游戏，教师可以充分利用小孩子的天性来导入新课。这种方法特别是在小学低年段的教学中应用较多。要使学生在游戏中有效地进入学习情境，教师的言语要准确、简洁、条理清晰，能确保学生有序地进行游戏。这种导入法的最大特点是学生直接参与。使用时要讲清楚游戏规则，注意调整教学秩序。

【示例】　某教师在讲授《简易方程》时是这样导入的：

师：同学们，今天我们做一个数学游戏。你们现在每人心里想好一个数，然后加上2，乘以3，得出的积减去5，再减去你原来想好的那个数。好了，只要你把最后的结果告诉我，我就能立刻猜出你原来想好的那个数。

（游戏开始，一会儿同学们纷纷举手发言。）

生：我的最后结果是15。

师：那么你原来的数是7，对吗？

生：对！（学生高兴地说）

生：我的结果是37。

师：那么，你原来的数是18吧？

生：非常正确！

生：老师，您是怎么知道的，快告诉我们方法吧。

……

（同学们兴趣盎然，精神大振，纷纷向老师提出要求。）

教师：好，方法就是"简易方程"（板书），学好了这一章，猜谜的方法也就全会了。

【简析】　游戏，让学生产生浓烈的学习兴趣；巧设悬念，又使学生产生探索的欲望。两者完美的结合，自然为本节课的顺利进行打下了扎实的基础。

3. 故事导入法

故事导入法，是指教师利用一个故事来导入课文的一种导入法。这种方法特别适合低年级的教学。爱听故事是小学生的天性，故事容易激发学生的求知欲，引起他们的学习兴趣，促使学生主动学习。这种导入法最大的特点是要有故事情节。使用时应注意语言要生动形象，情节要简单有趣，内容要与教学密切关联，切忌离题万里、哗众取宠。

【示例】　某教师在教学《赠汪伦》时是这样导入的：

小朋友，你们都知道李白是唐代的大诗人，然而你们知道汪伦是什么人吗？汪伦是一个平民百姓。一个大诗人怎么和一个普通的老百姓建立了深厚的感情呢？原来啊，李白一生中有两大嗜好：一是喝酒，二是赏桃花。这个秘密让汪伦知道后，写了一封信给李白，说自己家乡有"千里桃花""万家酒店"，邀请大诗人光临。李白接到书信后，兴致勃勃地来到汪伦的家乡黟县，一看，哪有什么"千里桃花""万家酒店"？其实，只是一个方圆十里的桃花潭和一个姓万的开的一家酒店。然而，李白并没有扫兴，他深深地为汪伦交友的盛情所感动。因此，两人在一起饮酒谈天，越谈越投机。渐渐地两人情同手足，离别时难分难舍。试想，这依依惜别之情能用什么衡量出来呢？

【简析】　这位教师善于发掘与材料有关的趣味素材，编成故事。教师绘声绘色地讲，学生全神贯注地听。教师既诱发了学生的学习兴趣，又使"桃花潭水深千尺，不及汪伦送我情"这一教学难点得到了突破。学生的学习积极性自然被调动起来了。

4. 复习导入法

复习导入法，是指教师利用新旧知识之间的某种联系，从已学知识中引出新知识的一种导入法。运用这种导入法最大的特点是温故知新。使用时要根据新旧知识之间的逻辑关系，找准新旧知识的连接点，搭桥铺路，巧设契机，以旧启新，以故导新，新旧相连。多用复习、练习、提问等手段。

【示例】 某教师准备新讲减法知识的导入语：

师：同学们，我们上节课学了 10 以内的加法，现在我来考考同学们，看看谁会做这道题：小明有 5 元钱，他爸爸又给了他 3 元钱，请问小明现在有多少钱？

生：8 元钱。(踊跃回答)

师：是怎么算出来的呢？我让一位同学到黑板上来解这道应用题。

生：(在黑板上写) $5+3=8$（元）答：小明现在有 8 元钱。

师：非常正确。小明现在有 8 元钱了，他花掉了 2 元钱，请问现在小明还有多少钱？用我们上节课学的加法还能算出来吗？

生：不能。

师：我们这节课就来学习能解决这个问题的新算法——减法。

【简析】 原有的知识能顺利解决教师提出的问题，但当教师再次提出一个新问题——用原有的知识不能解决的新问题，学生自然产生了学习新方法的好奇心。新课的学习必然激发学生的兴趣。复习导入法是多数教师经常使用的一种导入法，它除了引出新知识，还能巩固学生已学的旧知识。

5. 设疑导入法

设疑导入法，是指教师通过精心设计疑问、矛盾或问题来启发学生进入新课的一种导入法。它能使学生的求知欲由潜伏状态转入活跃状态，调动学生学习的主动性，开启学生的智慧，疏通学生的思路。这种导入法最大的特点是容易产生惊疑效应。设置的疑问要符合学生的实际水平，要遵循"跳一跳便能摘到桃子"的教学原则。

【示例】 某教师是这样设计《变色龙》的导入语的：

师：今天我们学习《变色龙》。变色龙是一种什么样的动物？

生：……

(各抒己见)

师：那么，这篇课文是写这种动物的吗？

生：不是。这篇课文是写人的。

师：既然是写人的，为什么要用动物的名字命题呢？这个问题不大好办。好！让我们带着这个问题学习这篇课文吧。

【简析】 变色龙是动物的名字，可为什么在这里用于人呢？这个疑问自然会激发学生的求知欲望。学生的思维活动和情绪也与教师的讲课紧密交融在一起了。

6. 教具导入法

教具导入法,是指教师运用教具来导入课文的一种导入法。这里的教具可以是教师事先准备好的,也可以是学生亲手制作的。运用这种导入法最大的特点是直观性强。使用时应注意教师提出的问题要紧扣教具,即要将教具与教学内容紧密联系起来。

【示例】 某科学教师在教学《益虫和害虫》时是这样导入的:

师:(手指挂图)同学们认不认识这两个小动物?

生:认识,他们都是昆虫,左边的图是蜜蜂,右边的图是苍蝇。

师:同学们,你们想过没有,在日常生活中蜜蜂和苍蝇谁好谁坏呢?

生:蜜蜂好,苍蝇坏。

师:谁能说说蜜蜂好在哪里?苍蝇坏在哪里?

生:……(畅所欲言)

师:同学们答得非常正确,像蜜蜂这类昆虫对人们有好处,我们就尊称它为"益虫"(板书)。像苍蝇这类昆虫对人们没有好处,我们就称它为"害虫"(板书)。这节课,我们就来学习关于益虫和害虫的知识,看看我们的周围还有哪些益虫需要我们去保护,还有哪些害虫等待我们去消灭。

【简析】 这个导入语从直观教学引入,用形象、逼真的教学挂图吸引学生,把学生从图中的所见诱发到日常生活中,凭学生的经验体会到蜜蜂对人们有好处,苍蝇对人们有坏处。通过学生的看、想、悟、说,教师做总结,顺理成章地导入新课。教具导入法广泛应用于数学教学中,比如在学习任何一种形状时,教师都可以用实物来导入,这种方法能促使学生尤其是小学生加深对日常生活事物的了解,激发他们的学习兴趣。

"教学有法,但无定法,贵在得法。"导入语的种类多种多样,不拘一格。但无论哪一种导入语,教师都要精心设计,必须做到针对教学实际,符合教学规律和原则,要因课而异,因人不同,生动有趣,自然合理,循序渐进,切不可生搬硬套。

二、讲授语

(一) 讲授语的内涵

讲授语,又称讲解语,是指教师系统、完整地向学生讲解教材、传授知识和技能、培养情感和价值观的一种教学口语。它是课堂教学中使用频率最高、运用最广泛、最基本的语言表达形式。讲授语重在点拨,启发思维,对教学氛围的创设起主导作用。在教学活动中,教师需要讲解的内容很多,但主要应讲清"是什么""为什么""怎样做"等问题。讲授语要求语言规范,表达准确;层次清晰,重点突出;深入浅出,简明易懂;饱含情感,形象生动,富有感染力,还要带有趣味性、启发性。此外,讲解常与示范结合起来运用。语言的示范要清楚、响亮,富有表现力;动作或用具的示范要面向全体学生，使学生都能看得到、听得清。

（二）讲授语的主要特点和要求

1. 语义畅达，严谨缜密

语义畅达，表现为话语组织的层次性和连贯性；严谨缜密，则表现为词语选择的规范性与准确性。清晰明确地表现讲授内容，不偏离话题，是讲授语的第一要求；而层次清楚的有序语言、衔接得当的缜密语句，才是清晰的、明确的。说话颠三倒四，语无伦次，逻辑混乱，必然影响教学效果。

2. 提纲挈领，详略得当

教师讲授时，应分清主次，能抓住重点、突破难点，这是讲授成功的关键。这就要求讲授语的设计应主次有别，详略分明。教师要善于寻找材料中的重要概念、关键词句，做到提纲挈领、画龙点睛，这样既有利于加深学生对教学内容的理解和记忆，又可以节省教学时间，取得事半功倍的效果。

3. 启发诱导，重在点拨

在以学生为主体、教师为主导的新的教学理念之下，传统意义上的教和学应该让位于师生互教互学、教学相长，彼此形成一个学习共同体。在这个共同体中，教师的角色应由过去传授知识为主的演员，演变成做学生学习的导演。所以教师的讲授语要求少而精，且重点在于启发和诱导。教师讲解的内容应该是学生学习的难点、知识传授的重点、技能训练的关键点。

4. 通俗形象，深入浅出

对于教材中难懂的词句，深奥的道理，陌生的概念、定理、规则等，学生初次接触时往往不容易把握。教师的讲授语就应当尽量口语化，讲授时要做到化难为易，化抽象为具体，化深奥为浅显，化枯燥为风趣，做到通俗明白、深入浅出。这样才有利于学生有效地接受新知识。

5. 循序渐进，因材施教

任何学科的知识和技能，都有自身存在的科学体系和内在规律。教师讲授、学生接收必须遵循认知规律，按规律办事。讲授语要根据学生实际，因材施教，拟订由浅入深、由近及远的讲授计划，循序渐进，不要幻想一蹴而就。同时要注意讲授时间的调控。有关心理研究证明：一个人连续注意的时间不长，成年人一般为1小时左右，中学生为40分钟左右，小学生则更短，5~7岁的儿童可持续注意15分钟左右，7~10岁的儿童为20分钟左右，10~13岁的儿童为25分钟左右。教师讲授的主要内容应安排在这一时段内。如果要讲的内容太多，则应按其内在联系分成若干部分逐步进行，中间注意加以调节。

（三）讲授语的基本类型及技巧

讲授语因语用目的的不同，一般可分为讲述语、讲解语、归纳语和点拨语四种基本类型，其要点及技巧如下：

1. **讲述语**

讲述语，是指教师运用生动形象的语言、系统叙述和描绘的形式向学生传授知识、指导练习的一种讲授语。它是课堂中使用频率最高、应用最广泛的一种讲授语。其最大的特点倾向于介绍、描述。基本要求是应遵循一定的顺序，符合事物内在的逻辑性，做到详略得当、通俗简练。

【示例】 某语文教师是这样讲述"目"字的：

师：（课件展示"眼睛"图）同学们，你们看，这是什么？

……

师：对，这是一只明亮的大眼睛。（一边指一边说）这是眼眶，这是眼珠。同学们，听美术老师说你们特别会画画，那么你们能把这只美丽的大眼睛画下来吗？

……

师：哇，大家画的眼睛真漂亮！这不仅是一只漂亮的眼睛，还是一个古老的文字呢！在四千多年前，我们的古人就是这样，根据物体的形状画图，这些图就成了最早的文字。由于这些文字与所代表的物体形状极为相似，我们就叫它们象形字。（在课件"眼睛"图右下角出现古象形字"目"。）

师：（课件演示"目"字的演变过程，并将古象形字"目"与"眼睛"图进行重叠）随着人类的进步，为了书写的方便，字形就逐步发生了变化。（出示"目"变化的系列字体）这就是现在的字。（在图片下出示带拼音的"目"字。）

（学生自由拼读，小组读，指名读，去掉拼音读。）

师：（小结）"目"就是这样慢慢演变而来的，大家看，"目"外面的部分就表示我们的眼眶，里面的两横就表示我们眼珠的轮廓，"目"就是眼睛。

【简析】 这段讲述语借助于课件，形象地介绍了"目"字是象形字及其书写的演变过程，语言简洁，字义解释清晰明确。

2. **讲解语**

讲解语，是指教师以阐释、说明、分析、论证、概括等方法向学生传授知识、指导练习的一种讲授语。其最大的特点倾向于解释、论证。基本要求是讲解语的设计应灵活多变，既要深入浅出、通俗易懂，又要严谨缜密、富有启发性。设计讲解语，可用诠释、比较、类比、下定义、举例子、引材料、用图表等方式。如体育教师对动作要领的说明、数学教师对公式公理的推导、科学老师对自然现象的阐述、语文教师说明或解释课文涉及的事件和现象等，都主要运用讲解语。

【示例】 一位语文老师在讲解《刻舟求剑》时运用了类比的方式：

师：小朋友，听老师讲个故事。一个孩子非常能干，经常帮家里煮饭，一家三口两碗米，不多不少正好够。一次家里来了客，可孩子还是只煮了两碗米，结果，饭不够吃了。大家说，这是怎么回事呢？

生：她量的米少了。

生：她不懂得随机应变。

生：她看不到情况的发展变化。多出一个人，米饭的量也应该增加。

师：烧饭的孩子和刻舟求剑的那个人，做事方法是不是有些相似呢？

【简析】　这段讲解语采用了谈话的方式，教师通过类比讲授，让学生对寓言所反映的做事古板、不知变通的人有了更形象、更丰富的认识，加深了对寓言本身的理解。

3. 归纳语

如果说课堂教学的讲析、讲解阶段，教师还只是把局部的、现象的、感性的材料给学生讲清楚，那么，接踵而来的就应该给学生从整体的、本质的、理性的高度进行归纳。精要简洁的归纳，能够在详尽讲析和讲解的基础上，使学生的思维发生质的飞跃，从整体上掌握事物的本质、知识的要领。归纳语就是教师表述这一过程的一种讲授语。其最大的特点倾向于高度概括。基本要求是要注意结论的普适性和概括的适时性。归纳语在语文教学中主要运用于概括段落和篇章大意；在理科教学中主要应用于公式定理的推导；在其他学科的教学中多运用于总结课堂教学内容。

【示例】　一位数学教师的一年级"统计"教学片段：

师：通过这节课的学习，你们一定有了许多收获，如学了新的知识、掌握了新的学习方法，咱们先说说收获了哪些知识？

生1：统计可以一眼就让我们看清楚谁多谁少。

生2：原来统计在生活中这么有用。

师：你们的收获还真不小！大家能不能介绍一下你是怎么学会这些知识的？

生1：统计时要先把东西分一分。

师：对，也就是了解信息！还有其他方法吗？

生2：还要排一排，排的时候可以从下到上排。

师：这是整理信息！

生3：还有数一数的方法。

生4：还有比一比。

师：对，这是分析信息。

师：了解信息、整理信息、分析信息是统计的一个过程，而分一分、排一排、数一数、比一比这些都是我们学习统计的好方法，它们能帮助我们学习更多的统计知识，以后我们还会用到。

【简析】　在以上教学中，教师用"咱们先说说收获了哪些知识？""能不能介绍一下你是怎么学会这些知识的？"简要地对本节课内容进行归纳总结，一方面引导学生回顾了所学知识，加深了对所学新知识的掌握；另一方面进一步强调了本节课教学的重点，比起"今天你学会了什么呢""今天你有什么收获呢"这种问题目标并不明确的总结方式，更有效地避免了学生回答时的散漫、游离、琐碎。这样收尾目标明确、重点突出。

4. 点拨语

点拨语，是指教师在讲授过程中，对重要概念、关键词语或文章的中心句，进行画龙点睛式的点评分析的一种讲授语。教师在讲授过程中，学生必然会出现一些不正确的思维、不正确的观点，或者会陷入迷茫状态，此时，教师就应该及时观察和了解学生的问题所在，适时灵活地设计点拨语，创设一种认知情景，引导学生自己去解决知识的难点，以达到使学生茅塞顿开的教学效果。其最大的特点倾向于不愤不启、不悱不发。基本要求是教师要善观察，点拨要适时；话语要能点明问题的实质，极富启发性。

【示例】 一位语文老师对《我的伯父鲁迅先生》中"呻吟"一词的点拨语：

师：什么叫呻吟？

生：就是声音很微弱地说话。

师：那你们小声说话叫呻吟吗？回答问题声音小叫呻吟吗？

生：在非常痛苦的情况下，小声地自己哼哼。

师：对，生病了，或哪儿痛了哼哼，叫呻吟。

【简析】 这位教师及时而灵活的点拨语，创造了一种不断认知真相的教学情境，在有针对性的点拨导引下，学生体会到自己去解决知识难点的快乐，享受到拨云见日、茅塞顿开的美好感觉，而这是刻板的填鸭式的教学所无法实现的教学效果。

当前，基础教育正在积极倡导教师主导、学生主体的教学改革理念。教育界正在深化教学改革，倡导精讲，但并不等于不要讲授；倡导学生自主学习，也不等于不要教师的讲授和引导。讲授语仍然是课堂教学中最主要的语言表达形式，是教学语言的主体。其传授知识与解疑释难、启发思维与培养能力、传道育人与培养习惯的功能仍将发挥重要作用。

三、提问语

（一）提问语的内涵

提问语，是指教师根据教学要求和学生的实际学情提示问题，以促进学生积极思考、加深对教学内容理解的一种教学口语。它是教学过程中不可或缺的手段，贯穿教学活动的始终。美国心理学家布鲁纳认为，教学过程是一种提出问题和解决问题的持续不断的活动。现代著名教育家陶行知则强调，发明千千万，起点是一问。可见，善教者必然善问。生动有趣的提问，可以激发学生的兴趣，使学生集中注意力，活跃课堂气氛；有目的、有重点的提问，能突破教学目标，复习巩固运用知识，检验教学效果，提高课堂效率；富有启发性的提问，可以诱导学生对所学知识的理解和掌握。

(二) 提问语的主要特点和要求

1. 选点准确，问题清晰

提问语的准确性包括两个方面：一是选"点"要准确无误。课堂提问不能随意发问，必须紧紧围绕教学目标，选好要"点"——教学重点和难点；二是提问的话语不能含糊不清，更不能似是而非，让学生无法回答。例如，一位老师在课上问："你们知道16世纪欧洲文艺复兴时期一些著名作家的情况吗？"一位学生马上举手回答："老师，我知道，他们都死了！"课堂一阵哄笑。显然，教师提问所希望得到的答案绝对不是这位学生的回答。或许这位学生有故意捣乱之嫌，但教师的提问也存在问题，即教师的提问不够准确。

2. 富于启发，重在益智

课堂提问最大的价值就在于它具有启发性。教师提问应把开启学生心智放在首位。陶行知先生说："智者问得巧，愚者问得笨。"这"巧"和"笨"的根本区别就在于是否能启发学生思维。好的问题能够激发学生探究的兴趣和学习的积极性，激活他们的思维，启发他们的智慧，培养他们的创新思维能力。而没有启发性的问题通常表现为简单化和机械化，学生无须过多的思考就可以说出答案。例如，有的教师常这样提问："这篇文章写于哪一年？""这篇文章的作者是谁？"还有的过度使用"是不是"或"对不对"的形式提问。

3. 适时适度，适量适策

提问语应该把握好"四适"：一是时间适宜，即"不愤不启，不悱不发"，应在学生有所思、有所疑、正要发问而又苦于不知怎样发问时提问。二是难度适宜，即问题的难度与深度要适度，不能让学生答不上来或答得太轻松；问题设计要有梯度，由易到难，由表及里。三是数量适宜，即问题的总量不宜过多，不要使学生产生厌问、拒问、厌答的消极心态。四是策略适宜，即提问时要讲究策略，要以激励为原则，要面向全体，要因人而异，要语气和蔼，不可逼问；提问后要给学生留有思考的时间。

(三) 提问语的基本类型及技巧

关于提问的方式，学术界众说纷纭，没有统一的认识。根据教学中教师提问语实际使用的情况，采用从提问的目的与回答的内容相结合的角度，程培元将提问语主要分为三大类：强调型提问语、矫正型提问语和发展型提问语。其主要特点与技巧如下：

1. 强调型提问语

强调型提问语，是指教师在教学过程中，为了强调某个重点或难点而设计的一种提问语。这种提问语最大的特点是富有启发性，学生可以根据自己的个性化理解来回答问题。这是使用最为频繁的提问语，有时针对中心而直接提问，有时围绕着一个中心而从多个角度提问，有时围绕着一个中心而设计多个小问题，其表现形式多种多样。

【示例】 某教师在教学《东郭先生和狼》时，为了帮助学生正确理解寓言的含义这个难点，采用了强调型提问语：

师：如果不是遇到老农，东郭先生的处境会怎样？

生：东郭先生将会被狼吃掉。

师：要是东郭先生再次遇到狼，他会怎么办？结果会怎样？

生：他将想办法对付狼。比如他可以用文中的办法先诱狼上钩，然后再同猎人一起收拾狼，狼就无计可施了。

师：救狼差点被狼吃，斗狼却无任何危险。这给我们什么启示？

生：这启示我们做好事要分清是非，对待坏蛋，只能想法子铲除掉，不能有丝毫同情心。否则，你同情它就会害了自己。

【简析】 为了达到让学生真正理解和掌握文章寓意的目的，教师先分别用两个假设句引导学生得出两个完全不同的结果，通过引导学生思考比较，然后再正面向学生提出一个结论性的问题，让学生明白这篇课文给同学们一个什么样的启示，从而达到由浅显到深奥的飞跃。

2. 矫正型提问语

矫正型提问语，是指教师在教学过程中，当发现学生回答问题偏离目标时，再次向学生发出的一种提问语。这种提问语最大的特点是具有质疑性，学生必须经过认真思考后才能做出正确的回答。人的认识水平具有隐含性特点，要保证教学中的每个问题都切入学生的最近发展区，这是较难做到的。因此，教师教学时如果发现学生的回答偏离了目标，就要有的放矢地进行矫正。只有让学生转换了思路，才可能使学生顺利地走到分析问题、解决问题的正轨上来。

【示例】 某教师在教学《草船借箭》时，为了解读课题，采用了矫正型提问语：

师：这箭根本不是借的，为何课文以"草船借箭"为题呢？

生：因为这箭是靠装着草的船运回来的。

师：那不是可以用"草船运箭"吗？（见生不语）你们平时借东西有什么特点呢？

生：自己要用而又没有，用完以后还要还，比自己操办要方便。

师：课文中的箭有这样的特点吗？

生：周瑜向诸葛亮要十万支箭，诸葛亮没有，但他却用三天时间从曹操那里"借"到了，在与曹操作战时箭又要回到曹操那里，这又类似于"还"，因此，这箭具有借的特点。

师：此时，大家该明白课文为何以"草船借箭"为题了吧？

生：以"草船借箭"为题，不仅符合课文内容，而且耐人寻味，进一步突出了诸葛亮过人的才能，增加了命题的艺术性。

【简析】 人的认知水平具有隐含性的特点，要保证教学中的每个问题都切入学生的最近发展区并不容易。因此，如果学生的回答偏离了目标，教师应有目的地进行矫正。学生转换了思路就能重新回到问题的正轨上来。这位教师能紧扣"借"字的特点来启发学生思考课题。

3. 发展型提问语

发展型提问语，是指教师在教学过程中，为了学生的思维发展而设计的一种提问语。这种提问语最大的特点是具有开放性，学生可以根据自己的经验和理解来做出不同的但又合情合理的回答。发展型提问语常常由多个问题组合而成，各问题之间呈现递进关系。

【示例】 某教师在教学《凡卡》时，为了发展学生的想象力，采用了发展型提问语：

师：凡卡的这个梦说明了什么？能实现吗？

生：凡卡在梦中见到爷爷在念他的信，说明他希望爷爷把他带回去。但这是不可能实现的，因为信封上的地址不详细，又没有贴邮票，爷爷不可能收到他的信。

师：如果爷爷能收到他的信，他的愿望能实现吗？为什么？

生：不能实现。因为爷爷本身是老爷家的守夜人，他是没能力带他回去的，不然他就不会让九岁的凡卡去当学徒了。

师：这说明了什么呢？

生：这一方面说明凡卡有向往自由、光明和幸福生活的强烈愿望，另一方面又说明在那样的社会里，像凡卡那样的穷孩子要过上幸福生活是不可能的。

【简析】 教师的提问既是为了让学生深入理解课文结尾所提到的梦的含义，也是为了训练学生的想象力。学生的初次回答不能说不正确，但浮于表面，问题本身还有更深层的意思需要发掘。所以，教师在学生基本正确的回答中又找出一个假设的问题，引导学生做更深层次的思考，从而达到教书育人的目的。

引导之法，贵在善问。善于提问是优秀教师的主要特质与共性。无论何种类型的提问语，在具体设计时，提问方式要灵活多变，一般情况下可以较多地运用比较法、选择法、假设法、追问法等技巧。有时围绕着一个中心，要设计多个问题，这些问题之间要讲究逻辑关系，要环环相扣。需要强调的是，要设计好科学的提问语，就必须了解提问对象的年龄特点、已有的知识与能力、情感兴趣等；同时还要认真钻研教材，分析教学内容跟教学对象之间的关系，弄清哪些地方是学生学习的重难点。唯有如此，才能设计出好的提问语，充分展示教师的教学艺术。

四、评价语

（一）评价语的内涵

评价语，是指教师对在教学活动中的各种表现进行评价的一种教学用语。它不同于一般的表扬或鼓励，而是具有较浓的评定、评议、评析、评点的色彩；其用语讲究确切、简练，有一定概括力；较多地运用判断句、评议句、陈述句等句式来表述。它常常伴随提问语进行。教学过程是师生间信息传递的交互过程。在教学过程中，教师对学生在教学活动中的学习表现或成果进行丰富生动、适时恰当、富有感染力的评价，会有效激发学习的积极性和主动性，提高教学的效率。因为每个学生都很看重教师的评价，而评价的本质功能在于促进学生的发展。

（二）评价语的主要特点和要求

1. 观点清晰，态度明朗

教师对学生的学习表现或成果的评价要有一个清晰而明朗的态度，不要让学生感到模棱两可。对的就要加以肯定，错的就要加以指正。教师对学生的回答或看法不置可否，就会造成学生认识上的模糊，甚至产生思想上的混乱。

2. 抓住关键，指导性强

教师对学生的学习评价要抓住关键，多用指导性的评价，要尽量避免结论性的评价。例如，简单地以"好""你真棒"或"不好""你做错了"来评价，学生不知道被肯定或否定的原因是什么，自然也不知道今后努力的方向。如果肯定学生的表现，要指出好在哪里；如果否定学生的表现，也要指明如何改正。

3. 评价得体，用语灵活

评价的目的重在鼓励学生自主有效地学习，因此，评价语要得体恰当。在课堂上对学生进行评价时，必须把握度和量。不论是赞美还是批评，都应让学生感到老师的真情实意。评价语应以鼓励、表扬等积极的评价为主，采取激励性的评价，尽量让学生获得自信，体验成功的快乐。即使是批评语，也要说得含蓄委婉。

（三）评价语的基本类型及技巧

根据教师对学生进行评价的方式不同，教学过程中常用的评价语可以分为直接评价语和间接评价语两种。

1. 直接评价语

直接评价语，是指教师对学生的学习成果或表现进行正面的直截了当的评点和估价的一种评价语。张祖利等人将其分为肯定式、否定式、肯定否定式和补充式等。

（1）肯定式直接评价语

肯定式直接评价语，是指对学生的学习成果或表现予以直接肯定的一种评价语。肯定评价的使用率很高，它能有效地调动学生的学习积极性，创造良好的课堂气氛。

【示例】　某教师在讲解《死海不死》时的片段：

师："死海不死"这个题目有什么特点？

生：简洁！

师：对！简洁。因为题目只有四个字。回答也很简洁，只用了两个字。还有吗？

生：我觉得这个题目看起来很新颖。表面看上去是矛盾的，读起来又并不矛盾，跟一般的题目不一样,有奇特之处。

师:讲得好!

【简析】 针对教师的提问,学生的回答是"简洁"。对此,教师的评价语也顺势借用学生的"简洁"来予以评价,风趣顿生。对学生第二次的发言,教师也及时给予了肯定。

(2) 否定式直接评价语

否定式直接评价语,是指教师对学生的学习成果或表现予以直接否定的评价方式。它是用来帮助学生纠正错误的一种评价语。

【示例】 一位教师在教《记金华的双龙洞》一课时,在引导学生认识作者对沿途景物的描写主要用了对比的方法之后:

师:作者为什么要用这样的方法来写呢?

生:叫人家去玩。

生:做广告。

师:这样说不恰当……作者之所以这样写,是因为很具体。这一比、二比、三比、四比,比出了沿途景物细微的区别,比出了沿途景物的特点,反而表露出作者的感情。

【简析】 学生回答"叫人家去玩""做广告"是基于电视广告的影响,而非基于文学阅读的理解。面对这种错误的认识,教师给予了否定——这样说不恰当。随后,从文学鉴赏的角度阐述了为什么不恰当。

(3) 肯定否定式直接评价语

肯定否定式直接评价语,是指教师对学生的学习成果或表现同时进行肯定和否定,即对正确的、合理的部分进行肯定,对错误的、不合理的部分予以否定的一种评价语。

【示例】 一名学生朗读课文,他读得非常认真,声音浑厚、洪亮,只是停顿不恰当。读完后,教师评价说:"这位同学的朗读声音洪亮、音色优美,可惜节奏没有把握好,以后要多加注意。"

【简析】 态度认真、声音浑厚与洪亮不代表朗读质量高,良好的朗读需要做到抑扬顿挫,而这取决于朗读者停顿是否恰当。这位教师对学生的朗读评价准确,既肯定了优点,也指出了问题。

(4) 补充式直接评价语

补充式直接评价语,是指教师在对学生回答正确的部分进行肯定的基础上,再加以补充,使答案完整严密的一种评价语。

【示例】 一位教师教鲁迅的《药》时问:"'好像阔人家祝寿时候的馒头'这句话有什么含义?"学生结结巴巴地说:"比作阔人家祝寿时候的馒头,说明……说明坟多,再一个是说明阔人家残酷。阔人家的生活是建立在……建立在这个……这个非常残酷的……残酷的……方面的。"教师笑着说:"是建立在劳动人民死亡的基础上的,对吧？讲得非常好嘛。"

【简析】 只可意会不可言传，知其然而不知其所以然。在面对学生出现类似情况时，教师就应该及时补充，以利于学生理解、把握所学知识。

2. 间接评价语

间接评价语，是指教师对学生的学习成果或表现不作直接评点，而在其言语中隐含评价意思的一种评价语。这种评价语具有委婉的特点，多适用于否定的态度。间接评价的方式多种多样，教师可在提问中蕴含评价的态度。比如，"这样说对吗？""这样回答合理吗？""你能不能说得再确切些？"这些话里其实隐含着这样一个评价：这样说不正确。又如，"你能说得更全面些吗？""是否只有这些？""作者仅仅是喜欢浪涛，喜欢海水吗？"这些话其实隐含着这样一个评价：这样说不全面。张祖利等人认为，间接评价常常和直接评价结合使用。

【示例】 一位教师讲解《把牢底坐穿》中的诗句：

为了免除下一代的苦难，

我们愿——

愿把牢底坐穿！

其中，"牢底"一词，学生解释说："坐穿，就是把牢底坐透。""坐穿，是指革命烈士毫不动摇的革命意志——宁坐一辈子的牢，也不向敌人投降。"对于这个回答，教师以问代评："这样的解释是否就完美无缺了呢？还有没有新的解释和理解呢？"

【简析】 这句话隐含的评价是：说得有道理，但不够全面，不够深刻，不够新颖。学生在教师的指导下，终于找到了满意的答案："坐穿，表明了革命者的必胜信念——革命到底，斗争到底，敌人必定会灭亡的。把牢底坐穿之日，也就是敌人的监狱彻底毁灭之时。"

特别需要强调的是，教师在评价学生之后，有的学生可能会发表与教师不同的意见。遇到这种情况，教师要提醒自己：切忌急躁、发怒，而应冷静、沉着，要虚怀若谷，不但要对异议持欢迎的态度，还应豁达大度地对学生可以肯定之处给予及时、恰当的肯定。

五、应变语

（一）应变语的内涵

应变语，是指教师在课堂教学过程中，针对突发情况而及时调整师生关系、处理课堂教学秩序、使课堂教学朝着良好方向发展的一种教学口语。其功能主要体现在调节课堂气氛、调整学生注意力、调控教学过程等方面。教学意外情况一般来自三个方面：一是来自教师自己出现了教学事故；二是来自学生，如学生突然提出一些偏离教学中心的问题；三是来自外界的意外干扰。在这些情况下，教师就要镇定自信、头脑冷静、语态平和、机智灵活，随时做出适应性的口语变化和调整。处理好了，教师能够另辟蹊径，别有一番洞天；处理不当，教师就会陷入被动，课堂就容易混乱。高质量的应变语融教师的品德修养、创造性思维品质、言语表达功底、课堂民主作风等诸多因素于一体，它对提高课堂教学的质量具有不可忽视的作用。

（二）应变语的主要特点和要求

1. 因势利导，不忘中心

教学应变语的应用应该有明确的针对性，即在任何情况下，都要紧紧围绕完成课堂教学任务这个中心来进行机智的应变。面对课堂上发生的一切偶然事件，教师都要针对教学活动中学生思维活动的特点和走向，以进一步激活学生思维、最有效地调动学生学习的积极性为目的；要化教学不利因素为有利因素，化学生学习的消极情绪为积极情绪，化不良情感为良性情感；通过得体的应变语运用，促使课堂教学正常进行。

【示例】 在三年级学生的英语学习活动中，教师正在教"cock（公鸡）"这个单词。突然，一个学生怪腔怪调地问："英语里有没有母鸡？"顿时孩子们哄堂大笑，正常的教学秩序被打乱了。面对这种情况，教师不动声色，仍然用平和的声调说："有，而且还有小鸡这个单词。"接着，教师把这两个单词写在黑板上，带领学生齐读。很快把大家的注意力引导到教学内容上来。调皮的学生感到自己的行动并未引起大家的注意，便感到很不好意思。然后，教师把话锋一转："××不错，不但学会'公鸡'怎么读，还想知道'母鸡'这个词，现在全班同学都多学了两个单词，多好呀！不过，以后提问题应该注意你的语调。"

【简析】 天性调皮的孩子总会在教学活动中搞一些恶作剧，而这位教师的处理就非常恰当，并没有呵斥学生，而是处变不惊，不动声色，用平和的语调顺水推舟地使这个"意外"变成了多学习两个单词的契机，并使搞恶作剧的孩子感到了难为情，既保护了孩子的自尊，又暗示了他的错误，取得了很好的效果。作为教师，应该知道在教学活动中，有些所谓的意外情况恰好是学生探究真理、发展创造性思维的闪光点。

2. 把握分寸，维护自尊

教师使用教学应变语一定要有分寸，是指转变课堂偶发事件，使之回到正常教学目标。教师在运用应变语时，既不能夸张、做作，让学生感到别扭；也不能过于平淡，失去引发学生学习兴趣、调动学生注意力的作用；更不能使用讽刺、挖苦、嘲笑、刻薄的言辞，虽然这类言辞也都具有应变的功能，但不利于学生的身心健康，会使学生形成自卑、胆怯、逆反等不良心理和个性。此外，在内容和时间的处理上，也应该相机而定，既不能喧宾夺主地大段插说，也不能不顾学生的情绪而操之过急。

【示例】 李老师正在教儿歌，一只大蜻蜓飞进了教室，学生兴奋地拍手喊起来："大头青！大头青！抓住它！抓住它！"此时，李老师悄悄地走到蜻蜓落脚的地方，一把抓住了大蜻蜓，边走边说："大蜻蜓，绿眼睛，飞来飞去捉蚊蝇……"学生坐到自己的座位上，安静了下来。李老师问："同学们，大蜻蜓是害虫还是益虫呢？""是益虫。""为什么呢？""因为它能捉苍蝇、蚊子。""咱们是把大蜻蜓用线拴上，在教室里玩，还是把它放掉呢？"学生异口同声地回答："放掉它！""好吧，老师请一位同学来放蜻蜓。"孩子们争着举起小手。李老师叫第一个发现蜻蜓又大声呼喊的同学站了出来。这个"蜻蜓迷"很正经地走到老师面前，用小手轻轻地捏住蜻蜓的翅膀，站在窗口说："大蜻蜓，你飞吧！飞吧！飞吧！"其他同学一起喊起来。蜻蜓飞走了，教室安静了……老师继续教儿歌。

【简析】 面对突发事件——大蜻蜓飞进教室，正在教儿歌的老师对于学生的好奇心没有斥责，没有命令学生回到儿歌上来，而是从容应对，抓住机会对学生进行了保护益虫的教育。在有效处理这一事件后，教师立刻回到了正常的教学目标上来。分寸感把握得很到位。

3. 新颖别致，顺理成章

面对课堂偶发事件，为了保证学生学习情绪的相对稳定和教学过程的相对顺畅，教师必须应用教学应变语，使之自然融入教学过程中，并使教学内容过渡自然、衔接紧凑、不露痕迹、顺理成章。新颖别致、出其不意的应变语，更能吸引学生，也会使学生更佩服教师的才智。

【示例】 某教师在上课时出现失误时的应变：

师：世界上鞋的种类有成千上万，同学们都认识什么鞋？

生：凉鞋，旅游鞋。

（教师板书）

生：皮鞋，布鞋。

（教师继续板书）

生：拖鞋，雪地鞋。

（教师板书时，误把"拖"写成了"拉"）

生：错了！

师：什么地方错了？

生：你把"拖鞋"写成了"拉鞋"。

师："拖"和"拉"一样不一样？

生：不一样。

师："拖"是什么意思？

生："拖"是让鞋子挨着地面往前走，方便又舒服。

生："拉"是拉车，得有轮子。

师：啊，老师给拖鞋安了轮子。（小朋友笑，老师笑）这怎么行，小朋友们都不让了，那样穿着，室内走既不舒服也不方便。请同学们告诉我有没有安轮子的鞋？

生：旱冰鞋。

师：很好。老师错在这儿，把旱冰鞋的轮子安到了拖鞋上了！（大家笑）

（教师将"拉"字改成"拖"字。）

【简析】 该教师失误时并没有匆忙地改正自己的错字，而是独辟蹊径，幽默风趣地说自己错把旱冰鞋的轮子安到了拖鞋上，不仅让学生在一种其乐融融的气氛中明白了"拖"和"拉"的区别，而且又非常自然地回到了"鞋"的主题上。

（三）应变语的基本类型及技巧

按照应变语的表现方式，应变语可分为以下五种类型：

1. **幽默风趣式应变语**

幽默风趣式应变语，是指教师在教学过程中面对课堂意外情况的发生，采用幽默风趣的语言来分散学生的注意力、调节课堂气氛、使课堂转危为安的一种应变语。

【示例】 一位教师在讲《口技》时，因为受到课文情节的描绘的吸引，班里一位男同学忘乎所以地学狗叫，顿时全班哗然，那男生吓得屏息等待老师的惩罚。可这位教师灿然一笑，说："刚才，有位同学情不自禁地模仿了狗的叫声，学得惟妙惟肖，可以与狗'对话'了。这是为文中口技高超的技术所感染啊！下面我们还是继续欣赏课文中高超的口技表演吧……"

【简析】 调皮学生爱模仿、爱出风头，当课堂教学突然被这位学生模仿的狗叫声打断时，这位教师没有责骂和呵斥，而是先肯定学生的模仿水平，用一句"与狗'对话'"的语言幽默一下，即可提醒学生继续学习课文。

2. **自嘲解围式应变语**

自嘲解围式应变语，是指教师在教学过程中面对自己偶尔的失言失态，为不影响课堂气氛而采用自嘲性的语言进行解围的一种应变语。课堂教学是一种极其复杂的创造性劳动，尽管课前教师会做充分的准备，但在课堂上，难免会有偶尔的失言失态。如果教师死要面子不认错，可能会与学生产生对立情绪；如果教师要掩饰，以错为对，可能破坏教师良好的形象；如果教师老老实实承认并勇敢改正错误，使用自我解嘲的方法，为自己解围，则会拉近师生的距离。

【示例】 一位语文教师普通话很不标准，在一个新班级上第一节语文课时，他说了句："我打个比方……"全班同学立刻哄堂大笑，原来他把"我打个比方"说成了"我打个屁放"。这位教师面对大家的哄笑显得十分尴尬，如何处理呢？好在他十分机灵，立刻调侃道："打个屁放，打出洋相；各位同学，莫学我样。说好普通话，朋友满天下。"

【简析】 这位教师在对待自己普通的话失误时，没有逃避，也没有掩饰，而是大胆地应用自嘲式的调侃巧妙地引申发挥，这样做既挽回了自己的面子，又教育了学生莫学自己，要努力学好普通话。

3. 因势利导式应变语

因势利导式应变语，是指教师在教学过程中面对来自外界环境的干扰，随机应变，巧妙地利用环境来实现教学目的的一种应变语。课堂教学有时会受到来自环境的干扰，如噪声等。这时，学生往往不能自制，会转移注意力，正常的教学秩序会受到冲击。遇到这种情况，教师就要保持清醒的头脑，随机应变。

【示例】 一位小学教师在上《小蝌蚪找妈妈》一课时，天上突然飞过一架飞机，孩子们的目光便同时转向窗外，看得手舞足蹈，嘴里还发出"轰轰"的叫声。这位教师非常冷静，她也和大家一起看飞机，等飞机过后，孩子们都把目光转向她时，她才说："这飞机真棒！你们知不知道新中国成立前我国连汽车都造不出来，更不要说飞机了。明天，我就给你们讲造飞机的故事。现在，我们继续帮助小蝌蚪找妈妈……"

【简析】 这位教师在课堂教学受到环境干扰时，临乱不慌，始终跟孩子们保持着亲切感。如果她不是因势利导，而是强行制止，不仅整个教室会乱成一团，孩子们的好奇心也会受到挫伤，即使他们勉强坐下来听讲，也会心不在焉。

4. 以退为进式应变语

以退为进式应变语，是指教师在教学过程中面对学生的诘问感到措手不及或发现自己教学失误时，巧妙地将问题先抛给学生回答，最后再进行直接或间接的解答的一种应变语。在课堂上，有时难免有调皮的学生可能会提出一些稀奇古怪甚至故意刁难的问题；教师有时候也可能会出现一些教学失误。遇到这类情况，教师可以不必急于回答，应变被动为主动，反过来把这类问题先交给学生去思考，把直接解答的机会变成启发学生思考问题的最佳契机，最后再综合学生的解答及教师自己的理解而得出结论。

【示例】 一位年轻的女教师在讲《从百草园到三味书屋》时，正分析到"美女蛇"时，一个男同学举手问道："老师，有没有美男蛇？"此时，班上的同学哄堂大笑。这位教师没有直接回答这个问题，而是机智地说："这个问题问得有趣，谁来回答呢？"然后组织学生讨论。当学生讨论完毕时，这位教师说道："好，大家接着学习，看看作者的思路是什么，就能回答这个问题了。作者的思路不像××同学那样对美女美男感兴趣，而是在美女和蛇的对比上。美女是迷人的外表，'蛇'是害人的本质。'美女蛇'比喻披着画皮的坏人，在当时暗指自称'正人君子'的现代评论派，他们可算是正儿八经的'美男蛇'。所以，'美女蛇'和'美男蛇'都一样，都是害人的蛇，都是容易骗人的害人虫。这样从现象到本质去思考，才能理解'美女蛇'的寓意。"

【简析】 这位年轻教师面对出其不意的问题时，并没有措手不及，她用以退为进的方式把学生的刁难问题抛给学生自己，化解了自己的尴尬，顺利地进入了讲授内容。

5. **旁敲侧击式应变语**

旁敲侧击式应变语，是指教师在教学过程中面对学生做出影响课堂学习的出格行为时，不正面批评学生，而是抓住合适的讲授机会，利用含蓄的语言进行提醒的一种应变语。课堂上，有时候学生难免会做出一些影响课堂学习的行为，比如睡觉、说话、玩玩具等，这时候，教师应充分利用与教学内容有关的讲授机会，点到学生会意即止，使其警醒，促使其认识并改正错误。

【示例】　语文课上，某教师正讲得津津有味，教室里响起来打呼噜的声音，同学们都笑起来，教师不得不停下来解决打呼噜的问题。他看了看打呼噜的同学，决定还是继续讲下去："描写生动，要使用象声词，绘声绘色地描写事物的声音形状。绘声，就是用象声词模仿声音。比如，睡觉的酣态，就可以用现在的声音来描摹。请你们注意倾听。"教师做出倾听状，同学们都笑了起来。那睡觉的同学也被吵醒了。教师又说下去："那么，你们的笑声又该怎么临摹呢？对，那酣睡声是刚才××同学发出的响亮的'呼噜'声，笑声就是大家发出的'哈哈'声了。"

【简析】　这位教师始终没有正面批评那位上课睡觉的同学，但是已经在讲课中旁敲侧击地批评了他的错误。这样做，既没有中断教学，又不太刺激学生，不失为一种教学机智。

总之，应变语是教师应急的必备口语。善于运用应变语，恰到好处地处理各种各样的教学变故，是教师语言艺术和教学艺术达到高层次的标志。每一位教师都应当在教学实践中不断磨炼应变语，努力掌握这种难度较大却又十分重要的教师口语技巧。

六、过渡语

（一）过渡语的内涵

过渡语，又称衔接语、转换语，是指教师在课堂教学过程中将不同的知识点、不同的教学环节、不同的教学问题之间进行连接转换时所说的一种教学口语。它的主要功能是把课堂中的各环节串联起来。巧妙的过渡语可使课堂内容自然粘连、上下贯通、逻辑严密、浑然一体。教学过程中需要使用过渡语的情况主要有四种：一是课堂讲授内容由一层转入另一层，由一部分转入另一部分时需要过渡；二是课堂教学由总述到分述，或由分述到总述时需要过渡；三是课堂教学由复习到讲授新知识，或由讲授新知识到复习时需要过渡；四是课堂教学由讲授到练习、示范、表演、讨论等环节需要过渡。

（二）过渡语的主要特点和要求

1. 承上启下，递进有序

过渡语常常和评价语一起使用，在教学过程中起着承上启下的作用，即过渡是从一个环节引向另一个环节，所以要体现递进性。因此，教师在使用过渡语时，一定要考虑上、下教学环节的自然衔接。

【示例】　杨老师在教学《观潮》时，在引导学生找出文章中心词"天下奇观"之后，紧接着提出问题："'天下奇观'四个字说明了什么？课文是从哪些方面来描述的？"由此带领学生进入下一阶段的文本分析。

【简析】 "天下奇观"是作者对八月十五钱塘江大潮的总述,在学生初读课文并完成这一任务之后,杨老师用提问的方式进行了教学过渡,其目的是要解决本课的教学重点——从大潮的声音、形态两方面来描述。借此教给学生在具体的语言环境中理解重点词语的方法。

2. **简洁有力,衔接自然**

过渡语,可用句子,也可用段落,无须滔滔不绝,只要点到为止,讲多了,学生记不住内容,也不好理解意思,既浪费了时间,也达不到预定的效果;过渡语要注意前后内容的衔接,不要跑题,要让学生明确下一步学习的目标,如果过渡语太随意,课堂会显得凌乱,缺乏整体感,影响课堂效率。

【示例】 张老师教学《角的初步认识》的片段:

(出示一组图形)

师:请同学们判断一下这些图形,哪些是角,哪些不是角,为什么?(学生活动,略停顿三秒钟,可下讲台)你来说说看。

生:第一个不是角,因为顶点那里是弧形;第二个也不是,因为有一条边不是直直的;第三个是角,因为顶点是尖尖的、两条边是直直的。

师:完全正确,请坐!(再出示一组图形)请同学们仔细看看这三幅图形,数一数这些图形有几个角?(学生活动,略停顿三秒钟)你来说说。

生:第一个图形有四个角,第二个图形有三个角,第三个图形有五个角。

师:你们可真是火眼金睛!同学们,其实,不光在这些图片中有角,我们的身边,我们的教室里,也都有好多角陪伴着我们。下面,就请大家在教室里找一找,看看哪些物体的表面上有角。同时,两个同学为一组,共同找出角的顶点和两边条。

(小组活动,并开展交流,略停顿三秒钟)

师:同学们观察得非常认真,小小的教室里就有这么多的角,那我们生活中的角就更多了,可以说不计其数。既然我们在生活中离不开角,那么,同学们是否愿意学习画一画角呢?下面,请同学们动手画一个角吧!……

【简析】 张老师根据教学需要,由认识角过渡到寻找角,再到画角,过渡语简洁明确,整个教学过程一气呵成,衔接自然。

3. **富有启发,情感适度**

过渡语犹如一根线将每个教学环节自然而然地串联起来,其设计目的是提醒学生注意,激发学生思考,所以过渡语要有启发性。此外,过渡语要有适度的激情。如果过渡语缺乏情感,吸引不了学生,激发不了学生的学习欲望,课堂如平静的湖面,没有涟漪;如果教师过于激情澎湃,则有表演之嫌,会冲淡课堂主要内容的讲授效果,起到喧宾夺主的负面效应。

【示例】 一位教师在讲《游子吟》时这样设计过渡语:

我想，正是母亲那密密的针线、阵阵的担忧，感动了你，也感动了我，这件衣服中融入了母亲多少无言而深沉的爱！那么，生活中我们的母亲又是怎样关心我们的呢？有没有一件令你感触很深的事情？

【简析】 语文教学中，情感态度与价值观都是不可或缺的教学内容。这位教师在解读完诗歌内容后，用富有情感的过渡语引导学生回忆生活中的母爱，既巩固了诗词所学，也在潜移默化中进行了品德教育，可谓一箭双雕。

(三) 过渡语的基本类型及技巧

根据过渡语的逻辑特点，过渡语分为以下三种：

1. 直入式过渡语

直入式过渡语，是指教师在完成一个教学内容时，直接说明导入下面所要讲授的内容的一种过渡语。这是最简单而普通的方式，用语简短，干净利落，内容鲜明，入题迅速，给人以清醒的提示。

【示例】 语文教师："刚才我们分析了作品的第一部分，现在我们接着分析作品的第二部分的内容。"

数学教师："上节课我们学习了正数的表示方法，同学们都学得比较牢固。今天，我们开始学习负数的表示方法。"

【简析】 这类过渡语虽然目标明了，也为课堂教学节省了宝贵的时间，但如果经常运用这种方式，变成习惯性套话，则容易使学生生厌。

2. 顺承式过渡语

顺承式过渡语，是指教师在对前一个问题作了必要的总结和梳理之后，自然引起下一个问题所采用的一种过渡语。这种过渡语的最大特点是顺水推舟、自然流畅。

【示例】 某语文教师在讲授伊索寓言《蚊子和狮子》时，让同学快速阅读课文，要求说说这个寓言故事写了几件事。师生是这样对话的：

生：这个寓言故事写了两件事。第一件事说的是蚊子打败了狮子的经过；第二件事说的是蚊子落入蛛网被蜘蛛吃掉的过程。

师：说得很好。下面你们能分别用四个字概括这两件事的内容吗？

生：蚊胜狮败。

生：狮败于蚊。

生：蚊胜雄狮。

师：说得都不错。我们就取"蚊胜雄狮"吧。（板书）谁再概括第二件事的内容？不过，下面的四个字要和上面的四个字对称。

生：蚊败蛛胜。

生：蚊落蛛网。

生：蚊入蛛网。

师：从对称的角度看，当然是后两条更好些。后两条相比只有一字之差，都是第二字，一条用"落"，一条用"入"，到底哪个字更好呢？

生："落"表示被动，不情愿，而"入"字有主动的意味，还是用"落"准确。

师：说得有道理，那就取"蚊落蛛网"吧。（板书）

【简析】 这位教师用了三处过渡语：先让同学总结大意，概括第一件事，此为第一个承接；在概括第一件事的基础上概括第二件事，并要求对称，此为第二个承接；选择用字，此为第三个承接。三个过渡自然流畅，水到渠成，浑然一体，既使内容衔接紧密，又启发学生深入思考。

3. 提示式过渡语

提示式过渡语，是指教师针对上下内容和问题之间的关系，以提示的语言加以过渡的一种过渡语。这种过渡语主要用于逻辑上具有逐层深化关系的前后教学内容的衔接，教师往往利用前一个问题推导出后一个问题，制造一种悬念效应。

【示例】 丁老师上《生活中的负数》一课时的片段：

这个学期，我们浮桥小学四年级转进学生8人，五年级转出学生5人；文具商店买进了2箱铅笔，卖出了2箱铅笔；公交车在烟水亭站上了7人，下了4人。请你用自己喜欢的方法，帮助老师将转进和转出、买进和卖出信息及上车人数和下车人数记录在学习记录表中，要让别人一眼就能看明白。有的学生用符号 V、x 来表示正、负数，有的学生用左箭头和右箭头表示，还有的学生可能用笑脸和哭脸或正号和负号等方式来表示。虽然，他们的答案形式各样，但都有着本质上的联系。紧接着，丁老师又追问，刚才大家表达的意思，只有自己明白，能不能找到一种统一的表达形式，让全世界的人一眼就能看明白呢？一石激起千层浪。认识负数，也就是用负数来表示意义相反的量，便进入了学生的视野。

【简析】 丁老师为什么这样设计呢？因为"学起于思，思源于疑"。这种提示式的过渡语设置的问题情境，为学生的探索活动明确了方向，提供了动力，帮助学生体会到学习负数的必要性和重要性。

一堂课虽然是一个有机整体，但是可以进行分割切换。而可分割切换的几个部分之所以能组合成一个完整的整体，是因为它们常常借助了过渡语进行衔接。因此，高超的过渡语能将课堂打造成天衣无缝、自然得体的整体，对提高课堂教学质量、增强课堂教学效果将起到有益的作用。

七、结束语

（一）结束语的内涵

结束语，又称小结语、断课语、结尾语。它是指课堂教学将要结束时，教师在引导学生对所学知识与技能训练进行及时的总结、巩固、拓展、延伸与迁移的教学活动时所用的一种教学口语。它是课堂教学环节中不可或缺的最后一道程序。好的结束语可以是课堂的总结，对课堂内容要点的概括，也可以是兴趣、知识的拓展；可以是在学习基础上的创新和探索，也可以是感情上的升华、情绪上的鼓舞。令人难忘的结束语有助于学生进一步整理概括知识或技能信息，加深印象，启发思维，开拓视野。

（二）结束语的主要特点和要求

1. 简洁明了，突出重点

教师的结束语是整堂课的点睛之笔，这就要求教师在一堂课结束之时及时地对所学知识或所训练的能力进行总结深化，使学生感到"言已尽而意无穷"。此外，结束语要用提纲挈领的总结提示性的话，将分散的知识点串联起来，概括相关的知识，形成知识网络，使学生更加清楚、明白、系统地掌握所学的知识。要做到内容简要、精练、准确，要点分明，表达醒目；不要狗尾续貂，也不要画蛇添足。用语必须准确、干净、简练，不能故弄玄虚，也不可大题小做，或小题大做、拖泥带水。

【示例】 一位老师在讲授《威尼斯》时，使用了这样的结束语：

师：学完了这一课，印象最深的是什么？

生：这篇课文给我印象最深的是小艇在威尼斯的作用竟这么大。

生：给我印象最深的是本文的描写既有作者直接看到的，又有作者联想的，使文章内容更丰富、生动。

生：学习这一课，使我懂得了联想要合理，不能乱想。过去我在作文时就有乱想、想入非非的现象。

师：大家谈得都很好。既写实在的事物，又进行联想的写法是本文的学习重点。下课后大家认真完成这方面的相关课后作业，把全文中写实的部分和作者联想的部分分别摘录下来，并想想这样做有什么好处。

【简析】 这位教师在结束语中没有忙于直接下结论，而是先提问题，在听取了学生多方意见后，把学生的思路引导到课文的重点上来，顺势布置家庭作业。这样的总结，一气呵成，既简洁明了，又突出重点，做到了学以致用。

2. 首尾呼应，和谐一致

结束语要紧扣教学内容，讲究首尾呼应，以使教学内容相互连贯。结束语实际上是对整堂课开讲设疑的巧妙回答，只有前后呼应，和谐一致，才能使课堂教学完美而深刻。小结要完整而深刻，忌讳临下课时慌慌张张地讲几句，草率收场，使学生感觉到教师有敷衍塞责之嫌，这样就不能起到小结和巩固强化的作用。

【示例】 某教师教学《分数的基本性质》的总结语：

上课开始时，我就提出了问题——分数的基本性质是什么。经过学习，我们明白了分数的基本性质，即分数的分子和分母都乘以或除以相同的数，0除外，分数的大小不变。这是学习分数及其有关知识的重要基础。我们在学习数学知识的同时，还学会了一种观察事物、分析问题的方法，这就使我们在变化的数学现象中看到了不变的实质。

【简析】 这位教师先提示上课伊始提出的问题，再简述本节课所讲所学，做到了首尾呼应。同时，也将所学知识进行了提升：学会了观察事物、分析问题的方法；从变化中看不变。

3. 生动灵活，变化多样

结束语同样忌讳模式化、公式化。小结语若平平淡淡，缺乏生气，难以留给学生深刻印象；但若常用一个模式，久而久之，学生生厌，也影响课堂效果。因此，小结语要根据教学内容精心设计，方式灵活，或点睛，或延伸，或启人，或动人，力求巧妙有趣、余味无穷，让学生在课终之后还有回味之感。

【示例】 著名特级教师顾桂荣在教《月光启蒙》时，这样设计结束语：

有一个人，她永远占据在你心中最柔软的地方，你愿用自己的一生去爱她；有一种爱，它让你肆意地索取、享用，却不要你任何的回报……这一个人，叫"母亲"，这一种爱，叫"母爱"。让我们感谢我们的母亲，感谢她给予我们生命，感谢她给予我们深深的母爱，感谢她给予我们的启蒙教育。

【简析】 这段结束语，一改平日陈述性用语，而使用了抒情性语言。教师投入真情，学生听得动情，在对人类伟大母爱共同的感知与感动中结束，留下了无穷的回味余地。不仅传授了知识，而且培养了学生感恩、懂爱的意识，使他们的心灵得到一次净化。

(三) 结束语的基本类型及技巧

根据教学内容和启发学生思维的要求不同，在教学过程中常用的结束语分为以下三种：

1. 总结式结束语

总结式结束语，是指教师在讲完一堂课后，针对前面所讲的内容，作总的梳理和概括，简明扼要地归纳出提纲或要点的一种结束语。总结式结束语是课堂教学结束语的一种最常见的方式。一般来说，每堂课都有学习的重点和难点，它们也是授课的中心环节，所以教师的结束语应根据这一目的和要求，抓住中心环节，画龙点睛，切中要害。在表述这种结束语时，要讲究逻辑性，持论要有依据，使用概念要准确，语句组织要有条理性。

【示例】 某教师在教《珊瑚》时设计的结束语：

师：现在请同学们回忆一下，学习了《珊瑚》一文，你明确了有关珊瑚的哪些知识？

生：我们知道了色彩美丽的珊瑚不像我们过去所想的那样是植物的小树杈，现在我们清楚了摆在商店里的美丽的珊瑚原来是海底珊瑚虫分泌出来的石灰质。

师：这是我们学习本课掌握的第一点。可是还有更重要的一点，就是这种石灰质经过几万年的变化成为什么呢？

生：珊瑚礁。

师：又经过几万年，珊瑚礁露出了海面，这就是珊瑚岛。通过这篇课文的学习，我们明确了：珊瑚是由生活在海里的很小很小的珊瑚虫分泌的石灰质逐渐堆积而成的。珊瑚既不是植物也不是动物（珊瑚虫）。我们还明确了：珊瑚虫分泌的石灰质，经过几万年堆积形成了珊瑚礁；珊瑚礁又经过几万年露出水面才成了珊瑚岛。

【简析】 这样的结束语，把全课的内容作了提炼，有利于学生深化对所学知识的认知。

2. 拓展式结束语

拓展式结束语，是指教师除了作常规的内容总结之外，还在此基础上加以拓展、延伸，或强化某方面的内容的一种结束语。一堂课是无法将所有的内容都涵盖的，为了拓展学生的思维，开阔学生的视野，教师可以根据教材的内容特点和学生的认知基础，充分利用结束语，引领学生深入思考。即教师在教学任务基本完成之后，引导学生将具有某种内在联系的知识进行比较，在新旧知识之间架起联系的桥梁，引导学生向课外拓展；或者结合学生的有关内容对学生进行思想品德教育，以达到以知促情、知情结合的目的。

【示例】 某教师在教学《泊船瓜洲》诗歌艺术特色后，设计了这样一段结束语：

可见，古代没有一个有成就的作家不在词语的锤炼上下功夫。杜甫说："为人性僻耽佳句，语不惊人死不休。"卢延让说："吟安一个字，捻断数茎须。"贾岛说："两句三年得，一吟双泪流。"曹雪芹写《红楼梦》可谓"字字得来皆是血，十年辛苦不寻常。"古人勤奋、严谨的治学精神，确实值得我们好好学习。

【简析】 这段总结语词句不多，但内容丰富。开头一句话概括了原诗用词的技巧和锤炼功夫，并且自然引起下文，然后依次列举四位古代著名文学家在词语锤炼上的看法和体会，并由此引发拓展到治学精神上。这样不仅强化了课堂教学内容，同时拓展了学生的思路。这样的结束语设计巧妙，内容精当，给学生印象深刻。

3. 启下式结束语

启下式结束语，是指对于前后内容上有紧密联系的两节课，教师在完成前一节课的教学内容并对其进行总结的同时，又引出下一节课的学习内容的一种结束语。这种结束语有利于诱导学生将具有某种内在联系的知识进行比较，在新旧知识之间架起联系的桥梁，起到承上启下的连接作用、新旧联系的桥梁作用、知识关联的过渡作用。在这里，总结只是铺垫，启下才是关键。而在启下时，它常常采用提问的方式，借助设置悬念来进行，颇有"欲知后事如何，且听下回分解"的意味。

【示例】 某历史教师在讲完《隋的统一及发展》一课时，根据下一课《隋末农民大起义》的内容，设计了如下小结语：

同学们，这节课我们了解了隋文帝统一天下和隋炀帝开凿大运河的历史功绩。大运河的开凿虽然给中国经济文化的发展带来了极大的便利，然而隋炀帝大兴土木给人民带来了无穷的灾难。那么，隋炀帝究竟有哪些历史的罪责呢？等我们下节课学习《隋末农民大起义》后，便知分晓。

【简析】 这段总结语既总结了上节课的内容——隋炀帝的历史功绩，更主要的是引出了下节课将要学习的内容——隋炀帝的历史罪责。这样，可以有效启发学生课后主动预习下一节课的内容，激发学生学习新知识的欲望。

结束语的设计方法多种多样，需要每一个教师认真探索和不断总结。不管运用哪种结束语，都要自然流畅、干净利落，切忌啰唆拖拉；要余味无穷、含义深刻，切忌平淡无奇；要不拘一格、勇于创新，切忌草率马虎。只有做到"运用之妙，存乎一心"，才能达到完满的教学艺术效果。

一、导入语训练

（一）课堂实训

以语文课文《四季》或数学知识《比较分数的大小》为例，设计一段导入语，在班上与同学进行交流。

（二）课外实训

根据自己所学专业，选择自己熟悉的教学材料，最少采用所学过的三种导入法设计三份导入语。相互交流后，再进行自我练习，要求声音洪亮、语速适中、体态自然。

（三）他山之石

课堂导入语的作用

苏霍姆林斯基曾说："若教师不设法使学生产生情绪高昂、智力振奋的内心状态，就急于传授知识，那只能使人产生冷漠的态度，给脑力带来疲劳。"导入语与演讲的开场白相似，是教师在开始讲授新课之前，精心设计的一段简练、概括的教学语言。导入语可激发学生的学习兴趣、调节教学气氛、衔接新旧知识，为一节课的顺利展开打下良好的基础。具体来说，导入语的作用有以下几点：

1. 沟通。导入语的沟通有两层含义：一是心理的沟通。古人说得好："亲其师，信其道。"有经验的教师登上讲台，往往不匆匆开讲，而是先用亲切的目光、关爱的语言架设信任、理解的桥梁，使学生在心理上接受教师。二是教学内容的沟通。教师根据本节课的教学目的，用简明扼要的语言由旧知识导入新知识，或作与教学有关的介绍，引导学生进入新课的学习。

2. 引趣。"兴趣是最好的老师"。为了使学生对所学内容产生兴趣，教师应设法用生动形象的语言，牢牢地吸引住学生，使学生一上课就把注意力集中到学习上来。当然，如果教师在表情、语态上再做渲染，并辅之以多媒体课件等教具，学生就会愉快地投入新课的学习中。

3. 激情。激情就是激发学生情感，调动学生的学习热情。俗话说："若要学生动心，教师先要动情。"学习新课时，教师要用声情并茂的语言，将学生带入教学情境中去。

好的导入语，可在极短的时间内稳定学生情绪，吸引学生的注意力，使学生迅速了解本节课要讲些什么、达到什么目的，为本节课起到思维定向、内容定旨、感情定调的作用。

二、讲授语训练

(一) 课堂实训

1. 阅读下列某语文教师在教《雪地里的小画家》时与学生的一段课堂讨论材料，看完后请按要求设计一段讲授语：

师：读课文并思考，雪地里的小画家是谁？它们分别画了什么？（同时贴出课文插图）

生：交流并回答第一个问题——雪地里的小画家指小鸡、小狗、小鸭、小马。（教师贴出四种小动物的图片）

生：交流并回答第二个问题。（教师在课件中显示四个小动物的动画过程）

我看见小鸡在雪地里走过，留下的脚印像竹叶；

我看见小狗在雪地里跑过，留下的脚印像梅花；

我看见小鸭在雪地里走来走去，留下的脚印像枫叶；

我看见小马在雪地里跑过，留下的脚印像天上的月牙。

师：同学们的想象力真的很丰富。老师听了你们的回答非常高兴。但是，你们读了课文后，知道还有一个小动物吗？它的名字是什么？

生：青蛙。

师：对了。可是，青蛙为什么没有参加画画呀？

生：它在洞里睡着了。

师：它为什么睡觉呢？这是一种什么现象呢？（教师讲解"冬眠"）

……

至此，教师要做一个讲解。假如你是这位教师，你将设计一段怎样的讲述语？

2. 紧扣字母"j"的发音教学，写一段生动形象的讲解语。

3. 假如你是一位数学教师，在讲授"除数是一位数的除法"时，你将怎样归纳"除数是一位数的除法法则"？请设计一段归纳语，时间不超过5分钟。

4. 假如你是一位语文教师，在讲授《燕子过海》的动作描写"燕子太疲倦"时，你将设计一段怎样的点拨语？

(二) 课外实训

根据所学专业，选择自己熟悉的教材，设计一个知识点的讲授语片段，要求最少使用两种类型的讲授语。

(三) 他山之石

欣赏上海特级教师钱梦龙讲授《愚公移山》时使用讲授语的一段教学实录：

师：大家说说看，这个老愚公有多大年纪了？

(学生纷纷回答，有人说九十岁，有人说九十不到。)

师：到底是九十，还是九十不到？

生：(齐声) 不到。

师：不到？从哪里知道？

生："年且九十"，有个"且"字。

师：对，有的同学看书仔细，有的同学就有些粗心。那么，那个智叟是个年轻人吗？

生：(齐声) 不是。

师：为什么？

生：因为"叟"字呀！

师：啊，很好。愚公和智叟都是老头儿。那么，那个遗男有几岁了？

生：七八岁。

师：你们又是怎么知道的呢？

生：从"龀"字知道。

师：啊，"龀"字。这个字很难写，谁来写一下？(生板书) 写得对。"龀"是什么意思？

生：换牙。

师：对，换牙。你看，它是什么偏旁？(生答："齿"旁) 孩子七八岁时开始换牙。同学们不但看得仔细，而且都记住了。那么，这个年纪小小的孩子跟老愚公去移山，他爸爸肯让他去吗？

(生一时答不上来，稍一思索，七嘴八舌地："他没有爸爸。")

师：你们是怎么知道的？

生：他是寡妇的儿子。"孀妇"就是寡妇。

师：对！"遗男"是什么意思？

生：(齐声) 孤儿。

三、提问语训练

（一）课堂实训

试比较下列两位教师设计的提问语，说说孰优孰劣，为什么？

《捞铁牛》一文的第一、二节，讲的是"洪水把大铁牛冲到黄河底，人们为了修复浮桥商量如何捞起铁牛"。针对这个内容，第一位教师设计这样3个问题：

（1）有一回黄河发大水冲断了什么？

（2）八只大铁牛被冲到哪里去了？

（3）在大家议论纷纷时，谁愿意来试试？

第二位教师设计了下面4个问题：

（1）要捞起铁牛有哪些困难？哪些词语突出反映了这个困难？

（2）"议论纷纷"是什么意思？想象一下当时人们会议论些什么。

（3）比较下面的句子，哪一句表达得更确切？

① 可是有哪个大力士能把那么笨重的铁牛一只一只捞起来呢？

② 可是谁能把铁牛一只一只捞起来呢？

（4）和尚说"我来试试看"，其实他有没有捞起铁牛的把握呢？从哪句话中看出？

（二）课外实训

利用见习或实习机会，记录各学科教师是如何提问的，然后自己尝试重新设计这节课的提问语。

（三）他山之石

八种不好的提问

一是准备不够充分的提问。一些教师在备课或教学过程中，由于没有经过充分的考虑或不曾查找更多的资料就提出问题，常常被孩子们的反问弄得十分尴尬。不得已用"先坐下""下课后老师再回答你""等你长大了就知道"等来敷衍了事，使孩子在一堂课中经常有许许多多的不满足。

二是偏离中心的提问。教师应该按照教学要求向学生提出问题。在学生回答问题的过程中，如果又提出其他不着边际的问题，会导致孩子不知道哪些是重点，使孩子的思维离开了中心。

三是调动不了积极性的提问。孩子们希望回答的是新鲜的问题，是吸引人的问题，是能够答出来的问题，最好是启发性的问题。有些教师的提问如同一杯白开水，让孩子在回答问题上产生不起兴趣。比如，教师在提问上保持一个方式，或仅局限在几个提问词上。这样久而久之，很多孩子可能都会养成不愿回答问题的习惯。

四是教师情绪不稳定的提问。教师的喜怒哀乐若在教学上有比较明显的表现，也会对学生产生不利的影响。有的教师在公开课上，如果学生在回答教师的提问时对答如流，就非常高兴；反之，就大发雷霆，训斥学生。这样做，是很不符合教师的身份和违背育人原则的。

五是流于形式的提问。在有些教师的课上，教师和学生之间问与答都很频繁，但稍加分析却不难发现教师的提问流于一种形式。教学过程中的提问，要尚自然、尊个性，教师问得好，学生才能答得妙。问和答不是为了"热闹"，而是为了"发现"。

六是不能引导和控制的提问。教学中常出现这样的情况：一种情况是学生回答问题积极性很高，不让说也说；另一种情况是学生没有掌握回答问题的方法，也不会思考问题的方法，对于教师提出的问题，学生胡乱回答，课堂活而乱。出现以上两种情况，有些教师不知所措，使下一个环节的教学无法进行。教师应巧妙地引导，有控制地提问。

七是不从学生实际出发的提问。有些教师不了解学生知识储备，不了解学生回答问题的能力，等等，在教学中出现教师与学生配合不好的现象。

八是语气不坚定、模棱两可的提问。教学中教师如果出现这样的提问，孩子就会无所适从，无法回答。

四、评价语训练

（一）课堂实训

阅读下列教学评价语的材料，指出哪个评价语值得学习借鉴，为什么？哪个评价语不合理，应该如何纠正？

1. 某教师在上《蜜蜂》一课时，在一个交流反馈的环节对学生的发言是这样评价的：

师：同学们，蜜蜂究竟有没有辨别方向的能力呢？你是怎样推断出来的？

生：我觉得蜜蜂是有辨别方向的能力的，我是从作者的实验结果推断出来的，因为"我"带出去的20只蜜蜂有17只准确无误地回到了家。

师：哦，（指另外一位学生）你说。

生：我也认为蜜蜂有辨别方向的能力，而且我还知道它回到家不是靠超常的记忆力，而是一种本能。

师：哦，好的。

生：老师，我觉得法布尔太粗心了，课文中说"我"带出去的蜜蜂有20只，可只飞回来17只，那还有3只去了哪儿？竟然没有提到。我想它们是迷路了，我认为法布尔的实验结果不一定正确。

师：哦，你是这样认为的？

2. 某语文课堂教学中，教师要求学生用"寂静"造句。

几名学生围绕"寂静的夜晚""寂静的夜空"进行造句。对此，既不能简单否定，但课堂又不能滞留不前，这时教师风趣地说："同学们，我们能不能走出黑暗，重见光明呢？"学生们听了，哈哈大笑，不一会儿，几名同学重新举起手来，造出了"放学了，校园里恢复了寂静"等句子。

3.《闰土》教学片段中的评价语:

(几位同学分别朗读闰土说的几件事以后。)

师:读得很好!他们体会到闰土说话是那么生动传神,那么绘声绘色,读得很感人。那么,"我"在听闰土讲话时,是什么样子呢?

生:"我"听得入迷了。

生:"我"越听越佩服闰土。

生:"我"越听越惊奇,越听越羡慕。

师:"我"的思想是一步步变化的。刚才几位同学在发言时用了"越来越"这个说法,这样说很准确,强调了思想感情的逐步变化。那么,"我"的思想感情是怎样一步一步变化的呢?……

(二) 课外实训

课后观赏小学教师课堂教学录像,分析教师评价语的得失。

(三) 他山之石

钱梦龙教师课堂教学评价语片段赏析

1. 学生朗读了课文后,他评价说:"朗读,能做到声音响亮,吐字准确,有顿有挫。"

2. 学生归纳了段意,他评价说:"我们同学很会读书。编提纲,用五言、七言回目式编提纲,不仅通俗,而且概括力很强,又便于记忆,是个好办法。"

3. 学生提了问题,他评价说:"我们同学很会动脑筋,不仅能读懂这篇文章,而且能根据文章揆情度理、思前顾后地提出问题。可喜的是敢于质疑求疵,找出文章的毛病来。"

4. 公开课上,讨论到左光斗"爱才""护才"时,一位学生说:"既然左光斗仍爱史可法之才,那为什么要骂史是'庸奴'呢?而且是'怒曰',说明他真的已经动怒了。我觉得光用'爱才''护才'来解释不够确切。"从这位同学的发问可以看出,他对文章理解得不够深透。但钱梦龙老师却评价道:"这个问题提得好极了!证明这种自由自在的课堂讨论会使我们在思维的相互撞击中不断迸发智慧的火花。谁来解决这个同学提出的问题?"然后钱老师引导学生自己来解答。

五、应变语训练

(一) 课堂实训

下列教师的应变语属于哪种类型?说说它们有何特点和作用。

1. 春日课堂,和煦的春风吹得一些同学睡眼蒙眬。老师见状,也假装打瞌睡,并喃喃自语:"暖风吹得师生醉,直把教室当卧室。""春眠不觉晓,还是睡觉好。"……语调抑扬顿挫。学生被教师逗乐了,睡意全无,教室里一片笑声,学生蒙眬的睡意彻底被驱除了。

2. 某教师讲授陶渊明的《归园田居》时，让学生体会诗人笔下清新优美的自然风光。突然，有位同学举手站起来说："诗人笔下又是鸡又是狗的，脏乱不堪，我觉得毫无美感可言。陶渊明当官当不成，就说官场不好，这不就是'吃不着葡萄就说葡萄酸'吗？"这位同学坐下去后，教师发现下面有人窃笑，还有的点头表示赞同。看来，由于时代的差异和人生阅历的不足，学生理解这样的作品还是有困难的。怎么办呢？这个时候，教师灵机一动，顺着学生的思路说："是呀，我也有这样的疑问。诗人笔下的景物再平常不过了，可他为什么会觉得如此美好呢？哪位同学可以揣摩一下诗人当时的心情？"

3. 一位教师在讲《口技》时，因为受到课文情节的描绘的吸引，班里一位男同学忘乎所以地学狗叫，顿时全班哗然，那男生吓得屏息，等待老师的惩罚。可这位教师却粲然一笑，说："刚才，有位同学情不自禁地模仿了狗的叫声，这是为文中口技高超的技术所感染啊！下面我们还是继续欣赏课文中高超的口技表演吧……"

4. 有位数学教师把三乘以七的答案写成了二十二，等他发现后立刻大声地说："你们看看我，我是不管三七二十一就把三七得了二十二啊！"同学们笑了起来，在笑声里，教师改正了答案。

5. 一位老师在和学生一起观看日食后，正好有一节数学课。当时虽然已经上课了，但同学们仍在议论纷纷，一时难以平静。这位老师根据这一特定的语境对学生说："刚才我和同学们观察了百年一遇的天象奇观——日食。我相信，天空中那金黄色的美丽光环将永远留在我们的记忆之中。我们不仅要观测它，而且还要研究它。你们知道吗？地球、月亮运转的轨道是什么？就是今天我们要学习的椭圆。"

6. 一位数学教师在讲解例题时，因板书有误，导致最终答案不合理，他已经意识到出了差错，但是他仍不慌不忙将错就错地问了问："同学们，我的答案合理吗？"一位同学说："不合理。"教师追问："那么，错在哪里呢？我们不妨来分析一下。"接下来，教师在黑板的另一侧写下"正解"两字，同学们还以为教师在进行纠错分析呢。

（二）课外实训

到自己就读过的小学听一节课，记录教师是如何处理课堂突发事件的，然后自己重新设计相应的应变语。

（三）他山之石

意外的小鸟[①]

一次四年级作文观察课，上课不久，一只鸟飞进教室。由于小鸟在教室里乱飞，学生情绪大变，课无法上下去。老师略做思索，做了如下处理：

师：这只鸟真漂亮呀！大家把门窗关上，我们仔细观察一下这只鸟，下节课写一篇

[①] 张祖利. 教师语言技艺［M］. 济南：山东人民出版社，2010：196-197。

关于鸟的作文。

生：好呀！

师：（适时谈话）你们看，它的羽毛多好看，嫩嫩的……瞧，嘴尖尖的，还是淡红的呢！……看它那惊慌的样子东飞西撞，碰疼了吧？

（鸟飞累了，被一个同学小心地捉住了）

师：（捧着小鸟给学生看）谁能说这是一只什么鸟？它有什么特点？

（学生七嘴八舌地议论，发现是黄鹂鸟）

师：那我们现在怎么处理这只小鸟呢？

（又是一场争论）

师：（学生热烈讨论后在黑板上写下"小鸟"两个大字）这就是下节课的作文题。

六、过渡语训练

（一）课堂实训

分析下列过渡语，说说它们有何特点和作用。

1. 在上《晏子使楚》时，教师在讲解第一部分内容后说：

"晏子出使楚国并不是很顺利，楚王是怎么侮辱晏子的？晏子又是如何反驳的？我们接下来重点分析一下。"

2. 一位教师在讲《刻舟求剑》时这样说：

"同学们，老师给你们讲个故事：从前，一个楚国人很喜欢练剑，一天，他和他的妹妹在山上练剑，一不小心，宝剑掉到山谷中了，这时天色已晚，于是他就在宝剑坠落的地方做了个记号，第二天，沿着做记号的地方下山去找，果然就找到了他的宝剑。又有一天，这个楚国人坐船出门去了，这个人真不小心，这一次他又把剑给掉了，掉到哪里了呢？掉到水里去了，我们来看这次他是如何做的，有没有找到他的宝剑。"

3. 特级教师于永正在教《新型玻璃》一文时的过渡语：

"同学们，这五种新型玻璃有什么特点，有什么用途呢？请带着这个问题默读课文，边读边想。"然后，于老师请大家相互交流，看想得是否准确。于老师适时过渡说："五种新型玻璃的特点和作用都弄明白了吗？不过，我不打算让你们说了，我想让你们写。写什么呢？"（于老师在黑板上写下来"自述"两个字）"'自述'是什么意思？对，就是自己介绍自己。现在，我把全班分为五组，第一组写'夹丝网防盗玻璃自述'，第二组写'夹丝玻璃自述'，第三组写'变色玻璃自述'，第四组写'吸热玻璃自述'，第五组写'吃音玻璃自述'。现在，你们都是新型玻璃了。请把你们各自的特点、作用写出来，为自己做个广告。看谁会夸自己。当然喽，要实事求是，不要吹牛。"

（二）课外实训

到自己就读过的小学听一节课，记录教师使用的过渡语，并分析其优劣。

（三）他山之石

下面是著名特级教师支玉恒教学朱自清先生的散文《匆匆》一课的片段：

师：你们刚才光在向作者索取了，光在听作者对你讲什么了，你们还没有对作者说些什么，是吧？所以下面咱们还要用自己的心灵去做些什么呢？

生：倾听。

师：每人拿出一支笔来，你可能有千言万语要向作者倾诉，但是我只要你将最想说的那一句话写在书的空白处，你要能写出一两句格言警句来，那就太棒了！句子要精彩一些，现在开始写。你要向作者倾诉什么？倾诉你的心灵。

生：（写）

……

师：请你首先来向作者倾诉，要带着感情倾诉。

生：我想对作者说，一寸光阴一寸金，寸金难买寸光阴。

师：你说了一句我们古代流传的格言。可以，写在黑板上。

生：花有重开日，人无再少年。

师：谁写的，就在后面打上括号署名。

生：尽管你虚度了二十多年的时光，但亡羊补牢，为时不晚，只要你以后珍惜更多的时间，可以把以前犯的错误都弥补过来。

师：如果作者是个博士的话，你就是博导。写上去。

生：时间就像海绵里的水，只要你挤，总会流出来。

师：是你编的还是哪儿找的？

生：是听鲁迅先生说的。

师：比我读的书还多。

生：一年之计在于春，一日之计在于晨，一生之计在少年。

师：谁有特殊的，跟别人都不一样的？

生：回想碌碌无为的从前，不如展望辉煌的未来。

生：能干大事业的人，不会因为时间的飞逝而掩面叹息，要珍惜今天的时间，挽回以前的过错。

师：太好了，大家抬头，看着黑板上心灵的倾诉是谁的，谁就读，然后很自豪地把自己的名字读出来。

七、结束语训练

（一）课堂实训

分析下列结束语，说说它们有何特点和作用。

1. 在教小学科学《认识地球的内部结构》的"推测地球内部的情况"阶段，教师在提问、学生讨论交流后使用的结束语：

这些事实说明地球内部并不像表面看到的一样平静，每时每刻都在不停地运动，正是这样缓慢的运动造成了火山和地震。而且，我们从这些现象里还可以知道地球内部的温度是很高的，连岩石都成了液体形态的岩浆了。

2. 某教师教学《小壁虎借尾巴》时的结束语：

同学们，各种动物的特点不同，尾巴不同，尾巴的用途也不同，这多有趣呀！放学回家后，请大家找一找写动物的课外书，看后把各种动物的尾巴的作用讲给老师、家长以及其他小朋友听，大家愿意吗？

3. 一位数学老师这节课讲完等差数列，下节课讲等比数列，他在上课结束时提出问题：

数列：20，10，5，2.5，1.25……的第10项是多少？这时，学生马上活跃起来，有的在一项一项地算下去，有的企图寻找什么规律。这时，教师抓住此时学生的心理说："其实，第10项是很容易找到的，等下一节课我们讲了等比数列就知道了。同学们课后可以预习一下等比数列。"

（二）课外实训

自选小学学科一节课的内容，研究整节课的教学内容后，设计所学三种类型的结束语，并在寝室和同学进行交流。

（三）他山之石

请赏析两位教师在上《鞋匠的儿子》时不同的结束语。

例一：补充信息，启迪人生。

师：关于林肯，有人这样评价他（出示课件）：

林肯没有成为伟大的鞋匠，但成为伟大的总统。他被认为最伟大的特质，正是他永远不忘自己是鞋匠的儿子，并引以为荣。——林清玄

师：身为中国台湾贫苦农家子弟的林清玄，少年时随父兄在椰风蕉雨中沐浴过，在田间胼手胝足地劳作过，流过汗，挨过饿，在人生的道路上经历了太多的坎坷，但是他坚强不屈，永不言弃，他用自己的文字倾吐着心声。

（板书：文为心声）

师：他想告诉我们什么呢？林肯、林清玄，他们的成功给了我们怎样的启迪呢？请同学们拿出笔，将自己最深的感受用一句话写下来。

（学生练习写，交流。）

师：让我们从平凡出发，沐浴伟人精神，与真诚、坚强、奉献为友，书写美丽人生！

例二：提炼主题，升华伟大。

师：林肯出身低微，却两度成为美国总统，深受美国人民的爱戴，他靠的是什么？（独特的精神力量和伟大的人格。）林肯一生最伟大的作为是解放了黑人奴隶，为推动美国社会向前发展做出了巨大的贡献。然而，敌人对他恨之入骨。1865年，林肯虽被歹徒刺杀身亡，但这丝毫不影响他的光辉形象，他被公认为是美国历史上最伟大的总

统。人们觉得他最伟大的品质，正是他永远不忘记自己是鞋匠的儿子，并以此为荣。

出示材料：托尔斯泰在林肯遇刺后评论说，林肯由于具有独特的精神力量和伟大的人格魅力，已经成为世界人民心中的传奇人物。

师：同学们，让我们永远记着这个伟大的名字——林肯！一位鞋匠的儿子！一位伟大的总统！

第八章 不同学科的教学口语

在学校,学生接触的学科可以大致分为三类:文科类,包括语文、外语、品德与生活(社会)等;理科类,包括数学、物理、化学、生物,科学等;技能类,包括音乐、美术、体育、信息技术、劳动技术等。不同学科的教学口语在运用上既有相通之处,也还存在一定的差异,它们具备教学口语的所有特点,又在共性中各具个性,即在某些特点上显得格外突出。认识到这一点,在教学口语运用上就必须把握各类学科的用语特色,正确高效地运用教学口语。本节以小学阶段的学科为例,介绍不同学科的教学口语。

一、文科学科的教学口语

文学学科具有人文性、情感性、形象性、审美性。小学文科学科教学旨在使学生具有初步的人文素养,其教材选编过程严格考虑了学生接受知识的能力和规律。正确认识和准确把握文科学科的教学口语特点,有利于提升课堂教学效益。

(一)文科学科的教学口语特点

文科学科的教材特点、教学目的、教学要求决定了这些学科的教学口语要突出以下特点。

1. 形象生动

要使学生觉得课有趣,关键在于教师能设疑激趣,扣人心弦,而要有效做到这一点,教师的语言就要形象生动、饶有情趣。形象生动的语言可以唤起学生头脑中的表象,激发他们的学习兴趣。文科类学科教材本身就具有丰富形象的特性,因此,文科类学科教师要特别注重练就表述形象的基本功,即说什么是什么,讲什么像什么,使话语具有立体感、直观感,让学生通过形象描述如见其人、如闻其声、如临其境,感到课堂新奇多趣、知识易于理解。

【示例】 特级教师于漪讲《春》一课时的教学片段:

我们一提到春,眼前就仿佛展现出阳光明媚、东风浩荡、绿满天下的美丽景色!一提到春,我们就会感到无限的生机,无穷的力量!

【简析】 这段描述,文字虽少,但绘声绘色,蕴含诗意,形象生动,情景交融。

2. 情感丰富

文科类学科的教学内容大多形象、可感,教材本身具有比较强烈的情感因素,所以文科类学科教学口语的情感性在陶冶学生情操、塑造心灵、确定人生目标和道德信念等方面，有着其他学科无法超越的特殊功能。这就要求文科类教师的课堂语言一般是有情语言，即情动于衷而形于声。在语调、语气、语速、节奏的变化上，能传递出教师的情感。充满感情色彩的语言，可使学生不但从形式上去了解知识，而且从内容上去感受知识。

【示例】 《品德与社会》课中讲到了"可爱的家乡"。一位教师是这样叙述的：

有这么几句谚语，我领着大家来念一念："天是家乡的蓝，树是家乡的绿；人是家乡的亲，土是家乡的肥；喝遍家乡的水，最甜的是故乡；走遍家乡的路，最亲的是故乡。"我们最喜欢的正是自己从小生长的地方，最难忘的也是自己从小生活的环境。我们热爱自己的家乡，就是热爱自己的祖国，因为祖国就是我们所有中国人的家呀！然而，热爱家乡并不是嘴上说说而已，需要我们真正去了解自己的家园，去仔细地学习和观察，家乡的山美在哪里？水美在哪里？人美在哪里？我们不仅要为它的美丽喝彩，更重要的是要为它的美丽去贡献自己的力量。

【简析】 教师这番话语重心长，以贴近生活的谚语和深情入理的设疑，将学生带入了欣赏家乡、赞美家乡、建设家乡的主题中，唤起了学生热爱自己家园的真挚情感，使学生深深懂得保护家园、热爱家园就是为祖国的繁荣做贡献的道理。

3. 表达灵活

文科类学科的教学内容中有一个重要的特点就是修辞丰富，因此，文科类学科教师平时授课时的语言应将这一特点体现出来。语言中修辞手法的准确运用，不仅寓教于乐，而且对学生也有一种潜移默化的美化语言的作用。

【示例】 一位教师为了让学生理解《鸟的天堂》中"那翠绿的颜色明亮地照耀着我们的眼睛，似乎每一片树叶上都有一个新的生命在颤动"一句，先让学生观察教室外树叶在微风中的各种姿态，然后设计了下面这段讲授内容：

大榕树的叶子绿得发亮，它把生命全部展示给了我们。有的在轻松地摇摆，好像在翩翩起舞；有的左右旋转，好像在摇动着美丽的衣裙；有的发出沙沙的响声，好像在说悄悄话；有的相互簇拥，层层叠叠，好像要把这天堂的每一寸土地都铺上绿茵。这是作者精心的描写，他赋予了这些树叶新的生命、新的灵魂。

【简析】 教师使用了比喻、拟人、排比和夸张等修辞手法，绘声绘色、生动有趣的讲述，不但帮助学生顺利地理解了课文内容，同时也调动了学生的想象力和思维的积极性。

（二）文科学科的教学口语运用范例

小学语文《游园不值》课堂教学实录

1. 教学导入

师：春天到了，春姑娘迈着轻轻的脚步走来了，现在正是春暖花开、万物复苏的季节。同学们，你们眼中的春天，亲身感受到的春天，或者书上看到的春天是什么样的？

生：春天来了，小鸟在空中飞舞，小草发芽了，小孩子在树下玩耍。

生：春天非常美丽。

师：是呀，可是春天美在哪里呢？

生：小鸟在枝头叽叽地歌唱。

生：春天来了，鲜花盛开，绿草如茵。

生：小燕子也从南方飞回来了，在空中自由自在地飞翔着。

生：柳树发芽了，露出嫩绿的叶子，看着这碧绿的柳枝，不禁让人想起贺知章的诗《咏柳》。

师：让我们一起来背诵一下他的诗，感受一下春天的美。

（生齐背：碧玉妆成一树高，万条垂下绿丝绦。不知细叶谁裁出，二月春风似剪刀。）

师：春天是美丽的，是诱人的，令人陶醉。古往今来，有许多文人墨客用诗文来赞美春天。今天我们再来学习一首赞美春天的诗——《游园不值》。

（生读题）

2. 自读诗文

师：这首诗的作者是叶绍翁。有谁了解他？

生：我知道叶绍翁是南宋时期的诗人，字嗣宗，号靖逸。

生：我来补充，叶绍翁最擅长七绝，著有《四朝闻见录》。

师：自由朗读全诗，能不能做到通顺流畅？（生朗读后指名读）谁来读一读，我们一起来评一评，他读得怎么样？

（第一位读后，评价）

生：老师，总体上他读得不错，但刚才他读错了一个字，"扉"读第一声，不读作第三声。

（第二位读后，再评）

生：他读得字音正确，也比较流利。

生：老师，我觉得他们读得太平淡了。我想把作者的感情给读出来，行吗？

师：好呀，让我们一起来欣赏。

（生读）

师：读得真好，不仅把字音读准了，而且抑扬顿挫，很有韵味。同学们，让我们来比一比，看谁读得好？

（生比赛）

师：听你们读得这么热烈，老师也想读一读。

（师范读）

师：老师读得怎么样？

生：老师读得很有感情，情绪饱满。

师：谢谢夸奖，不过，老师的声音有点沙哑，没有你们的声音好听。我相信，你们中一定有比老师读得还要好的。有信心超过老师吗？

（生挑战……）

3. 理解诗意

师：同学们读得真好，比老师要棒多了。通过刚才的朗读，你从诗文中读懂了什么？

生：我读懂了"一枝红杏出墙来"这句诗。就是说，有一枝红杏从墙里伸到墙外来了。

师：对，大家一起来看一下课文中的插图，画中的杏花开得多艳哪，它已经越过墙头。

生：我读懂了"春色满园关不住"，这句话说满园子里春色是关也关不住的。

师：对，这句浅显易懂，表述方式和现在的一样。

生：我懂了"小扣柴扉久不开"中的"小扣"一词，它指的是轻轻地敲打柴门。

生：我知道"柴扉"就是指柴门。

生：我懂了"久不开"的意思，是说很久也没有人来开门。

师：为什么很久没有人来开门呢？

生：可能是主人不在家吧。

生：因为他轻轻地敲打柴门，所以主人听不见呀。

生：也许主人在睡觉，没有听见敲门声。

生：也许主人在园子里欣赏春色，被园里的花草树木陶醉了，因而没有听到敲门声。

师：你们的想象可真丰富，那么诗人心中是怎么想的呢？请同学们读一读第一句诗。

（生读）

生：老师，什么是屐齿？

生：我知道，屐齿是指用木头做的鞋子下面的横条。

师：对，不过诗人穿的不是我们这样的鞋子，他穿的是一种木头鞋。请大家观察一下插图。

生：我知道"苍苔"指的是青苔，就是我们平时说的苔藓。可是我不知道句中"应怜"是什么意思？

生：我查了资料，我知道这里的"怜"不是指可怜，而应该解释为"爱惜"。

师：对，你能通过查阅资料来理解，这是一种很好的学习方式。这里的"怜"是喜爱、舍不得的意思。因为是诗人自己的猜想，所以他用了"应"字，这里解释为大概、可能。谁能说说这句诗的意思？

生：主人舍不得屐齿印在他的青苔上。

生：大概是主人舍不得我的屐齿在他的青苔上留下印迹。

生：他们说得还不完整。应该解释为：大概是因为主人爱惜自己的青苔，怕我的木底鞋在上面留下脚印吧。

师：看来同学们都理解了这句诗。现在你们明白为什么"小扣柴扉久不开"了吧，你们能用"因为……所以……"或者"之所以……是因为……"这样的句式来回答吗？

生：大概是因为主人爱惜自己的青苔，怕我的鞋子踩坏吧，所以我轻轻地敲打柴门，很久也没有人来开。

生：之所以我轻轻地敲打柴门，好久也没有人来开门，也许是因为主人怕我的木底鞋踩在他的青苔上。

4. 领悟诗情

师：诗人满怀喜悦地去朋友家观赏美景，结果却没有见到主人。现在你知道《游园不值》的意思了吗？

生：游园不值就是指想去朋友花园游玩，结果没有碰到主人，扑了个空。

生：没有遇到主人，吃了个闭门羹。（学生大笑）

师：对，说得很形象，诗人兴致勃勃地来，却碰了个钉子。你们想，他此时的心情怎样？

生：他肯定非常失望。

生：他感到非常的扫兴。

生：他的心里肯定在埋怨，这个朋友真不讲交情，不够义气。

生：我觉得他朋友真够小气的，美景是让人欣赏的，何必自己一个人独占呢？

师：诗人游园却没有遇到主人，本来十分扫兴，无意间抬起头，却发现了"一枝红杏出墙来"。这枝红杏带给了诗人意外的惊喜，不由发出感叹。（生齐读：春色满园关不住，一枝红杏出墙来。）让我们带着这种感情，一起再读全诗。

（学生朗读全诗）

5. 品评诗文

师：诗人叶绍翁很巧妙地把自己一次赏春的经历用凝练的诗句描绘出来，表达他对春天美景的喜欢之情。读了这首诗，你最喜欢诗中的哪一句？说说原因。

生：我喜欢"一枝红杏出墙来"这一句，这句话告诉我们春天已经到来了，红杏已经绽放出美丽的花朵，向人们报告喜讯呢。

生：我喜欢"春色满园关不住"这一句，这句话告诉我们，春天不会因为你的吝啬小气而推迟到来的脚步。

生：我也喜欢这一句，春天的美景是关不住的，季节的轮换也是谁也挡不住的。

6. 拓展学习

师：刚才，我们一边学习，一边揣摩，一边读书，一边体会，不仅学懂了古诗，而且把古诗读得有滋有味。大家愿意试着用这种方法再学习一首描写明媚春光的古诗吗？

生：（齐声）愿意。

（师出示朱熹的《春日》）

生：（齐读）胜日寻芳泗水滨，无边光景一时新。等闲识得东风面，万紫千红总是春。

师：同学们可以通过多读、多揣摩的方法，反复练习读古诗，看谁能用最短的时间学会它。

（生读诗，小组讨论交流）

师：在学习过程中，有困难需要老师帮助吗？

生：我有个问题，我不知道"泗水"的意思。

生：泗水是一条河。

生：为什么识得东风面，不是西风面或者南风面？

师：你很会动脑筋，学习贵在有疑。你们知道为什么吗？

生：我觉得随便什么风都可以，诗人写了东风那么就是东风了。

生：我不同意，古人写诗很讲究的，不会随随便便写。

师：你们知道一年四季都吹什么样的风吗？

生：冬天一般刮西北风，夏天时东南风较多。

生：我明白了，作者写东风是因为春天，现在的季节刚好是春天，你们看刮的是东风，红旗往西面飘。

师：对，你能结合生活实际来理解非常好。作者能准确抓住春天的特点，表达自己的所见所感。解决了诗中的难点，谁把诗意给大家描绘一下？

生：一个春光明媚的日子，诗人兴致勃勃，到泗水河畔观赏景物。满眼望去无限风光，给人焕然一新的感觉。诗人悠闲自得，感受着春风的清新和温暖；春风吹拂，百花盛开，到处是万紫千红，洋溢着春的气息。

师：诗人所见，满目无限风光。现在谁能把这首诗的感情读出来？

（生有感情地诵读《春日》）

师：在诗歌的百花园中，描写春光的诗歌还有许多许多。下面就请大家边听音乐，边欣赏着美丽的春光，想想：你还能回忆起哪些描写春天的古诗？或者想说哪些赞美春天的话？

生：杜甫的《绝句》，白居易的《忆江南》，杜牧的《江南春》，贺知章的《咏柳》……

师：现在，你最想朗诵的是哪一首古诗？请你站起来背诵！

（生背诵）

7. 语文实践

师：今天我们赏析了古代诗人笔下描写春光的佳句，使得大家顿时觉得我们的生活中春意盎然！课下请大家继续收集有关古诗或者创作赞美春天的诗歌，下次我们的语文实践活动课的内容就是召开《春之歌——诗歌朗诵会》。

二、理科学科的教学口语

理科一般是指自然科学、应用科学以及数理逻辑的统称，理科的诞生与发展是人类智慧发展的结晶。理科学科具有客观性、逻辑性、实用性的特点。小学理科类学科主要包括数学、科学等课程，教师在课堂教学中，主要运用说明性口语解释概念、揭示原理、解析例题。

（一）理科学科的教学口语特点

理科学科的教学口语与文科学科的教学口语相比，具有如下主要特点：

1. 准确规范

理科研究的是有关自然现象及其规律，其中有许多定义、原理、公式、定律、法则等，都是从客观世界中抽象出来的，是用推敲再三的语句准确地表述出来的。所以，教师在解释一个概念、论证一个命题、分析一个问题、推导一个结论时，必须用语准确规范，不能产生歧义。容易引起学生误解的地方，教师必须及时变换角度复述。讲述的语气要不容置疑，必要时应一字一顿地以判断句的形式予以准确表述。

【示例】　某教师在讲授《太阳》一课时的语言：

太阳是银河系的恒星之一，太阳的半径接近70万千米，它的体积是地球的130万倍，距离地球大约1.496亿千米。太阳内部不断地进行原子核反应而释放巨大的热能。太阳的表面层，从内到外可分为光球、色球、日冕三层。其中光球层是太阳大气最低的一层，也就是我们所看到的太阳圆面，光球的厚度达500千米，有效温度约为5 500摄氏度；色球层平均厚度为2 000千米，温度有几千至几万摄氏度；日冕层厚度达到几百万千米以上，温度也极高，达100万摄氏度。

【简析】　这段教学口语平实朴素，自然鲜明，其中包含准确的数据、科学的说明、恰当的对比、清晰的描述等，使学生从理论上、科学上真正认识他们每天见到的太阳。

2. 逻辑严密

由于理科教学重在解释规律性的知识，以及事物的特性、联系和变化，同时又担负着培养学生逻辑思维、发展智力的特殊任务，所以，理科教学用语更要讲求逻辑性。这种逻辑性主要体现在表述的层次性、条理性以及语句组织的严密性与关联性上。另外，还要注意运用重音、顿连等，来表述句子和语段之间的因果、递进、转折及归纳、演绎等逻辑关系。

【示例】 一道应用题的讲解：

汪家乡浮桥超市运到白糖650千克，运到红糖数再加上230千克，就和白糖数相等。问：运到白糖多少千克？

教师：我们已知，运到的白糖是650千克，运到的红糖数再加上230千克才和白糖数相等。这样，我们可以列出这样的式子：红糖千克数+230千克=白糖千克数。这个式子告诉我们，必须在白糖的千克数650里减去红糖比白糖少的230千克，才可以求出红糖的千克数。这样，我们就可以列出这样的式子：650－230＝420（千克）。

【简析】 教师先简洁地将题目中的数量关系做准确的交代，然后紧扣这两个数的内在联系，层层深入地列出算式，作合乎逻辑的推导，最后水到渠成。

3. 生动形象

理科教学内容抽象，为更好地让学生掌握所学的理论知识，教师在教学中往往需要借助许多生动形象的例子，让书本知识与生活中的事例或现象结合起来。形象规范化的教学语言能使抽象的概念变得具体，使枯燥的内容变得有趣，使深奥的原理变得浅显；能加深学生的理解和记忆，能促进学生抽象思维的发展，能激发学生丰富的想象力和强烈的求知欲。

【示例】 有位数学教师讲授π的值，他先用艺术笔法把π画成一个小脚女人，接着写出3.13、3.14、3.15等几个数，然后对学生说："谁来为这个小脚姑娘找一个最合适的好朋友？"当学生找出3.14后，那位教师又说："谁能说出它的职业？"数还有职业吗？学生们一下子都愣住了。这时教师不慌不忙地说："大家看，这是它住的地方：山巅一寺，寺就是庙，在寺庙里工作当然是'老和尚'了。"学生大笑，笑声中，"山巅一寺"（3.14）在学生头脑中留了下深深的印象。

【简析】 这个案例活泼生动，形象通俗，有趣易记，展现了教学口语的幽默智慧，而且符合小学生的纯真心理。设计新颖独特，是极佳的教学片段。在实际教学中，理科老师给学生留下的印象是严肃、规矩，而且口头禅比较多。这要求理科教师在教学中不能过于规矩，语言上要精练简洁，适当时候也幽默一下。

(二) 理科学科的教学口语运用范例

小学数学《认识图形》课堂教学实录

1. 搭玩积木，体验形体

师：（媒体播放）春天来了，大自然太美了！小白兔想在这美丽的大森林里搭一座小木屋，怎么搭呢？小朋友，你们能帮它设计一下吗？

生：（充满自信）能！

师：请各小组合作，用台上的积木搭一座漂亮的小木屋。

（小组合作搭积木，教师巡视，适时点评）

师：小朋友搭得都很漂亮。那你们用到了哪些形状的积木？请大家把积木按不同的形状分一分。

（学生动手分积木）

生：我们用到了长方体、正方体、圆柱……

2．操作感知，建立表象

师：请大家选一块自己喜欢的积木拿在手里，看一看，摸一摸，跟旁边的小朋友说一说，你拿的是什么形状的积木，它的面是什么样子的。

（学生边摸边说）

生：我拿的是长方体，它的面是长长的、平平的。

生：我拿的是正方体，它的面是方方的、平平的。

师：（手指着圆柱的底部）谁知道圆柱的这一个面是什么样子的？

生：圆柱的这一个面是圆圆的、平平的。

师：你们有没有办法把这些面记下来呢？

生：（异口同声）有！

师：台上准备了白纸、印泥、橡皮泥等，请小朋友先在小组里说一说，你想用什么办法记下这些面，每个小朋友最好想得不一样，比一比，看哪个小组的办法多。

（学生开始活动，每组学生把记下的面贴在蓝色的塑料板上，然后展示在大黑板上）

师：你觉得哪一组的办法多？

生：我觉得第六组的办法多。

师：那就请第六组的同学来介绍一下吧。

生：我拿圆柱蘸取印泥，然后在纸头上一拓，就留下了这个面。

师：你的小手真灵巧。

……

生：我把长方体放在纸上，照着它的边画下来了。

师：你这个办法真好，愿意表演给大家看吗？

（生在实物投影上操作）

师：小朋友的办法真多啊！

（师用电脑演示，从长方体、正方体、圆柱上分别画下了长方形、正方形、圆）

师：今天，我们就是来认识这些图形的。

（板书课题）

师：一起来跟我们新认识的朋友打声招呼。

（生齐读图形名称）

3. 巩固延伸，加深认识

师：其实，在生活中，这些图形已经和小朋友见过面了，请大家在教室里找一找，哪些物体表面的形状是与这些图形相同的？

（学生走下座位，在教室里寻找并交流）

师：我们再一起到小白兔新造好的家里去找一找，哪些物体的表面也是这些图形？

（电脑播放小白兔的家，让学生寻找并交流）

师：小白兔家门前有一块空地，小白兔想围出一块地种萝卜。小朋友能不能用上今天学的本领，帮小白兔围一围呢？围好后跟小伙伴说一说你围的是什么图形。

（学生拿出钉子板，用橡皮筋围图形）

师：你围了什么图形？

生：（实物投影上指着介绍）这是长方形，这是正方形。

师：有没有谁在这块板上围出了圆形？

（生在板上操作）

师：围出来了吗？

生：（异口同声）没有。

师：为什么围不出来呢？

生：因为我围来围去总是有角的。

师：（出示斜放的长方形）这又是什么图形？

生：这是长方形。

师：我怎么觉得跟刚才的长方形不一样？

生：这个长方形是侧着的，刚才的长方形是横着的。

师：（边转动板边说明）长方形可以横着、竖着，也可以侧着，它们都是长方形。

师：小朋友围图形的本领很大，那你能在方格纸上画一个长方形和一个正方形吗？

生：能！

（生在书上画，画好的组内小朋友互相评价画得怎么样。）

师：（拿一位学生的作品在投影上展示）这位小朋友画得怎么样？

生：（齐声）好！

师：认为自己和他一样棒的请举手。

（许多学生自信地举起手来）

师：现在许多图形都赶来了。（电脑播放）瞧！这里图形开会啦。来了哪些图形，请小朋友指着图形说说看。

（手边指图形边说，有长方形、正方形、圆）

师：每种图形有多少个？请小朋友用三种颜色的水彩笔给这些图形涂上颜色，统计好个数，填在表格里。

(生在优美的音乐声中涂色并统计)

师:(选两种涂法在投影上展示)你喜欢哪一种涂法?为什么?

生:我喜欢第一种涂法,因为他的长方形全都涂上了红色,正方形全都涂上了黄色……

师:是啊,他把相同的图形涂上了同一种颜色,看上去就比较清楚。好,说说每种图形有多少个。

(生回答,师用电脑演示)

师:开会的图形被小朋友理清楚了,那老师这里的长方形藏着几个不同的长方形,你能找得到吗?请小朋友每人拿一个长方体,在纸上照样子画一画,看能画出几个不同的长方形。

(学生操作,交流)

4. 全课总结,回归生活

师:(边用电脑演示,边小结)今天我们学习了认识图形,我们认识了长方形、正方形和圆。这些图形在我们生活中到处都能看到,请小朋友课后留心观察一下,在校园里、在家里,有哪些物体的表面也是这些图形,可以和小伙伴、爸爸妈妈交流一下。

小学科学《摆》的课堂教学片段

(学生四人一组,桌面上摆放着铁架台、夹子、线绳、钩码、记录纸等)

师:今天,在这里,我们一起来上一节课,知道上什么课吗?(知道)语文课?(不是)数学课?(不是)自然科学?(对)今天我不给大家上自然课,上一节科学课。上过科学课吗?(没有)今天咱们上一回试试。这么多老师听我们上课,你们是不是害怕呀?(不害怕)我挺害怕的,怕你们不说话,怕你们上课时不会自己动脑筋。

师:这里有一台铁架台、一根线绳,线绳可以用夹子夹起来,在线绳下面挂一个重锤。这套装置叫什么?(边介绍边组装,并简单演示)

生:这叫摆。

师:现在我把它提起来,轻轻一松手,不用推它自己就能摆起来,我们可以数一数它摆了多少下,怎么数呢?从我这儿(铁架台一侧)开始出发摆过去再摆回来算摆动一次,大家一起数一数。(学生数1、2、3、4、5……)它摆动了,需要时间,我们今天就研究关于摆的科学。(板书:摆)怎样研究呢?我提出一个任务,要你们设计一个摆,使它15秒钟摆10次(板书具体任务)。昨天让大家记秒表了,你们可以分工,谁来记时间,谁来操作实验,谁来做记录。记下我们研究的过程:怎么研究的,每一次研究的数据。我有两个要求:一个是要记录,把你们研究的情况记录在那张纸上(板书:记录),第二个任务就是你们在研究当中有什么发现。要动脑筋,大家一边商量,一边讨论。最后,我要让大家汇报,每个组到前面来演示,你们这个摆是不是做到了15秒钟摆10次,我们比一比看哪个组能达到这个目标。然后再请你们汇报是怎样研究出来的。对这些要求你们明白了吗？在做实验前，检查你们的秒表是不是在零位？还记得怎样使用吗？（记得）好，现在开始。

（学生组装摆，记录摆动次数。教师在各组巡视指导，提醒桌上的尺可以用来量线的长度，要学生记录每一次研究的发现，并改变绳的长度、摆锤重量，多做几次实验看）

师：每个组依次到前面来汇报，把你们的铁架台拿到前面来，我们来看是不是做到了 15 秒钟摆 10 次。

（生拿自己的摆上台，教师帮助计时，演示摆的摆动，15 秒 22 摆动了 10 次）

师：大家看一下他们是怎样研究的（利用实物投影仪展示该小组的研究记录），你有什么发现吗？

第一次，绳的长度 59 厘米，摆动 10 次，时间 15 秒；第二次，绳的长度 60 厘米，摆动 10 次，时间 15 秒；第三次，绳的长度 45 厘米，摆动 10 次，时间 13 秒；第四次，绳的长度 50 厘米，摆动 10 次，时间 14 秒；第五次，绳的长度 60 厘米，摆动 10 次，时间 16 秒；第六次，绳的长度 60 厘米，摆动 10 次，时间 15 秒；结论：当绳长为 54～60 厘米时，实验都可以取得成功。

（生未回答）

师：（笑着说）只完成了一半任务。

（第二个小组上台演示摆的摆动）

（师利用实物投影仪展示该组同学的记录："线越短摆的速度就越快，重锤越多摆的速度越快。"）

（第三个小组上台演示摆的摆动）

师：（展示同学的研究记录："50 厘米长的线加上一个砝码，15 秒内可摆动 10 次。"）得出什么结论？

生：摆得快慢与线长短有关系，与重锤个数没关系，与线被拉到最大时的角度有关系。

师：今天，因为时间关系，有的组来不及汇报。你们可以回家进一步去研究，在家里用什么架子都可以，装一个棍子，拿根绳，拴一个锁头或重的东西，然后试一试。用你们家里的表卡一卡，到底是挂多少厘米长，还是挂多重，跟提的高度有没有关系，你们自己去研究。

师：今天这堂课的上法和以前的自然课有什么不一样？

生：以前上自然课的时候一般不做实验。

生：以前做实验的时间很短，今天时间很长。

生：今天上课感觉很有趣。

生：平常做实验都是老师带我们发现的，这一次老师让我们自己动手来发现问题。

生：平常的自然课器材都是很少的，我们不能玩很长时间，而今天的器材很多，感觉很有趣。

师：我希望大家用这样的方法，回家继续做实验，除了做摆的实验，还可以研究你感兴趣的，不妨去琢磨，看看有什么发现。

三、技能学科的教学口语

技能课程大致有以下几门：音乐、美术、体育、信息技术、劳动技能等。技能学科强调的是技能传授，是实践性很强的学科。技能学科以学生训练为主，老师点拨为辅。

（一）技能学科的教学口语特点

相对比于文科与理科课程，技能学科的教学口语特点更为鲜明，具体如下：

1. 要领提示

教师在学生练习某项技能时，多使用提示语，或提示动作要领，或提示注意点。语句简单明了，语意明晰，语速稍慢，不要啰唆繁杂，更不要絮絮叨叨。在指导学生练习或训练时，多用"要……""请注意……""不要……"等提示语，有时也可变化语气来提醒学生。

【示例】 美术课教师教学生做"纸浮雕青松树"的教学口语：

今天，我们用纸来做一个漂亮的浮雕塔松，方法是这样的：请大家拿出一张稍厚一点的纸，然后用铅笔像老师一样将塔松的样子画在纸上。请大家注意，画时要注意三点：第一，从上到下一层层的松针是先小后大，形成一个宝塔状；第二，每一层的松针不要分得太多太细，7～10个分权就可以了；第三，要将每一层松针的顶端画虚线，将其剩余部分画实线。画好后用小刀慢慢地将画实线部分刻开，最后再将刻开的每一层松针按虚线部分轻轻折起，一个浮雕塔松就完成了。

【简析】 教师讲述时特别强调了画塔松的关键点，并用了"第一""第二""第三"这样的序数词来引起学生的注意，语义清晰。当学生掌握了要领后，就会很容易地画成功，从而顺利地完成纸雕作品。

2. 示范讲解

技能课要求学生动手，但有时候教师只讲解，学生难以消化吸收，此时，就要求教师边讲解边示范。示范讲解主要包括声音示范、线条示范、动作示范等，它要求语言简单明确，语音清楚洪亮，话语与示范自然协调。

【示例】 劳动技能课《钉纽扣》教学片段：

师：虽然现在生活好了，但是我们不能丢掉艰苦奋斗的光荣传统。要勤劳，自己的事要自己做。今天，我们学点针线活儿，大家愿不愿意？

生：愿意！

师：我们学钉纽扣儿。请大家跟着我，学着做。先穿针，把线穿过针孔，线的另一头要打个结。为什么要打一个结呢？谁说说看？

生：不打结，线就一下子抽过来了。

师：是呀，线抽了过来，纽扣怎么钉得上去呢？好，现在摆纽扣，请大家把纽扣摆在正对扣眼的地方。注意，纽扣不但要正对扣眼，还要同别的纽扣排在一条线上，上下一定要对齐。（巡视）有的同学摆得很好，有的同学扣眼没对准，上下也没对齐，这么钉，穿起来成什么样呀？

生：穿起来就鼓鼓囊囊的了。

师：那多难看呀！……现在开始钉了。请大家注意，用左手的拇指压住纽扣，右手拿针，看，像我这样——从衣服的后面对准扣眼，穿过来，抽出针，把线拉紧一点；再把针从另一个扣眼扎进去，穿过来，把线拉紧，多钉几道，线在扣眼上打成"十"字形就更好看了……最后别忘了在反面打个结。线头不打结行不行？

生：不行。不打结线就散了，扣子就会掉。

师：那不是白钉了吗？结一定要打牢。打过结，把多余的线剪掉，扣子就钉好了。

【简析】　教师的用语很好地体现了技能训练课的特点。教师边演示边作辅助性讲述，并且适时发出指令，让学生按规定的动作程序进行操作，操作的提示用语简明、准确、针对性强，通过巡视、提问，对摆纽扣和给线头打结等关键处，作了亲切、风趣的追加和提示，保证了训练的有效性。

3. 指令性强

这一语言特征主要在体育、军训等技能训练中运用。浅显地讲，就是"听我口令"。指令性口语要求教师用肯定的命令式语气来指导学生训练，在喊口令时，教师要吐字清晰，简短利落，语调洪亮有节奏，给学生一种精神饱满、干净利索的感觉；口令前后要连贯，要一个调子顺当喊完。在喊口令时，要随时观察学生的反应，尽量使口令适应所有学生的反应速度。

【示例】　在体育课上，训练学生"向左向右转"、"踏步"与"原地踏步走"，以下就是教师的指令性教学口语：

"立定，向右转——齐步——走，一二一，一二一；右转弯，一二一，一二一；踏步——走，一二一，一二一；原地踏步，一二一，一二一；立定，稍息。"

【简析】　学生的每个动作都是按教师的指示和节奏快慢来完成的。体育、军训、音乐等教学中更多的需要综合运用符号语言和肢体语言。这种演示要求老师边讲解动作要领，边做出示范动作，有利于学生把握技能的关键点。

(二) 技能学科的教学口语运用范例

小学音乐《在动物园里》课堂教学实录片段①

(场景介绍：教室四周墙壁上布满各种小动物图片，使音乐教室变成一个美丽的动物园。学生排队在教室门口等候，铃响后在教师的指导下随着《在动物园里》的旋律走入课堂)

师：这节课老师带领小朋友去参观美丽的动物园，好吗？

(教师引领学生边听音乐边参观)

师：看！这是什么动物？

生：老虎！

师：老虎怎样叫呀？

(生模仿老虎的叫声)

师：看！这又是什么动物？

生：大象。

师：大象是怎样走路的？

(生模仿大象的走路姿势)

(师生环绕教室巡视一圈后，音乐停，小朋友们回到自己的位置，在地毯上坐下。)

师：小朋友们想一想，刚才在我们的动物园里，你都看见什么动物啦？它们都在做什么？

生：猴子正在吃桃子。

师：你说得真好，老师把你说的配上节奏，小朋友听听好不好？

(教师边拍手边说： ×　　×　　×　　×

　　　　　　　　　　猴子　正在　吃　桃子)

师：谁能像老师这样，边拍节奏边说说你在动物园里都看到了什么小动物？它们又都在做什么呢？

生1：老虎张嘴大声叫。

生2：斑马花花真漂亮。

师：像刚才几位小朋友说的那样，你们也在小组内相互说一说，看谁最聪明，和别的小朋友说的不一样。

(播放《在动物园里》的音乐旋律)

(学生汇报。在学生说的时候，教师和其他学生一起拍节奏，汇报的学生很自然、也很自信地跟着节奏说出自己创编的歌谣)

师：我们根据头饰来分角色表演好吗？

---

① 张祖利. 教师口语技艺 [M]. 2版 (修订本). 济南：山东人民出版社，2012：119-121. 有删改。

生：好！

师：（教师按头饰分组）这是猴子山，那是狮子山，那是鸟语林，其余的小动物在中间。下面让我们一起唱起来、跳起来。

（放音乐，学生按自己扮演的小动物分组演唱，教师和学生一起表演，并站在学生中间，及时为学生提醒歌词）

师：小朋友喜欢这首歌儿吗？

生：喜欢！

师：你们能不能用自己编的歌词，配上这美妙的旋律，在小组里共同编一首歌曲呢？

生：能。

师：那我们比比哪个小组的小朋友合作得最好，编得最认真，好吗？

（教师播放《在动物园里》的音乐，学生分小组热烈地讨论，教师到各小组内巡视指导）

师：小朋友们，老师前面音符树上的小音符你们喜欢吗？待会儿，哪个小组的小朋友到前面来表演，那么你们小组的每一个小朋友就可以主动到前面的音符树上找一个小音符，来表扬一下自己。哪个小组的小朋友愿意把你们编的歌曲来表演给大家欣赏？

（两个小组分别到地毯中间来表演，教师和其他学生拍节奏。每一个到前面来表演的学生表演之后，主动到音符树上摘取一个小音符，作为对自己的奖励）

师：刚才，小朋友们不仅编得认真，而且表演得也很好。由于时间关系，就不能每个小组都表演啦，剩下的小组让我们一起来表演好吗？

（其他小组共同表演后，每人摘取小音符作为奖励）

师：这节课，小朋友们在动物园里玩得开心吗？（教师出示课题《在动物园里》）那我们在动物园里都一起做了些什么呀？

生1：我们参观了动物园。

生2：我们还唱歌啦。

生3：我们还看到了那么多的小动物。

师：小朋友们说得真棒！我们每个人都成了小小的词作家了。把你们今天编的歌曲表演给你的老师、朋友和父母听，好吗？这节课我们就上到这里。

（师生互相致再见，学生随着《在动物园里》的音乐走出教室）

小学美术《美丽的动物花纹》课堂教学片段[①]

师：同学们好，今天，老师要和你们一起上一节非常有趣的美术课。首先，让我们一起来看个动画片，请看大屏幕。

---

① 张祖利. 教师口语技艺 [M]. 2版（修订本）. 济南：山东人民出版社，2012：123-125. 有删改。

（动画情节：一天，一只可爱的小鹿躺在树下睡着了，它做了个梦，梦见自己的身上长出了美丽的花纹，它高兴地跳起舞来。这时，从树上掉下一个大苹果，激起了许多水花，小鹿被惊醒了，发现自己身上的花纹不见了，很伤心）

师：同学们，小鹿为什么哭了？

生：梦醒之后小鹿身上的花纹不见了，所以它哭了。

师：那你们愿意使它美梦成真吗？

生：愿意！

师：这节课，我们就来学习给动物设计美丽的花纹。为了给小鹿设计出好看的花纹，我准备和大家到大自然中去看看带有各种美丽花纹的动物。

（看大屏幕上各种真实动物的照片）

师：同学们，动物们身上的花纹美不美，美在哪里？谁愿意告诉老师？

生：花纹的形状美，而且五颜六色。

师：说得真棒，在花纹形状美丽的基础上配上多种颜色，动物们变得多可爱呀！可是，它们身上的花纹已经好多年了，它们非常希望像小鹿那样换一换漂亮的花纹。同学们也一起帮它们设计一下新的花纹，好不好？

生：好！

师：那同学们想为你喜欢的小动物们设计什么样的花纹呢？

生：用小花、树木……

生：用动物、人物、汉字等。

师：我们可不可以用窗外的高楼和一些生活用品为它添加花纹？

生：可以。

师：这样添加可以吗？（点击小鹿的身体，出现用鱼装饰的花纹）这是什么？（点击出现大花脸的花纹）那画满好吃的水果可以吗？（点击出现画满水果的花纹）

生：可以，真好看。

师：我们可以用自然界中的各种形象为你喜欢的动物设计花纹。除此之外，我们还可以用什么样的方法得到美丽的花纹呢？

生：给花纹空白的地方加点小星星、小花，用线穿起来……

生：多添点颜色就更漂亮了。

师：同学们的想法都很好！现在就让我们一起为小动物们设计花纹，为它们做一身漂亮的衣服吧。

（每位同学都把自己的作品放在黑板上展示，学生可以随意欣赏他人的作品，指出不足和优点。教师要尊重儿童的想法，不要轻易地否认学生的创意，要鼓励学生大胆创新，对作品的闪光点及时评价，激发创作兴趣）

师：同学们设计的花纹可真不错，现在，我们一起来给小动物们比一比谁更美，好吗?

生:好!

师:(问一个学生)你认为哪一个动物的花纹设计得最美?为什么?

生:(指着老虎)老虎的花纹颜色漂亮,形状设计得美。

师:这只老虎的花纹是谁设计的呀?为什么要这样设计呢?

生:(举手)是我设计的,我想把它放在我家的窗帘上,那该有多好看呀。

师:你的想象力可真丰富,我们可以把这些带有美丽花纹的小动物运用到我们的生活中,装饰我们的生活。比如说,放在窗帘上,放在水杯上,放在花瓶上,这样会使我们的生活变得丰富多彩。

(屏幕显示:带花纹的小动物在生活中的装饰作用)

师:(指着一幅画)这幅用小动物做花纹的画是谁设计的呀?为什么用小动物做花纹呢?

生:我想,动物是人类的朋友,所以……

师:对!你想得真好,动物是我们人类的好朋友,那我们应该怎么做呢?

生:爱护小动物,不伤害小动物。

师:(指着一幅画)我认为这幅作品很有特色,是谁画的?为什么要用英文字母来做花纹?

生:我学了英语单词,我想用英语字母来表现。

师:想法很好。大家为小动物们做的花纹都很美,看小动物们多高兴呀!

(屏幕显示:小兔子带领一群小动物在高兴地跳舞)

师:同学们今天的表现都很好,我真为你们骄傲!希望同学们在以后的生活中能运用七彩画笔描绘更美好的未来!

小学体育《心随绳子一起飘舞》课堂教学片段[①]

师:同学们,今天老师希望大家在活动中能主动参与,与同伴进行合作练习,大家能不能做到?

生:能做到。

师:下面,我们来练习报数。首先,老师提出的报数要求是:响亮,清楚。听老师的口令练习:"各排报数。"

(学生听从老师口令练习全班报数)

师:接下来,我们来练习指数报数。仔细想一想,怎样练习?口令:各排"1、2"报数。

(学生根据老师的口令练习指数报数)

---

① 张祖利. 教师口语技艺 [M]. 2版(修订本). 济南:山东人民出版社,2012:131-135. 有删改。

师：下面，我们请数"2"的同学举一下手，数"2"的同学与数"1"的同学是好朋友，大家握握手。

（数"1"和数"2"的同学相互握手示意）

师：等会儿我们练习时，好朋友要好好合作，大家能不能进行合作学习？

生：能！

师：大家请看右边放着什么东西？

生：绳子！

师：现在，老师请每组组长把"宝贝"分给同组的同学，要求每人一根。

（组长将绳子分给每位同学）

师：大家拿到绳子后想不想玩呢？

生：想！

师：接下来，老师安排时间让大家玩，好不好？

生：好！

师：大家想玩什么就玩什么，不过，玩的时候要注意安全，下面大家分散活动。

（学生分散玩绳，教师场边巡回指导）

……

师：老师看到同学们玩得很起劲，下面老师再给大家介绍一种玩绳的游戏——抓"尾巴"。

（学生听到后哈哈大笑）

（教师讲解抓"尾巴"游戏的方法，示范如何设计自己身上的"尾巴"）

师：老师请一名同学上来抓老师身上的"尾巴"，动脑筋怎样可以抓到"尾巴"？

（一名学生上来抓老师身上的"尾巴"，其余学生观察游戏的方法和事情的动态）

师：我们可以2人一组练习抓"尾巴"活动，动脑筋抓，抓到了互换。

……

师：（小结）同学们玩时2人合作得很好，老师希望同学们继续主动参与到接下来的活动中来。

师：老师再给同学们介绍一种玩绳子的方法，大家想不想学习？

生：想。

师：我们成体操队形散开，口令：排头不动，两臂侧平举散开。

（学生按照老师的口令提示散成体操队形）

师：接下去，同学们把自己手上的绳子散开，左手拿绳子，我们一起来练习单臂甩绳。（教师先示范，提示学生）绳子过头后脚要协调跳起来。

（学生仔细观察老师示范，听到口令"开始"后练习单臂甩绳）

师：下面我们换一下手进行练习。

(学生换手进行单臂甩绳练习)

师：同学们，单人跳绳大家已经比较熟悉了，下面自己分散去玩一下。

(学生听到口令后分散练习，老师巡回观察了解)

……

师：下面我们一起来练习单人跳绳。

(学生听到老师的口令后集体练习单人跳绳，老师观察)

师：同学们，刚才老师看到个别同学手与脚没有协调配合。同学们看一下老师的示范动作。

(老师示范动作，学生仔细观察，小组讨论后再次进行练习)

师：下面我们用20秒时间来比一比谁跳得最多？

(学生听口令后练习定时单人跳绳)

……

师：刚才，老师已经看到同学们自创的两人合作跳绳的动作，下面请同学们上台来展示一下自己小组的方法，哪组主动上来？

(2个小组主动上台展示自己的"成果"，学生之间相互评价，老师进行小结)

师：我们能不能按照刚才的动作自己去练习一下？

(学生分散进行练习，主动参与活动的积极性高)

师：同学们，刚才同学示范了一种方法，大家想一想，还有其他方法吗？

(学生根据老师的提示进行分散活动，讨论其他的方法，熟悉及巩固动作)

师：下面老师再请几组同学上台来展示。

(学生主动进行表演，老师提示学生之间相互评价)

师：同学们，经过刚才的练习，你们想一下两人怎样才能配合好？小组可以讨论一下。

(生讨论后回答)

生：两人动作要协调、动作频率要一致。

师：除了刚才的两种方法，我们还有其他两人合作跳绳的动作吗？下面请同学们上台示范。

(两组学生主动上台示范前摇后跳、一摇一跳、两人合作跳等，学生之间相互评价)

师：同学们，老师再给大家一些时间练习自己喜欢的个性动作。

(学生积极地投入练习中)

师：好！同学们，今天我们就练习到这里，下课后，同学们可以一起练习自己喜欢的多人合作的跳绳动作。

(布置课外体育作业，拓展)

师：刚才，同学们都进行了自我展示，下面轮到老师来表演一下。(师舞动绳子)

怎么样?

(生仔细观察老师动作,思考动作)

师:下面请一名同学上来与老师一起表演"踩绳子"游戏。

(师生共同表演"踩绳子"游戏)

师:同学们想不想练习"踩绳子"游戏?

生:想。

……

师:同学们,你们在生活中肯定看到过叶子的形状,如荷叶、松树叶等。我们能不能用绳子在地上画成叶子的形状?

生:能!

师:等会儿,小组之间可以进行交流,并利用画好的叶子练习前、后、左、右并脚跳活动。

(小组之间交流思想,自己动手画叶子,利用画好的叶子进行跳跃练习,师巡回指导参与)

师:我们还有没有其他跳跃方法进行练习呢?

(提示学生利用2~3片叶子进行活动)

(学生继续利用画好的叶子进行活动)

师:刚才,同学们练习得很起劲,大家请看,学校地上也有许多"点",我们能不能按照老师事先布置的图形有秩序地画叶子?

(小组之间进行讨论,按照事先布置的图形开始画叶子)

师:同学们,我们现在可以利用画好的叶子自由进行连续并脚跳练习。

(学生分小组利用画好的不同形状的叶子图形进行练习)

师:下面我们集体利用画好的小组图形来练习,让老师来看一下哪组表现最优秀。

(学生听老师口令后进行小组尝试练习)

师:大家经过刚才的练习,能不能说说怎样才可以快速进行跳跃活动?

(学生讨论,老师进行小结讲解)

师:同学们,下面我们再来分小组练习。

(学生分小组进行练习,师生共同评价小结练习情况)

师:同学们,为了使我们学校有一个漂亮、整洁的校园,下面请大家把画好的"叶子"捡起来放到旁边的垃圾箱中去。

(学生听到后纷纷把放在地上的叶子收齐后放到垃圾箱)

师:刚才,同学们都表现得很好,老师希望大家以后也能注意学校的环境卫生,做一个文明的好学生。

师:下面我们一起来跳集体舞庆贺一下刚才活动的成功。

(音乐声响起,学生跳集体舞,老师主动参与)

师:今天的活动马上就要结束了,老师来问一下,同学们学到了什么?我们可以相互评价一下同学之间的表现,谁来说说?

总之,文科教学重在感性的认识和领悟,这就需要教师适时而巧妙地用语言启迪、开导和点拨;理科教学重在理性的分析,这就要求教师能准确无误地表述概念的内涵和外延,以及讲解公式的条件和运用,更重要的是化繁为简,变难为易,化枯燥为生动,有条理地将知识点阐述清楚;技能学科的教学要求学生能够较快并且准确无误地掌握各种技能,所以要求教师的语言带有提示性、指令性和演示性。

 实训平台

一、课堂实训

阅读下列学科教学片段,谈谈其教学口语的特点和作用。

1. 小学语文《果树园》的教学语片段:

当曙光冲破黑暗,大地刚从薄明的晨曦中苏醒过来的时候,蓦地,一轮红日跃出海面,将一片金辉洒向人间。于是,村舍、山峦、树木、花草……大地上的一切宛如镀上了一层金色的薄光。偶尔闪光的露珠,像甘霖沁入心脾,像醇酒叫人心醉。多美的清晨啊!晨光中的大地是美的,那么,清晨的果园,果园的清晨又是怎样的美景呢?让我们随着作者丁玲的行踪去观察一下《果树园》清晨的美景吧!①

2. 小学品德与生活《我从哪里来》的教学语片段:

老师在引导孩子体会父母的辛劳时,向孩子展示了自己在生活中经常经历的生活情节,在"世上只有妈妈好"的音乐渲染中,老师深情地诉说着:

从小到大爸爸妈妈为我们付出了许多,点点滴滴都是他们对我们的爱啊!你们看(教学投影):夜深了,你早已在暖暖的被窝里做着甜甜的梦,可曾想到,此时,妈妈的心还牵挂着你,轻轻起身,为你盖好被你蹬开的被子。清晨,雨哗啦啦地下个不停,爸爸送你去学校。不知道什么时候,悄悄地把伞偏向了你,而自己却被冰凉的雨水淋湿了,临别时还不忘嘱咐一句:"听话,小心!"你生病了,爸爸妈妈顾不得满身的疲惫,抱起你直奔医院,望着生病的你,笑着对你说:"孩子,别怕。"其实心里宁愿生病的是他们自己。

3. 小学数学《土地面积单位》的教学语片段:

以前我们学过计算正方形和长方形面积的方法,以及所用的面积单位。一般面积单位有平方米、平方分米、平方厘米等,而土地面积一般较大,用平方分米和平方厘米就

---

① 金建生. 教师职业技能训练 [M]. 天津:南开大学出版社,2010:29.

不太合适。下面给大家介绍一个新的面积单位,叫作"公顷"。那么,公顷与平方米等面积单位又有什么关系呢?我们可以用下面的等式来表示:

1 公顷 = 1 000 平方米 = 1 000 000 平方分米 = 100 000 000 平方厘米

那么,请同学们想一想,5 公顷 =(　　　)平方米?120 公顷 =(　　　)平方米呢?
(学生做练习,然后回答)

对,答案就是将公顷数乘以 1 000 所得出的最后数据。根据这种计算方法,我们可以计算出 5 公顷 = 5 000 平方米,120 公顷 = 120 000 平方米。

4. 小学科学《稻谷的观察》的教学语片段:

学生看到实验桌上小包里稻谷的虫子时,议论纷纷。教师耐心听取了七八分钟后,讲了下面一段话:

同学们,你们刚才说的都有一定的道理。但稻谷中的虫子究竟是怎么长出来的?现在,我们谁也说不清楚。如果大家有兴趣的话,课后可以去请教大人,当然,也可以用一些稻谷来做实验,观察稻谷在什么情况下会长出虫子来。现在在课堂上,我有个建议:我们是不是可以来观察一下长虫子的稻谷和没长虫子的稻谷有什么不一样?

5. 小学音乐《在你和我之间》的教学语片段:

同学们,我们今天学习新的一首歌《在你和我之间》。这是一首赞美友谊的歌曲。在演唱时要注意演唱的抒情性。第一乐段注意切分音的运用,使流畅自然的旋律更富有活力。第二乐段是合唱部分,高声部作六段大跳,低声部作四段大跳,这样可表现出很强的动力感,也可以恰当地表现少年儿童珍惜友谊的热情。第三、四乐段轻快活泼,要表现少年儿童的性格特征……

6. 小学美术《颜色配方》的教学语片段:

找出红色,在颜料托盘上放七个格子,每个格子上不要放太多,挤 0.5 厘米长度颜料就足够。然后找出白色颜料,在托盘上的长槽里挤出 5 厘米的长度。再怎么做呢?把这 5 厘米分成不等的 7 份,要一份比一份的量多一点,要注意这一点。然后把不等的 7 份按由少到多的顺序放到装有红色的 7 个格子里。下面要做的就是把它们拌均匀,最后动手按顺序用配置好的 7 种色在纸上画 7 个一样大小的圆,比较颜色的变化情况……

7. 小学体育《地上仰卧起坐》的教学语片段:

仰卧在地上,屈膝,并腿,将脚平放在地板上,将手置于大腿外侧,然后以腹肌上部肌群的收缩力量将上体抬起,头尽量触膝。稍停,再慢慢还原。做过 20 次后,可借少许手臂的力量(手向前伸),以便能完成更多次数。注意,慢慢地做这一动作,并使嘴巴能压在胸上。做的过程中,脖子不要太紧张,头部用力不要过大……

二、课外实训

课后观看课文中所讲的三大类学科课程的教学录像,进一步体会它们的教学口语的异同,并结合学科特点和一起观看的同学进行讨论点评。

下篇

教育口语

  学生处于人生的初始阶段，是培养良好行为习惯、形成良好品德的最佳时期，这一时期的教育对学生的健康成长和全面发展有着重要意义。诗人普希金曾说，比天空更广阔的是人的心灵。学生的心灵就像一片湛蓝的天空，这天空是那么纯洁和透明，又是那么广阔和美丽。作为人类灵魂工程师的教师，应该采用怎样的教育口语来开启学生心灵之门，让学生看到那一片湛蓝的天，感受到那份纯洁和美丽？本章主要介绍教育口语概述、常用教育口语、教育口语的综合运用三方面内容。

第九章 教育口语概述

一、教育口语的内涵

教育口语，是指教师依照党和国家的教育方针及德育目标，在对学生进行思想品德、行为规范教育时使用的工作用语。它是教师在课堂和其他学生活动场所进行的教育性谈话。

一个合格的教师，要全面履行教育职责，既要教书也要育人。教育口语是教师育人最直接、最有效的工具。苏霍姆林斯基认为，在拟定教育性谈话内容的时候，教师时刻也不能忘记，教师施加影响的主要手段是语言，教师是通过语言去打动学生的理智和心灵的。然而语言可以是强有力的、锐利的、火热的，也可以是软弱无力的。把握教育口语的特点，了解学生的差异，进而采取对应的教育策略和方法是教师专业化发展的要求。恰当正确地运用教育口语的能力是教师必备的能力。在实际教育工作中，教师需要掌握教育学、心理学等专业理论知识，融合爱心、细心和耐心，熟练地掌握和运用教育口语，才能灵活多变、因势利导，全面做好学生教育工作。

二、教育口语的特点

教育口语作为教师在教育学生时使用的交际工具，除了具有一般口语的共同特点外，相比于教学口语，它还有着独特的个性特点。

（一）民主性

民主性原则就是教师在教育学生的时候要尊重学生，把学生当作平等、独立的主体对待。民主性是教育最核心、最基本的原则，它是师生实现对话的条件，是教育产生效能的关键。正如苏霍姆林斯基在《给教师的建议》中所说："只有能够激发孩子去进行自我教育的教育，才是真正的教育。"贯彻民主性原则，一是要热爱和尊重学生，教育时应以商量的口吻和讨论的方式教育学生；二是要学会倾听学生的心声，借此赢得学生的好感和信任；三是要以学生感兴趣的事物为切入点，激发、支持和引导学生积极向上。

【示例】 张老师曾这样处理过学生的不敬：

我曾教过一位名叫陈某的同学，他母亲在他 10 岁时去世，留下他与双胞胎姐姐。其父很快找了一位年轻的女人，在他与姐姐出面反对时，其父居然说宁可不要他们也要那个女人。此事在他的心灵上留下了很大的创伤。此后,他家的"战争"连续不断。而陈某每次"战争"后来上学都是满脸的阴郁,学习成绩就不用说了。当时我刚接班,不了解情况。发现他的不正常后,曾多次与其谈心。每次都是我自认为很有道理地指点,但没有一点成效。有一天,我上课时,发现他走神,就叫他回答问题。他站起来说:"我不会!"我说:"不会,怎么还理直气壮的?"他说:"谁叫你叫我!"当时,我很生气,觉得平时对他那么关心,都是白费。但事后回想他一连串表现,意识到他的"不敬"只是表象。于是,当天中午放学后,我找他谈了近两个小时。我没有责备他的"不敬",而是希望为他分忧。他把所有的委屈全说了出来。这一次谈话我完全是个听众,但效果出奇的好,他好像通过这次谈话卸下了一个包袱。后来陈某每次遇事都会主动找我说说,人清爽了,学习成绩也上去了。新年时他在给我的一封信中写道:"老师,对不起!那天上课我不该顶撞你。请您原谅我!"①

【简析】 教育谈话是师生双方在平等基础之上的真正交流,教师应放弃话语"霸权",必要时要学会多倾听,真正走进学生的心灵世界,让学生愿意主动走近我们,亲近我们,并且乐于接受我们的进一步的建议或帮助,从而取得良好的教育效果。案例中的张老师讲究民主,她能降低身段和学生平等交流,自然获得了学生的信任。

(二) 针对性

百人百性,教育对象不同,实际情况也不同。要想对学生进行有效的教育,就要针对学生的思想实际和存在的问题实质,因人施言、因事施言、因时施言、因地施言,加强教育口语的针对性。教育口语的针对性包括内容的针对性,即教育语言带有明确的指向性,做到有的放矢,切忌文不对题;形式的针对性,即教育口语讲究清楚明白和生动鲜活,要适应教育对象的理解能力和接受水平。教育口语要做到有针对性,教师要熟悉学生,了解学生在校内外的表现、学生的性情爱好、学生的特点、学生对自己的评价期待等,如此方能真正做到因材施教、对症下药。

【示例】 李老师处理学生打架事件的教育语言:

一次,学生晓强和晓刚打了起来。他俩是好朋友,经常在一起打篮球。晓强行动灵活,球技高。晓刚也不错,但略逊一筹。在争抢篮球的过程中,晓强抢走了晓刚的球。男孩子争强好胜,晓刚当然不服气,抬手就去打晓强。晓强也不示弱,双方各不相让,就打了起来。他俩被我请到了办公室。我说:"奇怪了,你们是好朋友,竟然打得像仇人似的啊!你们打球的目的是什么?"一个说:"为了好玩!"一个说:"为了高兴。""哦!可你们又喜欢打架,那只有以后各打各的球,才不会打架了。""那怎么行,篮球是集体项目,分开打球就没意思了。"他们说完,好像突然意识到了什么,低头不说话了。我寻思着怎么结束谈话。抽屉里有一小袋学生们联欢时没有用完的气球,我的主意

---

① 郑学志. 班主任工作招招鲜[M]. 长沙:湖南师范大学出版社,2005:290. 有删改。

来了。我让晓强把气球吹得鼓鼓的,然后对他们说:"现在得让你们给我完成一件事,你们才能离开办公室。"他们看着我,我继续说:"你俩不用手,一起把这气球挤破。"开始,他们还不好意思凑到一起,可是这样无法弄破气球。于是,他们就开始商量把球放在肚子上,还是放在胸口上。最后,两个人紧紧地拥抱在一起,共同挤破了气球,不好意思地笑了。我也忍不住笑了:"这挤气球就像你们打篮球,劲往一处使,快乐自然来!这气球也像你们的友谊,有一方让一让,友谊就不会破裂!走吧!"

【简析】 学生因球打架,教师根据学生争强好胜但实际并无太大矛盾的特点,以球为话题,分析打球的目的,让学生有所感悟;借助挤气球的小游戏,促使学生很快明白团队协作的重要性,友谊得到了恢复,教育起到了成效。

(三) 情感性

教育的实质是情感交流。富有情感性的教育口语往往能够春风化雨般地滋润学生的心田,给予学生强烈的情感体验。而这种师生之间的情感共鸣,正是教育口语获得学生认同的关键所在。动之以情,以情激情,是教育口语的法宝。首先,教师的情感要真挚,虚情假意不可能感召学生。其次,教师的情感要积极健康。教师只有用积极健康的情感感染学生,给予学生正能量,才能把学生的情感引上正确的轨道。第三,教师要把握好情感的度。假如教师对所谓的"差生"产生了随他去的厌烦情感,教育语言中难免出现蔑视的语言,甚而进行侮辱性的谩骂,会严重地伤害学生的自尊;假如教师对一般学生产生了恨铁不成钢的急躁情绪,教育语言中不可避免会出现指责、训斥的语言,会使学生丧失自信;假如教师对好学生产生了"他什么都好""样样都行"的偏爱情感,教育语言中将充满对其一味表扬的话语,会助长学生的自傲情绪。这些都是感情的度把握不好所造成的。

【示例】 小学低年级一位女学生胃疼,休息治疗一个月后明显好转。家长要带她去上学,她又喊胃疼。这样反复几次,家长发现她有时是真痛,有时是思想问题。不知该怎么处理,于是,带她到学校见班主任。

班主任一见,马上微笑着迎了上去:"嗨!莉莉来了!"并且又轻轻地把她拉到自己跟前,半揽在怀中,关切地问道:"莉莉,你总是哪里痛啊?"

她指给老师看了看,接着老师又抚摸着她的胃部说:"那现在还痛不痛啊?"

孩子看着老师微笑的脸庞、关注的眼神,腼腆地说:"现在不痛。"

老师说:"现在不痛了,说明你的病有好转,老师真为你高兴。我想你这么长时间来一个人待在家里,多没意思啊!在学校多好,能和许多小朋友一块学习,一起玩耍。我看你不痛的时候还是来学校学习吧。如果上课时痛起来,就马上告诉我,我让你到我的办公室休息。如果疼得坚持不下去了,我就打电话让你爸爸、妈妈接你回去看病,你看怎么样?"

老师慈爱的微笑,关切的语言,周到的安排,使小女孩打消了顾虑。她高兴地答应道:"好!"

老师接着说:"莉莉,同学们都已经很想你了,我们现在就去教室吧!"老师牵着莉莉的手到了教室,对全班同学说:"同学们,让我们欢迎莉莉!"说完带头鼓起掌来。在掌声中,莉莉感动得流泪了。

从此,小女孩再也没有借口胃痛缺过课了。

【简析】 要做到教育语言富有情感,首先教师应该充满爱心,因为教师面对的是鲜活而纯真的生命,只有对学生倾注了自己的爱心,动之以情,才能促使学生产生情感上的共鸣。案例中的老师无疑是个细心而又充满慈爱的好教师。

(四) 说理性

以情动人固然能说服学生,但情感因素具有不够稳定的特点,也难以让学生从思想深处认识自己的行为是否符合规范,这时就需要教师充分说理了。说理,就是用摆事实、讲道理的方法来说明是非得失的原因,辨明曲直,使学生从根本上获得正确的认识。教育口语的核心在于一个"理"字。在教育中,对学生的说服、劝导或者批评都要以理服人。在教育说理时,教师要明确说理的依据,抓住说理的难点,熟悉说理的方法。此外,用词要准确,判断要得当,推理要严密,要能够以强大的逻辑力量感染学生。

【示例】 四年级的苗苗跟老师请假去参加亲戚的婚礼。王老师问道:"告诉老师,你能去给亲戚帮什么忙?抬东西吗?要不就是管理事情?"看着苗苗直摇头,老师温和地说:"老师知道,去吃亲戚的喜糖是你盼望已久的事情。如果她在节假日结婚,我们不上课,能去当然好。可现在情况不同,明天语文、数学都学新课,你要是不来上课,那损失有多大呀!假如你只是想凑热闹,那太不划算了。想吃好东西,可以让你爸爸、妈妈给你多捎些回来。"苗苗站在老师面前,眼里有泪珠在滚动。"这样吧,老师已帮你把事情分析了,对你请假的事,老师不说'行',也不说'不行'。至于怎么办,你今晚回家再好好考虑一下。"

【简析】 这个例子是老师就学生请假进行说服。老师先向学生进行提问,让学生明白,他参加婚礼帮不了什么忙,这是理由之一;接着又从学习新课、让父母捎好吃的回来两个方面说服学生。学生眼里的泪珠表明他还未被说服,老师就让学生自己思考、选择。整个说服过程,都是老师在直接陈述自己的观点,理由充分,即告诉学生应该到学校上课。

(五) 诱导性

诱导,即诱发、引导。帮助学生获得正确的思想认识,并将其转化为具体的行动,是教育活动的根本目的。因此,在教育过程中,教师仅仅将事理明白地告诉学生是不够的,还必须根据学生的思维习惯,采用灵活多样的语言,在思想上给以点拨、引导,促使其思考,鼓励其行动。要使教育口语具有诱导性,首先,应注意表达的渐进性,要由表及里,由浅入深,循序渐进,不可急于求成,一说到底;其次,要注意表达方式的灵活性,或简洁直陈,或含蓄委婉,或风趣幽默,以利于学生接受思考。

【示例】　小学附近有一个花园,一年四季鲜花盛开、五彩缤纷。尽管这个花园有教师看管,学生们上学放学时总是流连于花丛中,并顺手摘上几朵鲜花带走。后来换了一位教师来管理这处花园,情况就发生了变化,学生私摘或毁坏鲜花的现象再也没有发生过。这位新教师有什么秘诀呢?

一天早晨,一群学生来到花园。一个小男孩走到教师跟前,问道:"我能采一朵花吗?"

"你想要哪一朵?"教师和蔼地问。小男孩很仔细地看了一会儿,选了一朵开得很低的红色郁金香:"这朵能行吗?"

"这朵花归你了。不过,我有一个小小的建议。你想啊,如果你把它留在泥土里,那就可以玩好长时间,它都开不败呢;如果你把它摘下带走,那就只能玩一会儿,它就枯萎了。你愿意采用哪种方法呢?"

小男孩想了一会儿说:"那我还是把它先放在这里吧,等我放学后再来看它。"

"那好!"教师问,"你叫什么名字?"孩子告诉了教师自己的名字后就高兴地离开了。

那天有20多个学生都向教师要花,教师有求必应,但接着学生们又都愿意把花留在花园里。等他们放学回来,看到在他们选的花茎上面多了一张小纸片,上面写着自己的名字。这使他们激动不已。于是,要花的学生越来越多,而定期给花浇水、上肥、除虫的学生也越来越多。

那一年春天,教师把花园里的花都给孩子们了,却没有弄丢一朵。相反,那一年的花,开得比任何一年都多。①

【简析】　教师俨然一个高超的教育家。面对学生的摘花行为,他没有板着脸孔训斥。他知道,孩子们喜欢花是对美的欣赏,他理解学生们的初衷,尊重学生的愿望。他因势利导,用简洁的言语让学生们知道:摘在手里的花没有生命力,而且只能自己玩;只有让花开在枝头,花才有无限的生机。再加上教师将学生的名字挂在花茎上,便使学生有了责任感。教师的话语和做法,达到了交际的目的,使学生爱花的行为在极其愉快的情感体验中,得到了矫正和强化。

（六）艺术性

教育口语的运用是一门艺术。教育口语的艺术性是指教师根据不同的教育对象,在不同的教育情境之中,艺术性地使用语言进行教育工作,使语言呈现出不同的风格,或委婉含蓄,或风趣幽默,或质朴平实,做到循循善诱,导而不牵,尽量杜绝使用直白生

---

① 康青,舒磊. 教师口语训练教程[M]. 南昌:江西高校出版社,2008:144. 有删改。

硬的、干巴巴的乏味语言。此外，教育口语的艺术性还体现在教师善于抓住教育时机，巧设情境。教育时机分两种，一种是已有的，需要教师及时捕捉，加以利用；另一种是原本没有的，需要教师主动创设教育情景。

【示例】　斯霞老师的一把特殊的钥匙：

斯霞的班里新来了一个小男孩康康，听说他在幼儿园里是出名的"小皮王"。在课堂上他总是坐不住，小动作多，发言不举手，随便插话。他喜欢劳动，但就是粗心大意，常常把事情弄糟了，弄得妈妈一点办法也没有，于是他妈妈就下了一道禁令："一切都不准康康动手。"当康康的妈妈向斯霞"诉苦"时，斯霞笑着说："你什么都不让他干怎么行？孩子有缺点，我们要有针对性地锻炼他。"

斯霞是怎样培养康康的细心和耐性的呢？

斯霞会对康康说："请你倒杯水给我，小心点，不要泼在身上。"康康高兴了，因为妈妈从来没有这样客气地同他讲过话。他眨着好奇的眼睛，倒了一杯水轻轻放到老师桌上，一滴也没有洒。斯霞高兴地说："谢谢你，做得很好。"

斯霞会要求："康康，我的眼镜忘拿了，批改作业看不见，请你去帮我拿来，可别碰坏了。"康康知道老师是离不开眼镜的，小心翼翼地把眼镜拿来了，没有碰坏。

每当这时，斯霞就鼓励说："不错，你很细心，事情做得很好，今后就应当这样。"

一次，斯霞批改作业的时候，请康康帮助她把一本本作业本打开，全都翻到当天要批的那一页，然后整齐地叠成一堆。康康耐心地照着老师的吩咐做了。

当康康打开自己的作业本时，斯霞发现上面有个字写错了，马上对他说："康康，慢点翻，你把刘若愚的本子找出来对一下，看看你有没有把字写错？"康康逐字对照后脸红了。老师亲切地对他说："以后写字可要细心，你看刘若愚的字写得多好，又端正，又好看。"康康低头不说话了。

康康终于进步了，变得非常细致而有耐性，写作业认真了，在家里也能帮妈妈干很多活。①

【简析】　斯霞老师的方法可真是别具一格，她不是在学生犯了错误后，通过批评告诫，使之在挫折中吸取教训加以改正，而是平时人为地创造各种机会，创设相应的教育情境，请学生做一些力所能及的事，一方面借此悉心指导他如何做事，另一方面在学生完成要求后，通过表扬、鼓励，让他学会做事，树立信心。

（七）克制性

对学生的教育是一件繁杂而艰巨的工作，面对少数言行过分的学生，或面对个别屡教不改的学生，或面对品行学业双差的学生，教师在教育时难免会犯急躁的毛病，此时要特别注意克制。克制的目的是更好地交流，它比直接表达不满或责备更能显示教师的

---

① 古平. 往事如斯：古平通讯散文选［M］. 北京：新华出版社，2004：209-211. 有删改。

修养和学识智慧。很多时候,那种直接表达不满或责备的方式往往不符合教师的身份。教师对学生教育的克制性原则主要有以下几点:一是含蓄,不直截了当表达意思;二是注意分寸,考虑对方的接受能力;三是制怒,不用训斥甚至谩骂的方式。

【示例】　特级教师于永正在谈到对自己子女的教育时是这样检讨自己的:儿子上一年级的一天,正兴致勃勃地唱刚学过的一首歌,于老师在一旁说:"跑调了。你怎么五音不全?"从此,儿子再也不唱了。女儿上小学时,向于老师请教一道计算体积的题目。为了帮助她理解,于老师作了一幅画,但女儿看不懂。于老师就批评说:"怎么空间想象能力这么差!"一直到现在,女儿总觉得自己空间想象能力不行。[①]

【简析】　于老师反思:这样的批评,就当时的情景来说,应该是比较符合的。但是,由于自己采用的批评方式带有明显不满,甚至训斥的情绪,因而,大大刺伤了孩子的自尊和自信,起到了与动机相反的效果。于老师的反思告知我们:教师在对学生进行教育时,应特别注意自己言语表达的方式、方法,一定要遵循克制三准则,否则会适得其反,好心办坏了事。

(八)　长期性

教育工作不可能一劳永逸,有时也难以立竿见影,"十年树木,百年树人",说明了教育的长期性。在实际教育工作中,也常常出现这样的事情:这一时期的教育重点做好了,又有下一时期的教育重点;这个问题解决了,那个问题又来了;今天没问题了,明天又产生了新的问题;这位同学的思想行为端正了,那位同学的言行举止又要引导;这一批学生毕业了,新的一批学生又接踵而来;等等。即使是同一名学生,不同时期也可能心态不同。教师在培育学生的品行素养,塑造学生健康的人格,规范学生良好的言行等的道路上任重而道远。因此,教师要树立"春蚕到死丝方尽,蜡炬成灰泪始干"的敬业精神,做好为教育学生贡献毕生精力的准备。

【示例】　我担任班主任和上课的班级是四(3)班。我发现班里有个学生上课发言很积极,是个可爱的男孩,我也认为他是个可塑之才。没想到他说一套做一套:做作业时动作很慢,思想很不集中,家庭作业经常不做,即使做了也做不完整,书写相当潦草……每天不是各科任课老师就是学生向我告状。于是,我找他谈话,希望他能遵守学校的各项规章制度,以学习为重,按时完成作业,知错就改,争取进步,争取做一个他人喜欢、父母喜欢、老师喜欢的好孩子。他刚开始一副爱理不理的样子,后来口头上答应了。可他仍一如既往,毫无长进,"承认错误,坚决不改"。我再次找他谈话:"想改正错误吗?想做一个受他人欢迎的孩子吗?你要怎样做才好呢?""我今后一定要遵守纪律,团结友爱,认真完成作业……""那你可要说到做到哟!""好!"后来,他无论是在纪律上,还是在学习上,都有了明显的进步。当他有一点进步时,我就及时给予表

---

① 程培元. 教师口语教程 [M]. 北京:高等教育出版社,2004:24-25.

扬、激励，使他处处感到老师在关心他。他也逐渐明白了做人的道理，明确了学习的目的，端正了学习态度。

为了提高他的学习成绩，除了在思想上教育他、感化他外，我还特意安排一个责任心强、学习成绩好、乐于助人、耐心细致的女同学跟他同桌，目的是发挥同桌的力量。事前，我先对这个女同学进行了一番谈话："为了班集体，不要歧视他，要尽你自己最大的努力，耐心地帮助他，使其进步。"这位同学满口答应，并充分利用课余时间或课堂时间帮助他、教育他。有时，这位同学也会产生一些厌烦情绪，说他不太听话，不太乐学……此时，我就跟她说："要有耐心，慢慢来。"后来，他取得进步时，除了表扬他，我还强调，这也离不开同学们的帮助，特别是同桌的帮助。在同学们的帮助和他自己的努力下，他各方面都取得了不小进步。他学习上更努力了，更遵守纪律了，甚至自己当起了值日生，劳动也更积极了，成绩也有了很大的进步。为此，我会心地笑了。后来，有一次我找他谈话时，他说："老师，××同学这样关心我、爱护我、帮助我，如果我再不努力，对得起她吗？"我笑着说："你长大了，懂事了，进步了。我可真替你高兴。"

【简析】 这段教育性谈话充分体现了教育口语的针对性、情感性和长期性的运用原则。这次谈话是针对学生不遵守学校纪律、不能按时完成作业等问题进行的。在教师的教育下，学生刚开始虽然认识到错误，但是没有真正改正。此后，教师耐心细致，放下架子亲近他，对他敞开心扉，又多次找学生进行谈话，以关爱之心来触动他的心弦，从而促使他主动认识并改正错误。教师不仅自己长期教育他，还利用同学的长期帮助，让他感受到同学给自己带来的快乐和自信。

三、教育口语的策略

教育是一项复杂的工程，要想成功地教育好学生，既不能就事论事，对犯了错的学生仅批评而不表扬，也不能将个体教育与集体教育脱离，更不能忽视家庭教育的力量。教师在使用教育口语时，应讲究以下三种策略。

（一）批评与表扬相结合

按照客观实际进行分析，一个集体有落后的也有先进的，一个人有缺点也有长处。所以当学生犯错误的时候，教师不能一味地、生硬地进行批评，应在肯定其优点的同时指出其错误。这样既可以防止教师简单粗暴，又可使学生心悦诚服。实践证明，批评与表扬相结合是很有实效的教育方式。

（二）个体与集体相结合

教师要利用各种集体活动的机会向全体学生进行各种规范的正面教育，以优化整个集体的素质，使大家共同提高，共同进步。在这个基础上要了解每个学生的心态，要随时做好各种工作，没有错误则以提高为目的，有产生错误的可能则要以将其消灭在萌芽状态为目的。只有创造一个好的集体环境，才容易使个别学生改正错误，不断进取；只有把后进转变为先进，才能够使集体变为先进。

（三）教师与家长相结合

进行家访和开家长会，教师多年来在教育工作中普遍使用，这也是教师与家长互通信息、互寄希望、互相负责而进行双向交流的重要方式。教育好学生，教师和家长任何一方都不可能全包，只有相互合作，相互配合，才能保证学生在各方面不断进取。

 实训平台

一、课堂实训

阅读下列材料，根据教育口语的运用原则，回答相关问题。

1. 请说说斯霞老师的做法对我们运用教育语言有什么启发？

特级教师斯霞老师，根据小学不同年级学生的语言发展情况，使用深浅不同的词语来表达有关对人的态度的意思，一年级她常用"客气""和气"这样的词语；二年级就用"和蔼""友好""团结"；三年级用"慈爱""友爱"；四年级以上用"谦虚""和蔼可亲"等词语。

2. 私塾先生的做法错在哪里？如果这个私塾先生是你，你如何有针对性地教育这两个学生？

有一个私塾先生，特别偏爱一个学生和讨厌另一个学生。有一天，两个学生读书时，读着读着就都趴在桌上睡了。先生看见他喜欢的学生趴在书上睡着了，笑眯眯地说："多好的孩子呀，连睡觉都想着学习。"当他转身看见他讨厌的学生也趴在书上熟睡时，气得大骂："一读书就睡觉，真是孺子不可教也。"

3. 下面这位实习老师为什么问不出撕书的人来？假如是你，你会怎么办？

班会课上，一个女孩哭叫起来："谁把我的书给撕破了？"上课的实习老师急忙处理这个问题："谁把××的书撕破了？"连问几声，无人回答。老师更气了："把别人的东西弄坏了，还不肯承认，这是什么行为？快自己出来承认！"全班同学你看看我，我看看你，教室里的气氛顿时紧张起来，就是没人承认。老师更火了："你们自己如果不承认，等我查出来，就要加倍处分！你们都没有撕，难道这本书是××自己撕破的吗？"教室里鸦雀无声，连那个女孩也吓得不敢呜咽了。只听得老师在大声嚷嚷，就是追问不出撕书的人来。

4. 假如你面对这样的学生，你将怎么教育？

五（1）班的"小鸽子"有点聪明，爱捣蛋，常常弄得老师进退两难。你看他又在科普课上表演了：

师：同学们，知道我们人是从哪儿来的吗？"小鸽子"你能回答吗？

小鸽子：人是"天"生的！也就是爸爸妈妈两个人生的，"天"字不是"二"和"人"组成的吗？（一边说一边用手比画着）合在一起就是"天"生的啦……

5．下面这位教师主持的理想课很不理想，为什么？

某教师进行理想教育谈话：

师：同学们，今天老师想知道你们长大了想做什么？说出来给大家听听。

生：我要当科学家。

师：好，有志气，科学家能为我们发现创造好多好东西呢，到时发明了好东西要先送一个给老师啊，老师会为你骄傲的。

生：我想当医生。

师：也不错，好好学，老师哪天生病了就找你看去，还是免费的，对不对？

生：老师，我想去制作零食，你想吃多少就能吃多少。

师：混蛋，馋猫！没出息，一天到晚就想着吃，看你已经像个胖猪了。我们别跟他学，我才不吃你的零食呢。

（那个学生号啕大哭起来）

师：啊，还好意思哭，眼泪多得很，就是零食吃多了，你懂吧。再哭，我找你妈妈说去。

（学生哭得更凶了）

二、课外实训

1．讲述你在教育见习时听到的教师恰当或不恰当使用教育口语的实例，并加以分析评论。

2．两人一组，设计多个校园生活的问题情境，然后分别扮演学生和教师，根据学生教育口语的特点解决问题。

三、他山之石

如果……

儿童教育家多萝茜·洛·诺尔特有段经典名言：

如果一个孩子生活在批评之中，他就学会了谴责。

如果一个孩子生活在敌意之中，他就学会了争斗。

如果一个孩子生活在恐惧之中，他就学会了忧虑。

如果一个孩子生活在怜悯之中，他就学会了自责。

如果一个孩子生活在讽刺之中，他就学会了害羞。

如果一个孩子生活在嫉妒之中，他就学会了嫉妒。

如果一个孩子生活在耻辱之中，他就学会了负罪感。

如果一个孩子生活在鼓励之中，他就学会了自信。

如果一个孩子生活在忍耐之中，他就学会了耐心。

如果一个孩子生活在表扬之中，他就学会了感激。
如果一个孩子生活在接受之中，他就学会了爱。
如果一个孩子生活在认可之中，他就学会了自爱。
如果一个孩子生活在承认之中，他就学会了要有一个目标。
如果一个孩子生活在分享之中，他就学会了慷慨。
如果一个孩子生活在诚实和正直之中，他就学会了什么是真理和公正。
如果一个孩子生活在安全之中，他就学会了相信自己和周围的人。
如果一个孩子生活在友爱之中，他就学会了这世界是生活的好地方。
如果一个孩子生活在真诚之中，他就学会了头脑平静地生活。
你的孩子生活在什么之中呢？

第十章 常用教育口语

教师用语言启迪智慧、开启心扉、解决疑难、处理人际矛盾，这样的语言不单单是工具，更应是艺术。教师的谈话，说什么、怎么说，要有深刻了解学生的爱心指引，要有丰富的经验积累和语言素养基石，要有巧动心思、精心设计的谈话形式包装，这样的谈话，才能取得良好的教育效果。那么，在实际工作中，教师的教育谈话应该如何有效地开展呢？本节主要根据教育用语特点分类，重点介绍了以下六种常用的教育口语。

一、表扬语

（一）表扬语的内涵

表扬语，是指教师在教育活动中，对学生个体或群体所表现出来的良好的思想行为使用赞许、褒扬的语言给予肯定性的评价的一种教育口语。其目的是强化被表扬者的良好表现，并将这些言行巩固起来，也为全体同学树立榜样。表扬能给予学生精神上的满足，增强其自信心，并克服前进道路上的障碍，进一步发扬自身优点，奋发向上。恰当、适度的表扬，对鼓励先进、鞭策后进、激发士气、培育学生的良好行为、推动良好风气的形成，是一种积极有效的动力。

"好孩子都是夸出来的"，这几乎是当前教育界乃至全社会的一个共识。心理学家威廉·詹姆士说："人类本质中最殷切的需求是：渴望被肯定。"人人都喜欢被赞扬，学生更是如此。在教育学生的过程中，教师应多用欣赏的态度、发展的眼光去看待每一个学生，要尽量满足学生被尊重、被肯定、被赞赏的需要，如此才能有效地激发他们发展自己、完善自我，"让学生都抬起头来走路"。教师在使用表扬语时，要热情，要有感染力；一般情况下，语调昂扬、语速较快，措辞褒义色彩鲜明，用重音强调值得表扬之处，并辅以点头、微笑等体态语。

（二）表扬语的主要特点和要求

1. 客观真诚，实事求是

教师在运用表扬语时，要客观真诚，实事求是。一是教师的感情要真诚，不勉强做作，发自内心地对学生的每一点进步进行赞赏和鼓励。切忌为表扬而表扬的形式主义。二是表扬的事实要准确、真实，不能夸大其词。真实是表扬的基石，真实的赞美才能打动人的心灵。如果离开事实基础，名不副实，甚至弄虚作假，不仅起不到激励斗志、弘扬正气、鞭策后进的作用，反而造成不良影响。因此，在进行表扬前，教师一定要对表扬的事实进行核实。

2. 公正公平，一视同仁

公正公平是教育民主精神的一种体现。对教师而言，公正公平是对学生进行评价时应有的基本立场和职业道德；对学生而言，公正公平是对教师评价的合理要求。教师运用表扬语的公正公平性，就是面向全体学生，对他们的成长与进步，一视同仁地给予肯定和鼓励。不能只看到优秀生的优点，却看不到后进生的亮点。更切忌想当然、凭主观印象看人，对后进生的优点与进步持怀疑态度，甚至挖苦讽刺；而对优秀生的缺点视而不见，避而不谈，甚至认为它无伤大雅。

3. 适时适度，注意分寸

表扬是一种激励，及时的表扬才可能发挥其最大功效。对乐于表现自己的学生来说，每当他们取得成绩或做了好事之后，期待甚至渴求得到他人肯定和认可的心理需要特别强烈，教师在这样的期待心理背景下，对他的言行结果及时给予表扬，有助于强化他积极进取的愿望。过期的表扬，不仅会削弱表扬的作用，还会使学生对表扬产生淡漠心理。另外，表扬要适度，要有分寸。表扬如果过滥，反而会产生负效应，造成学生对表扬无所谓。切忌使用"谁都比不上你聪明"之类的夸大其词的表扬语，也不要使用"非常了不起""棒极了"之类毫无内涵的低层次的戴高帽子式的表扬语。另外，同一件事上，在批评一个同学的同时，一般情况下不要即刻表扬另一个同学。

（三）表扬语的基本类型及技巧

根据表扬语的使用方法，表扬语可分为当面表扬和迂回表扬两种。

1. 当面表扬

当面表扬，是指教师对学生表现出来的言行，面对学生直接作出肯定评价的一种表扬语。这是最平常、最及时也是最实用的表扬方法。根据受众面，当面表扬又分当众表扬和个别表扬两种。

（1）当众表扬

当众表扬，是指教师在公开场合当着众人的面对学生进行表扬的一种直接表扬语。这是教师运用表扬手段时最常用的形式。一般来说，当众表扬因为受众多、影响大，更能使受表扬的学生产生一种荣誉感；特别当受表扬的是差生时，更能帮助他们找回自尊，树立自信心。当众表扬也能为其他同学树立榜样，鼓动作用能得到充分发挥。

【示例】 郑老师接了一个全校闻名的乱班。开学前，郑老师从前任班主任那里了解到，这个班班风不正，大多数同学不守纪律，不爱学习。

郑老师觉得首先的任务就是让同学们正确地认识自我，然后引导同学们努力塑造自我。他组织同学开展了一次成果展示会，主题是"我，好样的！"同学们把自己在各项活动中获得的奖状、荣誉证书都带来了，无论奖级高低，大家的脸上都挂满了喜悦和自豪。班会接近尾声时，一个名叫陈昊的同学捧着一叠小红花走上讲台，他说："在小学里,我学习成绩不好,又喜欢打架,可我在幼儿园被评过好孩子呢。你们看,这是我得的小红花。"说着,他的脸红了,同学们用掌声把他送上座位。

郑老师对同学说:"陈昊同学敢于当着大家的面承认自身的不足与缺点,这是好样的。一叠小红花,证明了陈昊同学有光荣的昨天,我们相信,在我们这个团结友爱的大家庭里,他一定能创造更加光荣的明天!"此时,教室里又一次响起了热烈掌声。从那以后,陈昊同学再也不欺负弱小、不拖欠作业了。从此,班风井然有序,同学们学习积极性越来越高涨。

【简析】 郑老师创造机会让学生充分展示自己曾有的优势,这是一种更为巧妙的无声表扬,它让学生找回了自信。郑老师又独具慧眼,能发现后进生身上的闪光点,并不失时机地给予当众表扬,趁机提出更高的要求。可见,当众表扬并不是单纯说好话,而是要出于对学生的一片真心,与人为善,溢于言表,方能激发起学生的上进热情。

(2) 个别表扬

个别表扬,是指教师在非正式场合对学生本人进行表扬的一种直接表扬。教师为了更好地了解学生、帮助学生、与学生沟通,常常要与学生单独相处,就学生的学习、生活、思想等话题与他们进行交流。这时从表扬入手,学生就会特别感动,交流沟通也会更加顺畅。

【示例】 王老师发现小明每天早上上自习时,总喜欢跟同桌窃窃私语。一天,正在上课,王老师偷偷地从教室的窗户里看到小明又在和前面的同学眉飞色舞地聊着,下课后便把他叫了出来,语重心长地问他为什么上课说话。可小明就是一言不发,看到这种情形,王老师又想了一个办法,给他调了座位,让他单人单座。但效果还是不明显,而且他学习的积极性明显下降了。经过一段时间的观察,王老师发现,其实小明具有一定的管理能力,愿意参加班级事务,又很讲义气,威信很高,便抓住这一点跟他单独长谈了一次,主要围绕班级管理话题来征求小明的意见。小明很感兴趣地提出了很多建议,班主任对小明提出的建议给予了高度评价,同时趁机指出了他的缺点,并且委任他为纪律班长。后来,小明的表现变好了,上课能有意识地控制自己不说与课堂无关的话,并协助班级干部管理班级的纪律,这让王老师感到很欣慰。

【简析】 王老师发现了小明的长处,即时采用表扬语,趁机指出了其缺点,同时委任他为纪律班长,让小明感到被重用、被关爱。由此可见,有时面对学生的缺点,如果变换一种教育方式,即以表扬学生身上闪光点为主,以指出其缺点为辅,教育效果反而明显。

2. 迂回表扬

迂回表扬,是指教师不直接面对学生进行表扬,而是借助其他渠道让学生得知信息的一种表扬语。有时候,教师不当着学生本人的面,而是向其他相关人员赞扬该生。赞美的话语,或由被表扬的学生无意中听到,或由相关人员转达给被表扬的学生,这样反而更能促使学生感悟，进而改进自己的缺点。这种方法适用于激励中高学段个性较强的学生。

【示例】 一年暑假，我接了个新班，班里有一差生，从小被父母娇生惯养，一旦谁得罪了他，张口就骂，动手就打。原班主任对他的评论是道德败坏！开始，我对他以批评为主。表面看，他比以前老实多了。但一暗访，发现他恶习并没有改掉。硬的不行，我就对他来软的。只要发现他一个小小的优点，我就在课堂上大大表扬一番。但一暗访，坏了！他对人说老师是"硬的不行，想来软的哄我，哼！我就不吃这一套"。我的心凉了：难道他真是一块顽石？人人都希望得到别人的表扬，他为什么不接受呢？

有一次，他又因小事打别人，家长来校道歉，谈起了教育孩子的难处："哎！从小把他给惯坏了，将来怎么办呢？"

"其实，他有很多优点……我相信他会慢慢改掉打人骂人的坏习惯的！"

过了一段时间，大家突然注意到，这段时间没有同学告他的状了。家长也纳闷了："似乎变了一个人，回家就做作业。"

为了寻找他变好的原因，我单独找他谈了一次话："以前，大家都盼望你改掉打人骂人的坏习惯。我经常批评你，也经常表扬你的优点，但你为什么不接受呢？"

"……"他没有回答。

"你从什么时候下决心改掉坏习惯的？"

"从……从你对我爸爸说我成绩不错，还有许多优点……"

"这些话在班上我对你说了多次了呀？"

"……"他没有回答。

我猛然记起《中国教育报》上的一篇文章《"遗忘"在讲台上的班务日志》，是不是一个道理呢？对！肯定是！文章中引用学生日记中的一段话颇使人深思："这些话老师曾对我说过多次，那时我以为老师是当面奉承我，甚至敷衍我，是企图让我听话和就范的'招数'。自从看了班务日志后，我才知道，这些话是出自老师的真心……"

我从中悟出了很多：人都希望得到别人的表扬，但又怀疑正面对自己的表扬，尤其是"差生"；人都讨厌别人背后说自己的坏话，但都愿意听到别人背后说自己的优点……

【简析】 对待批评、表扬都不在乎的差生，教师背地里的一次夸奖，取得了这样好的效果。由此可见，教育的关键在于因材施教，方法得当。迂回夸奖不失为一种好办法。

当前，教育界很推崇赏识教育，认为表扬才会促使学生建立自信，使学生的优点不断得到巩固和发展。恰如其分的表扬语，有利于学生认识好坏、善恶，能使学生获得精神上的满足和愉悦，从而更加努力上进。但在教育学生的过程中，针对同一时段发生的同一件事情，不要在表扬了表现良好的学生后立刻批评表现不好的学生，这样极易伤害被批评的学生。

二、批评语

(一) 批评语的内涵

批评语,是指教师在教育活动中,对学生的不良言行做出否定评价的一种教育口语。表扬语和批评语就像一对孪生兄弟,在教育活动中不可分割。如果说表扬是给幼树培土浇水,那么,批评就是给幼树整枝除虫。作为一种负强化手段,批评语不仅可以督促学生汲取教训,改正错误,提高认识,而且可以教育周围的学生,杜绝类似的问题出现,它是教师进行思想品德教育的必要手段,正如《礼记·学记》所说:"教也者,长善而救其失者也。"

人非圣贤,孰能无过,每个学生都是在错误中成长的。教师运用批评语是对学生错误行为的告诫,是对学生正确行为的塑造。批评作为教师对学生进行思想品德教育的必要手段,为的是让学生引起警觉,自觉纠正缺点或错误,规范行为,有时还能从反面激发学生积极向上的斗志。当然,教师要根据学生出现的问题性质,学生对待问题的态度认识和学生不同的语言接受能力,有针对性地进行批评教育。

(二) 批评语的主要特点和要求

1. 学会尊重,公正公平

有效批评的基础是学会尊重、公正公平。现在的学生自尊心很强,后进学生更是在内心深处有着很强的上进要求,渴望得到教师的理解和帮助。教师要学会尊重学生,要以一颗爱心帮助学生,"爱人者,人恒爱之;敬人者,人恒敬之"。一般来说,批评的言辞不一定必须委婉,必要时可以严厉,但态度必须平和严肃而不是冷漠强硬,切记不能采取变相体罚、辱骂训斥或挖苦讽刺等有辱学生人格的做法,使之当众出丑。此外,批评应一视同仁,对任何人既不能偏袒,也不能过重惩罚,不要带着情绪批评学生。

2. 讲究策略,适时适地

一般来说,学生在被批评的时候,都会产生一种自我保护的本能,只要有其他人在场,即使是老师的态度再诚恳,批评的方式再温和,也会让学生感到丢了面子。教师应根据学生的特点、情绪等情况,在充分了解事实的前提下,选择相应的策略。一是少在公众场合直接批评,多与学生单独进行沟通;二是只要发现问题,及时进行批评;三是批评学生时不要揭学生的旧伤疤,或新账老账一起算;四是要就事论事,指出错误的性质和危害,切忌小题大做,夸大错误的性质,更不要打棍子、扣帽子,不无限上纲上线;五是尽量做到批评一人,教育全体;六是有时候要批评与表扬相结合,在批评的同时也肯定对方的优点。

3. 细心观察,重视反馈

批评,即使是最温和的批评,对学生来说也是难过的事。学生受批评后,很容易产生诸如自卑、情绪低落、意志消沉、自暴自弃等抑制性反应。因此，教师在对学生批评之后，要进行有意识的观察，关注学生的情绪变化。现在的学生主体意识较强。批评过后，要采取适当的方法安抚学生，适时找一个表扬他的机会。批评和安抚相结合的策略运用到学生身上是比较合适的。要防止学生做出逃学、出走、报复等更加错误的过激行为。批评之后的善后工作不可忽略。

（三）批评语的基本类型及技巧

根据批评语的用语特点，批评语主要分为以下三种：

1. 正面批评语

正面批评语，是指教师采取开门见山、单刀直入的方式，毫不含糊地从正面指出学生错误的一种批评语。这种批评语要求用语明确、表情严肃、手势有力。但要注意说话的力度，语气不可过分生硬，用词也要斟酌，不能吓唬学生。特别要实事求是，控制情绪，对错误不夸大不缩小。它适用于批评错误性质较为严重、影响面较大的人与事。

【示例】　一个喜欢恶作剧的学生故意把黑板刷挂在黑板上端，使一位矮个子老师尴尬至极，全班同学都谴责肇事者缺德。但老师没有大发雷霆，而是镇定自若地说："这位同学既然敢做，就要敢当！"课后这位学生真的找上门来，老师严厉地说："你看我个子矮不顺眼？天天跟你们上课，这是公开的秘密。你想以此来突出我的短处，让我出洋相伤自尊？要知道，嘲笑别人的生理缺陷是对他人人格最大的侮辱！你听到同学都骂你缺德了吗？你这样做不仅破坏了课堂纪律，影响了课堂情绪，而且影响了你个人形象，同学们将怎样看你？如果你想明白了，回去向全班同学道歉，并说说你对这件事的感受！"

【简析】　对于这种有意识的恶作剧行为，教师明确指出这是一种不道德的行为，是对他人的侮辱！这种正面交锋，用"不揭他人生理缺陷"的共有之情，用"影响课堂纪律和情绪，也影响自己"的共识之实，丝丝入扣，将错误性质及其严重性论述得清楚明白，以理服人。让学生不得不从内心接受建议，认真反省。

2. 以褒代贬批评语

以褒代贬批评语，是指教师不直陈学生的缺点和错误，而是用态度真诚的表扬形式来指出其不足，似扬实抑，巧妙地用夸赞其进步代替批评其不足，寓否定于肯定的一种批评语。其特点是语气委婉，既激发学生的自尊，又不损害其面子。针对学生喜欢听表扬、不愿听批评的心理特征，以褒代贬不失为一种良好的教育方式。此方法适用于自尊心、上进心强的学生。

【示例】　陶行知先生在任育才小学校长时，有一天看到一名男生用泥块砸另一位班上的男同学，当即制止了他，并让他放学时到校长室去。放学后，陶行知来到校长室，看到那位男生已经等在门口准备挨训了。这时，陶行知从口袋里掏出一颗糖送给他："这是奖励你的，因为你按时到了，而我却迟到了。"那位男生诧异地接过糖果。

随之,陶行知又掏出一块糖给他:"这也是奖给你的,我不让你打人,你立即住手了,说明你很尊重我,我应该奖励你。"那位男生将信将疑地接过糖果。陶行知又说:"我调查过了,你用泥块砸那些男生,是因为他们不守游戏规则,欺负女生。你砸他们说明你有正义感。"陶行知掏出第三块糖给他。这时,那位男生感动极了,哭着说:"校长,我错了,同学再不对,我也不能采取这种方式。"陶行知又拿出第四块糖递给那位男生说:"为你正确认识错误,我再奖你一颗糖。只可惜我只有这一颗糖果了。我的糖果奖完了,我们的谈话也该结束啦!"①

【简析】　陶行知先生在与违纪学生谈话前,通过调查弄清了学生动手的原因。教育时,陶先生对犯错误的学生以礼相待、真诚教育,对学生守时、尊敬师长、富有正义感等给予了表扬和奖励,从而唤起了学生认识错误、改正缺点的自觉性。这种以褒代贬的批评要发挥成效,必须找准所要褒奖的缘由,且所褒奖之事和所批评之事要存在内在的逻辑关联性。

3. **旁敲侧击批评语**

旁敲侧击批评语,是指对学生的错误不从正面阐明本意,而是采用迂回的方式表达批评之意的一种批评语。它多适用于悟性较高的学生。根据旁敲侧击的手段不同,这种批评语主要有以下四种形式:

(1) 故事隐喻

故事隐喻,是指教师通过讲述行为相似、寓意明确的故事,侧面指出学生的不良品行,让其对照故事检查自身缺点的一种旁敲侧击批评语。

【示例】　有一个学生自觉守纪的习惯很差,老师在,他很规矩;老师离开,他就无拘无束,置班规、班纪于不顾。教师没有就事论事,直接批评他,而是给他讲了一个真实的故事:A和B在同一个餐馆给老板洗盘子,老板规定每个盘子必须洗六遍,如果违反规定,立即开除。刚开始,A老老实实地洗六遍。后来,他洗五遍,老板检查时他过关了。再后来,他干脆只洗三遍,老板也没发现他的问题。过了一段时间,他把这个秘密告诉了B。B听了之后,非常惊讶地说:"你居然敢违反规定?我对你感到很失望!"B仍然坚持洗六遍。讲完之后,我要他谈谈感想。他说:"原来我就跟A一样存在这样错误的想法:只要不被发现,违反纪律也没事。"现在,这个学生担任纪律检查委员,还专门负责阅读课的督促工作。

【简析】　教师用一个相似的行为,通过讲故事的方式旁敲侧击地指出了学生身上存在的缺点,让学生认识到自己的不良行为,进而接受了老师的教育。

(2) 诙谐寓意

诙谐寓意,是指教师以诙谐的话语或引用俗语、谚语等寄予批评的含义,让学生在轻松幽默的气氛中接受教育的一种旁敲侧击批评语。用幽默诙谐的语言批评,能缓和气

---

① 贾杜晶. 7~9岁了,叛逆期来了[M]. 成都:四川科学技术出版社,2021:38. 有删改。

氛，便于缩短师生之间的距离，使两者心灵交融，有利于学生接受教育。

【示例】 吃过早饭，几位男同学在宿舍闹着玩，把盛满水的塑料袋放在门边，等着一位同学进门。就在这时，聂老师去宿舍找人，门虚掩着，老师随手推门而进，"哗"的一声，一袋子水倒了下来，聂老师早上刚换的衣服全湿了。宿舍里的学生都吓得目瞪口呆，静等老师的训斥。谁知聂老师却笑着说："今天是泼水节吗？我怎么不知道啊！再说，我们这里是不过这个节的。"大家都笑了，那位往门上放水的同学不好意思地低下头向老师道歉。老师抚摸着他的头说："同学之间说个笑话是可以的，但不要这样。"

【简析】 聂老师没有直接批评学生，而是幽默地应对问题，既让师生都摆脱了尴尬，缓和了关系，又促使学生自己认识到错误，确属高明之法。

（3）直话曲说

直话曲说，是指教师在不伤害学生自尊心的前提下，把批评意见委婉地说出来的一种旁敲侧击批评语。因为暗示是在无对抗的条件下互相影响的一种心理行为，不会引起被批评学生的反感和对立，从而能使学生接受批评。

【示例】 见一位学生不愿做操，赖在教室里请不出来，教师对此暂不作正面的批评，而是说："你观察过动物起身后的动作吗？猫跳出窝，先把身子弓起来，然后胸腹贴地，它做的是'腹背运动'；鸭出笼，第一件事是张开翅膀猛力地扇，它做的是'扩胸运动'；小鸡出笼，连蹦带跳，一蹿老高，它做的是'跳跃运动'。看来，运动是生命的本能需要。难道人没有这个需要吗？我们有的人还不如那些小动物啊！"学生一听，不好意思地笑了，马上走出教室去做操了。

【简析】 这种委婉含蓄的批评，寓说理于情趣之中，远比严厉的斥责或命令高明多了。

（4）以退为进

以退为进，是指教师对学生所犯错误不当场进行批评，而是采取宽大的态度，等待时机再进行教育，或冷却淡化处理，促其自我醒悟、自觉纠正的一种旁敲侧击批评语。这种批评语适用于自觉性强的学生。

【示例】 丁老师发现某个同学拿了别人的笔后，没有声张，而是专门买了一支笔，送给这位学生说："我知道你需要笔。"老师的爱和宽容使这位同学声泪俱下地承认了自己的错误，将偷来的笔还给了同学。

【简析】 宽容引起的道德震动有时比惩罚更强烈。丁老师一句"我知道你需要笔"，非常得体地解释了学生行为的动机，而送笔的举动更让学生感受到教师对自己的爱。正是这种充满爱的以退为进的宽容态度，使学生认识到了自己的错误并加以改正。

任何人都不愿意受到批评，成人如此，学生更是如此。因此，教师在实际教育工作中要慎用、少用批评语。批评语如果言辞严厉尖锐，会给学生带来很大的压力。学生犯了错误，可多用说服语、启迪语、暗示语等进行教育。如果出现因教师对情况未做深入调查而误解了学生，对其进行了不当的批评，教师应该向学生道歉。

三、说服语

（一）说服语的内涵

说服语，是指教师在教育活动中，运用摆事实与讲道理，阐明正确的道理，达到影响、改变学生原来的观念和态度，引导其行为趋向预期目标的一种教育口语。它是教师做好思想教育工作的一种重要本领，也是一门艺术、一门科学。说服语的"服"，不是压服、口服心不服，而是信服、折服、心悦诚服。要达到这种效果，教师必须有值得信赖的人格和得体的说服艺术。

学生在成长的过程中，难免出现一些诸如不爱学习、不愿吃苦、胆小怕事、争执纠纷等非严重违纪的现象。此时，教师恰当和及时的说服是必要的。说服学生，要先分析说服的对象，寻求师生双方的心理相通点，说服态度要耐心诚恳。教师运用说服语时应注意三点：一是说服的目的要明确；二是采取疏导与规劝相结合的方法，说服是相对平等关系的言语交流，不是自上而下的命令指示，教师不能将自己的观点强加于学生；三是不说大话、套话、空话，语调要平缓，语速稍慢些，不要带有强烈的感情色彩。

（二）说服语的主要特点和要求

1. 人格感动，充满爱心

教师良好的人格是最有效的说服手段。现代说服学有一种寻因理论，即被说服者总是在寻找说服者的动机，"为什么说服我"和"为什么这样说"。学生也一样，他们也会从动机上理解教师的说服行为，据此判断教师说服的真实意图，是善良的还是恶意的，从而决定是服从还是拒绝。在教育说服实践中，只有那些为学生所推崇和敬佩的教师，对学生发自内心充满爱心的教师，他们的说服教育才容易为学生所接受。

2. 换位思考，投其所好

从教育活动中师生双方平等对话关系看，说服不应当是教师的独白，而应是师生互相影响的过程。有人认为，说服就是协商，目的是双方达成共识。因此，教师要学会换位思考，必须给学生说的权利和机会，不把学生当成无知而需要自己灌输思想的人，要学会倾听学生所说的内容。此外，教师要成功说服学生，必须在说服前了解学生的需求和接受理解的方式；在说服中满足学生需要，投其所好；在说服后及时跟踪，督查效果。

3. 就事论事，以理服人

说服的主要特点是摆事实，讲道理，以理服人。这个理可以是道理、事理、思想，也可以是正确的见解和认识。对学生进行说服教育时，应当根据他们形象思维强于抽象思想的特点，摆事实：使用发生在学生身边的活生生的事实，或他们熟悉的真实事情。

讲道理：阐述深入浅出，清楚明白。讲技巧：语气要诚恳委婉，语言要生动活泼、形象有趣，多用打比方、对比的形式。

（三）说服语的基本类型及技巧

按照说服语的运用技巧特点，说服语主要分为以下四种：

1. 正面说服语

正面说服语，是指教师在教育过程中，通过摆事实、讲道理，指出危害，提出要求，使学生明白错误根源在哪里，进而以实际行动改正言行的一种说服语。使用正面说服语时，教师要态度明朗、观点鲜明、以理服人，坚持正面引导和实事求是，帮助学生分清是非，使其心悦诚服。

【示例】 新学期开学不久，学校要给学生打预防针。轮到一（1）班了，女生李娇娇是第一个。看到医生一手拿着灌好药水的针筒，一手拿着卫生棉球招呼她，李娇娇一面用手死死地握住自己的衣袖，一面往后退。班主任童老师看见了，忙蹲下来，摸摸李娇娇的脑袋，把她拥在怀里，悄悄地问："是不是怕疼呀？""老师，我可以不打吗？明天我让妈妈陪我去医院打。""老师抱着你好吗？""老师，我怕疼……""这样吧，我们让后面的小朋友先打，待会儿你问问他们疼不疼。"听童老师这么一说，后面的男孩子自告奋勇说："老师，我先来！""疼吗？""没感觉，像被蚊子咬了一口。""明天妈妈要上班，陪你打针得请假。咱们得体谅妈妈，不能让妈妈太辛苦，是不是？再说，咱们是小学生了，可不是幼儿园的娃娃了。咱们今天打，好吗？"李娇娇终于点头同意了。

【简析】 示例中的李娇娇怕打针，老师发现后先抚慰她，蹲下来，摸摸她的脑袋，并把她拥在怀里，让她感受到老师对她的理解和关心。接着，又同意抱着她打针，以缓解她的紧张情绪。当发现她还是不愿意打针时，老师退一步让其他同学先打，让同学用亲身的体验告诉她打针没那么可怕。最后，老师又提到小学生要体谅妈妈，直接进行说理，终于使她接受了老师的意见。

2. 比喻说服语

比喻说服语，是指教师在教育过程中，借助相似的事物作比拟，引发学生的思考与领悟，使之从中接受教育的一种说服语。运用这种方法，一定要通俗易懂，寓理于事。语言既要叙事清晰、推理严密、实事求是、合乎情理，又要通俗易懂、鲜明生动而充满情趣，不能用官话、大话、套话、假话等。比喻说服语特别适用于自尊心强而又聪慧的学生。

【示例】 五年级的小琳畏惧学校的演讲比赛难度大、强手多，不敢参加，教师做了这样的说服：你从楼上俯视过集贸市场吧？那阵势可真是人山人海。看上去，简直没有落脚的地方。但是，只要你走进去，就会有你的位置。到市场不一定非买东西不可，但至少可以见识一下商品，了解一番行情。要是担心人多而不去，想买东西的目的就无法实现。参加比赛也是这样。我不强求你非要取得第一名，而是觉得去试一试可以锻炼一下你的应试能力。这好像从楼上到楼下市场走走一样,我想你是有这个勇气的。

【简析】 赛场犹如市场,赛场锻炼恰似去市场逛逛。只要去了市场,人总会有收获;同理,只要参加了比赛,自然可锻炼自己的应试能力,哪怕没有获得好名次。通俗的比喻揭示了深刻的道理,消除了学生的畏难心理。

3. 借事说服语

借事说服语,是指教师在教授过程中,借助事实或通过故事来阐明正确的思想观点,凭借其感染力和说服力,让学生从中体会、领悟到一定道理的一种说服语。运用这种说服语要求表述简洁、富有情感,事例要典型,且富有启发性,而不留明显的造作痕迹。

【示例】 有些学生怕写作文,老师提出要大胆去写,还指出初学时不必苛求自己,等会写了以后再严格要求。有不少同学对此提出不同看法,他们说:"严师出高徒,老师,你怎么主张不严格呢?再说,一开始就没学好,将来怎么好得了?"

师:同学们,请先回答我几个简单的生活问题。你们谁学过骑马?(三四位学生举手)

师:你们谁学过游泳?(一批学生举手)

师:你们谁学过骑自行车?(小手全举起来了)

师:想想看,学骑马、学游泳、学骑自行车,都是从严格开始的吗?

生:得先摔跤!

生:得先呛水!

生:没有摔倒爬起,哪有蹬车如飞呀!

师:学写作文也是如此,没有不严格就没有严格,不严格是严格的母亲。

【简析】 对开始学习写作是否就该严格要求的问题,学生与老师的看法不一致。为了帮助学生理解老师的要求,鼓励他们积极写作,老师借助生活中学习骑马、游泳、骑车等事例,启发学生找到它们和初学作文的共同点,从而使得学生理解了老师对他们"不严格"实质上是为了鼓励他们敢于去写。

4. 假设说服语

假设说服语,是指教师在教育过程中,用假设性的话语来进行教育的一种说服语。使用这种说服语要注意假设性问题是合情合理的,经过努力可以看到结果和希望,让学生"跳一跳便能摘到桃子"。

【示例】 有位学生的语文与数学成绩都不太好,常常受到老师的批评。学生的父亲很焦虑,有一次暗暗跟踪孩子,发现他在河边用泥巴做房子,一气之下,踩坏了儿子的泥房子。不久,这位父亲又将孩子转到另一所小学。一连好几天,这个孩子还是上学迟到,手上沾满泥巴,脏兮兮的,这引起了班主任的注意。班主任在河边找到了该生,发现他把书包甩在一边,正在聚精会神地用泥巴搭建亭子和楼房,这位班主任见此情景,并未责怪,更没有责难,只是欣赏着他的杰作,并大加赞赏,顺带说了一句:"要是你掌握了很多知识,你搭建的建筑会更漂亮。"这位孩子深受触动。他说:"老师,只有你没有踩坏我的房子。"从此,孩子刻苦努力,完成了从小学到大学的学业,后来成了远近闻名的建筑师。

【简析】 这位老师没有责难学生,而是精心地观察孩子杰作,利用所看到的真实而具体的视觉材料,对孩子的作品进行赞赏,在此基础上,借助一个假设"要是你掌握了很多知识,你搭建的建筑会更漂亮"来引导孩子要爱好学习,自然而然取得了良好的教育效果。

在传统的教育理念下,教师对学生的说服是一种征服式的教育,即教师过于强调自己在说服教育中的主体作用。在新时代背景下,教师的说服教育要重视在师生沟通的基础上促使学生心悦诚服地接受教师的意见,充分发挥学生的主体作用,要设法在说服的过程中使得学生把外在的道德要求内化为内心的需求,变征服式为诚服式。

四、启迪语

(一) 启迪语的内涵

启迪语,是指教师在教育活动中开导、启发学生的情感和认识,促进学生积极思考,进行自我教育,并按正确原则行动,从而形成自我约束力的一种教育口语。启迪式的教育思想是我国教育思想中的优秀传统。今天,随着新课程标准的大力推行,以学生为主体、教师为主导的教育理念已深入人心,启迪语便是教师践行新的教育理念的一种有效形式。启迪语的广泛运用,一方面,表现了教师对学生的尊重和信任,即相信学生有自我完善的需要,有在教师的引导下进行自我教育的能力;另一方面,也为在教育活动中能够更好地发挥学生的主体作用,调动学生进行自我教育的主观能动性创造了条件。

启迪语没有命令和强制,在整个教育过程中,教师只起到点拨、启发的作用,引导学生自我践约、自我反省,把道理悟出来;帮助违规学生进行自我反省,诱导学生形成正确观念,激发他们的内驱力并付诸行动。它属于侧面教育,学生对此教育口语形式不易发生抵触心理。

(二) 启迪语的主要特点和要求

1. 目的有心,言语无意

目的有心,是指教育谈话有明确的教育目的,不漫无边际,不模糊含混,有明确清晰的寓意和指向;言语无意,是指教育话语不直接指向教育目标,而是层层牵引,像春风化雨、润物无声,通过旁敲侧击,让学生领悟。

2. 直观生动,易于联想

直观生动,是指教师应切合学生的思想实际和认识水平,选取容易接受的直观形象的事、物等来调动学生积极思考；易于联想，是指所选择的语言要容易引发学生的联想，联想到的事物与教育内容之间不仅要有关联性，而且还有可比性，从而使学生在联想中领悟到其中的道理，借此来对比、认识自己的错误或不足。

3. 因事设理，富有耐心

因事设理，是指教师根据不同的事件、不同的问题、不同的情况区别对待。比如，有时可以用富有哲理的话语来启迪学生心智，有时可用与之相关的实例让学生参照借鉴，有时又可引而不发或待机而发；富有耐心，是指学生思想的启迪不是一蹴而就的事情，因而教师在启发教育时一定要有耐心。比如，对同一个学生的同一个问题，教师可能要进行多次的启发教育；有时对同一个问题，要对不同的学生进行多样的启发教育。

4. 积极赞扬，热情鼓励

教师赞扬某种美好的事物，本身就是一种具有指向性的启迪和引导。善于发现学生具有的美好品质或好的变化迹象，并适时予以积极赞扬，热情鼓励，往往能使学生从中体会到温暖和关怀，增强学生内心的愉悦情感，从而通过积极的思考完成自我评价，增长克服困难、追求更大进步的勇气，最终将认识变为行动。

（三）启迪语的基本类型及技巧

根据启迪语的表现形式，启迪语可分为以下三种：

1. 设问启迪语

设问启迪语，是指教师根据教育内容，向学生提出问题让学生思考，通过问题启发引导学生自我感悟，明辨是非，实现自我教育的一种启迪语。其主要手段是质疑，"学起于思，思源于疑"，以疑引思，以思解疑，从而促使学生发挥其主体作用，进行自我教育。教师在运用这种启迪语时要注意：在提问过程中，不可把提问变成责问、盘问、追问和逼问等。

【示例】　三年级的小勇同学有随地吐痰的坏习惯，同学批评他，他不理不睬，有时候甚至恶语相向；任课教师说他，他也是一脸不服气，呈现爱理不理的样子。怎么让他改变这个坏习惯呢？班主任黄老师经过思考，决定找他进行个别谈话。"小勇，老师想问问你，当我们看见地上有浓浓痰迹，会觉得舒服吗？""不会。""有时候我们随地吐痰是为了自己方便而不管别人怎么想，不在意别人的看法，这样做对吗？""……""如果我们随地吐痰，别人会厌恶我们、嫌弃我们，因为别人会觉得我们是个不讲卫生的人。对吧？""对的，老师。""你还记得《小学生守则》第4条是怎么写的吗？和老师一起念一遍好吗？"（师生一起念）"小勇，老师给你一盒餐巾纸，你把它放在课桌抽屉中，衣服口袋里也放一些。这个星期我会随时问你，是不是还随地吐痰，老师希望你是个勇于改正坏习惯的学生。你能给我满意的回答吗？""嗯，老师，我会按照你说的去做。"

【简析】　黄老师谈话的主旨是启迪小勇同学改正随地吐痰的不良卫生习惯。第一个设问从侧面提出，第二个问题反向设问，第三个设问直接点题，第四个设问其实"不成问题"——老师要求学生把认识转化为行动，提出了纠正不良习惯的具体方法。这四个问题的导向性、启迪性、层次性都很强，对学生提高认识、改正错误具有较好的作用。

2. 类比启迪语

类比启迪语，是指教师根据教育内容，把若干相似的问题放在一起，引导学生进行分析、比较、辨别，通过针对性比较、鉴别，让学生领悟其中深意的一种启迪语。教师运用这种启迪语应注意：所选择的例子针对性要强，要为学生所熟悉。

【示例】　阿楠给小刚取外号，小刚把阿楠的书包扔在地上。为此，老师找小刚谈话。老师说："一个人走路时被路边的石头绊了一脚，脚好痛。他生气极了，又用脚狠狠向石头踢去。你看他聪明吗？"小刚说："傻瓜一个！""他傻在哪里？""脚已经痛了，再踢不是更痛吗？""那怎么办？""绕开走不就得了。""别人也会被绊跌跤呀，最好的办法是什么？"小刚想了想，说："把石头搬到墙角或垃圾箱里。""对！这样做，脚既不痛了，又做了件好事。"过了一会，沉思后的小刚说："老师，阿楠给我取外号是错的，好比石头绊了我的脚。我扔他的书包，就好像踢石头。这样既伤害了他，又伤害了自己。我去找阿楠谈心，共同把这块'石头'搬掉！"

【简析】　学生，尤其是低年段的小学生，逻辑思维能力还不强，所以在对他们进行启迪引导时，应当尽量避免哲理性太强的抽象的说教语言，而多用类比方法，这样道理就很容易为他们所接受，这是被实践证明的一种很有效的方法。

3. 事例启迪语

事例启迪语，是指教师根据教育内容，借助有针对性的故事，或用鲜活的生活实例打比方，借此来启发教育学生的一种启迪语。由于学生认知水平较低，社会阅历肤浅，还不能通过表象看清本质，这直接影响他们对问题正误的判断，因此，教师应该多通过事例的分析来提高他们的思想认识。运用这种启迪语时注意：一是所采用的事例要与教育内容密切相关；二是教师应将自己的观点隐含在事例中，让学生在听事例的同时明白其中的道理。

【示例】　二年级五班小郑同学各门功课都不好，对学习失去了信心，产生了厌学情绪。班主任知道他智力发展是正常的，只是学习方法不对。于是，班主任找到他说："你知道童第周吗？""不知道。""你愿意听他的故事吗？"一听老师要讲故事，小郑顿时来了兴趣，说："好啊！"于是，班主任把童第周在做剥青蛙卵实验时怎样失败，怎样面对失败，最后取得成功的经过做了生动的讲述。谈话结束时，班主任语重心长地说："人们做事总不会是一帆风顺的。"小郑听完故事情绪激动地说："老师，我一定要向童第周爷爷学习。"后来，班主任在学习方法上给予指导，小郑成绩上来了。

【简析】　学生在成绩不好、失去信心时，大道理是很难听得进去的，最佳的办法就是用故事，或身边的事例来启发、鼓舞他们。

由于学生年龄小，对人对事的认识均显得幼稚，思想认识水平较低，思维的深度和广度都不够，对事物和事理的认识难免肤浅及片面。教师使用教育启迪语，利于学生积极思考，利于学生进行内省。

五、暗示语

（一）暗示语的内涵

暗示语，是指教师在教育活动中，对一些不便直截了当说出的意见或观点，运用委婉、含蓄的有声语言或带有提示性的肢体语言，对学生产生心理和行为影响，促使学生领会教师意图的一种教育口语。它是一种常用的侧面教育学生的教育口语形式，可以启迪学生的思维，让学生通过联想来理解教师所要表达的真正含义，有时候比直接教育更有效。

在使用暗示语时，教师往往把教育意图故意隐藏起来，或说得不显山不露水，而学生能明白老师的意图。因此，这种教育语言既能解开学生思想困惑，又能使师生关系更为和谐。教师使用暗示语时，要注意不要让学生感到晦涩难懂，一定要根据学生的年龄段来设置，如果暗示语让学生不知所云，则起不到教育效果。

（二）暗示语的主要特点和要求

1. **富有联想，意明旨隐**

暗示语的思维基础是联想。教师要有联想，才能产生暗示；学生要有联想，才能真正接受、理解暗示。因此，引发学生的联想，使暗示语能够为学生所接受、所理解，是运用暗示语的前提。教师无论怎样暗示，都应该做到意明旨隐，通俗易懂，绝不能晦涩、模棱两可。

2. **委婉含蓄，正面引导**

暗示语的基本特征是讲话含蓄，话语婉转，掩饰立场，避开对方的心理障碍，在不经意间将正确的思想渗透到学生的潜意识中，从而达到影响学生、教育学生的目的。因此，使用暗示语时，要把握暗示的分寸，既不能晦涩难懂，也不宜直白显露，要文约意明，能正面诱发学生思考。

3. **把握心理，彰显爱心**

使用暗示语，有时是为了侧面敲击学生的思想，保护学生的自尊心，避免伤害学生面子；有时是为了提醒不觉悟的学生认识错误。教师依据学生的心理和状态，运用暗示语进行教育，往往能取得良好的效果。教师在使用暗示语时要用语文明、生动、优雅，杜绝粗俗。既彰显教师的素养，也体现对学生的关爱。

（三）暗示语的基本类型及技巧

按照暗示语的运用技巧，暗示语主要分为以下六种：

1. 故事暗示语

故事暗示语,是指教师讲述一个真实的或虚拟的,有连贯情节而又具有吸引力和感染力的故事来暗示教育学生的一种暗示语。运用故事暗示,选择的故事要寓意明了,有针对性,能引起学生的联想。

【示例】 四年级3班有些同学喜欢对他人评头论足,而且这些评论往往起到消极作用。班主任面对全班进行了以下说服教育:"同学们,我今天给大家讲个故事,一天,祖孙二人骑着驴去赶集,路人议论纷纷:'两人骑一头驴是多么的残忍啊!'于是,爷爷下来让孙子骑。走着走着,又有路人议论说:'孙子真不孝呀,让爷爷步行。'孙子一听,赶紧下来让爷爷骑驴。走着走着,又有路人指指点点:'这个老人心肠太硬,不关爱自己的孙子。'后来爷孙俩都不骑了。路人又喋喋不休:'放着毛驴不骑太傻啦!'"听着听着,同学们都笑了起来。这时,班主任趁机问:"大家说说,这祖孙两人该怎么办?"同学们都会心地笑着说:"走自己的路,让别人去说吧!"从此,爱议论别人的那些同学找不到市场,也不好意思再多嘴多舌了。

【简析】 故事的寓言有两层,一是告诉那些被人评头论足的同学,不要在乎别人的看法,"走自己的路,让别人去说吧";二是暗示那些喜欢评头论足的同学,自己的评论有时带给别人的影响是恶劣的,会让他人无所适从,进而自觉认识到"多嘴"的不良影响。

2. 笑话暗示语

笑话暗示语,是指教师用引人发笑的故事来暗示,在笑声中心与心交融,情与情沟通,使学生摆脱难堪,保持自尊,愉快地接受批评的一种暗示语。一般来说,笑话暗示语的情节连贯性较强。选择的笑话要有教育意义,既是非分明,又充满善意。切记不能选冷嘲热讽或低级趣味的笑话。

【示例】 一位教师走进教室,看见地面很脏,说:"我们班真是物产丰富!五彩斑斓的纸屑洒满地面,还有瓜子壳点缀其间。我们生产了这么多垃圾,总得想办法出口啊!"听了这话,同学们很不好意思,马上把教室打扫干净了。

【简析】 这位教师善用暗示语,故意把批评的话改用赞美的口吻说,用几个带褒义色彩的词语描绘脏乱现象,使这段话语变成了幽默的笑话故事,同学们在这个旨意明确的笑话中乐意接受批评,教师达到了教育的目的。

3. 寓言暗示语

寓言暗示语,是指教师引用寓言故事对学生进行暗示教育的一种暗示语。寓言是一种文学样式,是作者将思想寄寓在故事里,而这个故事往往隐含着劝谕或讽喻,为的是让人读、听之后,从中体会、领悟到一定的道理,给人以启迪和教育。它的表达方式大多是借此喻彼、借远喻近、借古喻今、借小喻大,有鲜明的哲理性和讽刺性。寓言暗示所选用的寓言往往只是叙述故事,寓意不宜点明,而要留给学生体味。

【示例】 今年校运会，三年级 5 班得了团体总分第一。班上很多同学争功，都说自己贡献大，有个别同学还居功自傲。班主任说："我给大家讲个故事，叫《眉眼口鼻争能》。眉毛、眼睛、嘴巴、鼻子四种器官都有灵气，有一天，嘴巴对鼻子说：'你有什么能耐，位置反而摆在我的上面？'鼻子说：'我能够辨别香臭，然后你才知道什么可以吃，所以摆在你上面。'鼻子对眼睛说：'你有什么能耐，位置反而摆在我的上面？'眼睛说：'我能够辨别美丑，瞭望四方，这功劳不小，应当摆在你上面。'鼻子又说：'你说得对，但眉毛有什么能耐，也摆在我上面？'眉毛说：'我也不跟各位争论位置。不过，如果我生在眼睛和鼻子底下，那不晓得脸庞放到哪里去呢？'这时，脑袋说话了：'你们各有各的用处，谁也离不开谁。只有大家团结起来，力量才最大。'"同学们听了老师的寓言，都低下了头。

【简析】 班级取得团体总分第一，是全班同学共同努力的结果。有些同学争功甚至居功自傲，教师如果放弃不管，可能会滋长学生骄傲情绪；如果采取批评的方式，又可能会挫伤为班级做出贡献的学生的积极性。聪明的教师便会采用机智的做法——用寓言故事来暗示，既未否定那些为班级荣誉做出贡献的学生，又达到了教育学生的目的。

4. 幽默暗示语

幽默暗示语，是指教师用风趣、诙谐而意味深长的言语使学生领会真意的一种暗示语。这种暗示语能使学生在轻松愉快中接受批评，在笑声中完成师生的心理沟通，同时又能体现教师的教育机智和不伤害学生的自尊心。使用的幽默语要高雅，不要充满低级趣味。

【示例】 一位教师走进教室，准备上课，却发现黑板还没有擦。为了不影响上课的情绪，他没有直接批评值日生，而是拿起黑板擦，边擦边说："这粉笔灰可有用啦，它能将黑发染成白发。同学们都希望我的头发染白成为一名老教师，所以存心不擦黑板，我可不愿意这么快就变老哦！"同学们都不好意思地笑了。这节课，学生听得格外认真。课后，值日生主动向老师承认了错误，表示今后值日时一定负责擦好黑板。

【简析】 使用幽默的语言进行正面教育，其效果远胜过空洞的说教，同样，委婉的批评，其效果也远胜于简单、粗暴的斥责。它能让学生在谈笑中醒悟，明辨是非，受到启迪。教师也会在学生心目中留下美好的形象。

5. 赠言暗示语

赠言暗示语，是指教师借助一些名言、格言、警句等来点醒、启发、教育学生的一种暗示语。赠言暗示的特点是及时、灵活、简洁。但要注意赠言的针对性、启迪性和分寸感，一般多用于高年段学生。

【示例】 一位教师在布置课堂作业后，发现有位男生趴在桌上迟迟未动笔。坐在旁边的女生忍不住说："老师，××趴在桌子上，他什么也没有做。"这时，教师委婉地说："做作业以前是要进行认真思考的，可能他正在想问题呢！相信他考虑成熟以后是会提笔做作业的。正所谓三思而后行啊！"那位男生慢慢地抬起头来，向老师报以感激的目光，拿起笔做作业。

【简析】 当学生的缺点暴露在大庭广众之下，如果教师不留情面地批评，很可能会损害学生的自尊心，导致教育的失败。这位教师准确地把握住了语言的分寸，借助"三思而后行"的赠言非常得体地暗示学生，巧妙地给了学生一个台阶。

6. 动作暗示语

动作暗示语，是指教师不直接用语言，而是使用一些合适的体态语来暗示提醒学生的一种特殊的暗示语。比如，上课时有同学在讲话，教师可以停下来，用眼睛静静地看着学生；当有学生上课开小差、东张西望时，教师可以走到他身边，轻轻拍拍他的肩膀或摸摸他的头；当学生在座位上玩玩具或乱涂乱画时，教师可轻轻敲敲他的桌子；等等。这种动作暗示有时候比教师直接提示效果更好。

暗示语虽不对事件做褒贬，也不摆观点，但能明确地向学生暗示一个态度、一个观点，或者通过这种潜在的影响，改变学生的感受、理解和观点。有时候，教师说话的强与弱，表情的冷与暖，以及一个动作、一种眼神，都具有暗示的效果。暗示语固然能保护学生的自尊，有利于学生进行自我教育，但它也有一定的局限性，不宜用于需要充分而深刻说理的教育活动。

六、激励语

（一）激励语的内涵

激励语，是指在教育活动中，当学生遇到挫折，出现情绪低落、畏难情绪、自信心不足等情况时，教师激发、鼓励学生所用的一种教育口语。激励语是学生情绪高昂的兴奋剂，是学生健康成长的推动力。马卡连柯认为，培养人，就是培养他对前途的希望。教师对学生的激励语，能挖掘学生的内在潜力，激发其学习的主动性和创造性；能鼓舞学生的斗志，增强班集体的凝聚力。

由于学生身心均处于发育阶段，他们的性格、爱好还不确定，情感起伏变化大，兴趣和热情很大程度上需要教师的激发与鼓励。"罗森塔尔效应"就是教育激励的经典事例。激励语和表扬语都是对学生的行为表现予以肯定的教育方式，目的都是调动学生的积极性。但二者还是有所区别的，表扬语重在肯定学生的行为结果，而激励语则在肯定学生行为结果的基础上还提出了更高目标。

（二）激励语的主要特点和要求

1. 富有激情，鼓动性强

激励的目的就是要激发学生的积极性。教师对学生进行鼓励时，一定要使用鼓动性强的语言。只有富有激情的语言，才能够帮助学生从消极中看到积极的因素。当然，教师的激励语，要找准引发学生情感的点，鼓励他们勇往直前。

2. 方向明确，期待性强

对学生的激励，既要肯定学生的优点，同时也要指出他们身上的不足，更为重要的是要表明教师对学生的明确期待。教师的殷切期待能给予学生动力，为学生指明方向，让学生既受到鼓励，又知道自己的不足，从而唤起学生的热情。

3. 强度适宜，刺激性强

激励语一般具有刺激强的特点，使用时要把握好激励的强度。教师要把外界的影响与学生思想内部的需要和动机、情感和意志等联系起来，把握好火候，强度适宜，才能恰当地实施有效的激励，取得理想的教育效果。激励过分，会使学生产生认知失调和虚荣心；而不当的对比激励，会伤害学生的自尊心，也不利于同学之间的团结。

（三）激励语的基本类型及技巧

按照激励语的用语特点，激励语主要分为以下五种：

1. 号召性激励语

号召性激励语，是指教师运用充满激情的号召性强的语言，激发学生的热情，使学生行动起来的一种激励语。这类激励语多用在面对学生群体活动之前，比如运动会、竞赛。有时也用在丧失学习信心、情绪低落或消极的学生身上。它能够有效动员学生全身心地投入，有助于培养学生的集体荣誉感和个人自信心。

【示例】 一位全国优秀教师接了全校出名的"乱班"之后，在第一次与学生见面的讲话中说："谁说我们班是个'乱班'？谁说我们班不能夺得全校红旗？我认为持这种说法的人太不了解我们班了，太低估我们的能力了。学校领导安排我带这个班，就是要我带领大家夺红旗的！同学们，今年我们一定要把全校班级流动红旗扛回来！大家有没有信心？"学生的回答是响亮有力的。后来，不到一年，这个班级果真变成了先进班，扛回了流动红旗。

【简析】 班主任用充满激情、具有强烈的号召力和感染力的语言，点燃"乱班"学生内心的火焰，有效激发学生向上的精神，增强班级的战斗力，最终"乱班"也成了红旗班。

2. 勉励性激励语

勉励性激励语，是指教师运用富有一定哲理的勉励语言，使学生行动起来的一种激励语。其特点是语气平和、恳切，具有哲理性。其目的并不是要引发学生的激情，而是在于阐明一个道理，提高学生的认识。这样的激励语能够给学生长期的鼓励，产生积极向上、不断奋斗的内驱力，使学生的目标更为高远。

【示例】 某校二年级某班召开"做未来科学家"的主题班会，班主任先神秘地让小同学一个个轮流看一只盒子。老师说里面装着"一张未来科学家的照片"。其实盒子里放的是一面镜子，每一位同学看到的都是自己的形象。班主任所说的"未来科学家"指的就是班上的每一位同学。小朋友高兴起来了，这时班主任说："是的，小朋友们，未来的科学家就是你们呀！你们是祖国的未来，祖国需要你们去建设，需要你们去接班呀！但是，做科学的接班人可不是件容易的事，从小要勤奋学习，打好基础……让我们像窗外的小树一样，如饥似渴地吸取知识的养料，不断地增长自己的才干吧！"

【简析】 班主任的话语重心长，既给学生指出"做未来科学家""做祖国社会主义建设事业接班人"的高远目标，同时又指出实现目标的途径和要求。配以较慢的语速、平缓有力的语调和亲切感人的语态，学生自然激情满怀了。

3. 逆向性激励语

逆向性激励语，也称激将法，是指教师从侧面或反面，充分借助学生的自尊心或逆反心理，以良性刺激的方式激起学生行动的一种激励语。逆向激励是一种很有力的教育口语，但在使用时要看清楚对象、环境及条件，不能滥用。同时，运用时要掌握分寸，不能过急，也不能过缓。过急，欲速则不达；过缓，对方无动于衷，无法激起对方的自尊心，也就达不到目的。

【示例】 有些学生不爱吃蔬菜，不爱吃水果，长此以往对身体健康很不利。尽管家长和老师一再劝说，有些学生还是不吃蔬菜和水果，让老师和家长很头疼。赵老师决定要彻底纠正孩子们的这个不良习惯。于是，一天吃午饭的时候，当赵老师发现丹丹等几个小朋友还是一如既往地不吃蔬菜时，就说："奥特曼打怪兽很难，但是他克服一切困难，把他们都消灭了；孙悟空打妖精也很难，但是他通过努力，用金箍棒把妖精都消灭了；吃蔬菜对一些小朋友来说也很难，老师觉得，你们一定没法把这些菜消灭完！是不是？"小朋友纷纷大声回应："不是，我们一定能把蔬菜消灭完！""老师不相信所有人都能把蔬菜消灭完！""一定能！"说着，小朋友开始大口大口地吃起蔬菜来。受到老师的激励和其他小朋友的影响，丹丹等几位不爱吃蔬菜的小朋友也吃得很带劲儿，不一会儿就把蔬菜吃完了。丹丹还举手说："老师，还有蔬菜吗？我还想要！"

【简析】 学生不爱吃蔬菜和水果是一个普遍性的问题，让家长和老师处理起来很头疼。案例中的赵老师巧妙地运用了逆向激励的方法，先举了小朋友们熟悉又喜欢的奥特曼和孙悟空为正面例子，然后表示小朋友们不能像奥特曼和孙悟空消灭敌人一样吃掉碗里的蔬菜，对大家施加反向刺激，这样一下子激发起孩子们的好胜心，所有小朋友都非常主动地吃蔬菜，完成了任务。

4. 赏识性激励语

赏识性激励语，是指教师运用赏识的语言来唤起学生勇于进取的信心和动力，从而达到激励学生向着目标迈进的一种激励语。使用这种激励语，教师应根据激励的需要找准切入点，找准时机，及时激励。激励的语气要亲切，语调要高扬，但同时也要注意学生群体间的心理平衡，以促进同学的团结。

【示例】 音乐课上，小朋友们都随着音乐唱歌跳舞，蹦蹦跳跳，非常欢快。王老师希望小朋友自告奋勇到前面表演，很多小学生都很兴奋，争先恐后举手上台。在老师的安排下，有几个小朋友得到了机会，高高兴兴地跑到前面，把儿歌和舞蹈给大家演示了一遍。亮亮做得也不错，可是有一个不足：胆子小，不爱在大家面前表现。王老师就看着他说："亮亮，刚才老师注意到你儿歌唱得非常好听，舞蹈也跳得挺好！来，到前边来，给大家表演一下，同学们都爱看，老师也爱看！"王老师说话的语气亲切而坚定，目光里充满了期待和对亮亮的喜爱，同时边说边用手势示意他到前边来。亮亮受到鼓舞，马上站起身跑到最前面，开始和着音乐给大家表演。表演结束后，王老师再次肯定了亮亮，同时表示等放学时要跟前来接他的妈妈说一说，让他在妈妈面前也表演一下，并希望亮亮下次课继续认真学、好好做，争取还到前面来给大家表演。亮亮很受鼓舞，点头答应了老师。

【简析】 教师组织教学活动时，有些学生的参与意识不强，教师就应该多施行赏识性激励。案例中，亮亮就是一个胆子比较小的学生，老师教育他时，采取了赏识性激励的方法，语言简洁，信息明确，富有鼓动性，同时辅之以简洁有力的手势，极大地鼓舞了亮亮，使他在不知不觉中战胜了自己，克服了胆怯的缺点，完成了儿歌的表演。

5. 忠告性激励语

忠告性激励语，是指教师运用忠告性强的语言来勉励学生，激发其深入思考或奋起前进的一种激励。使用忠告性激励语，首先要透彻了解学生的心理，然后选择最能触动学生心灵的、忠告性强的言语。在实施教育的过程中情感应浓烈些，语言要简洁些，并讲究修辞的变化。

比如："心急吃不了热豆腐，别急，组织好语言慢慢说，把你的好主意告诉大家。""不要紧，不要总觉得快要考试了，我却突然感到什么都不会了。你应该这样想，其实我已经准备好了。""这也许很难，但我了解你的能力，我相信你能做得更好，老师期待着你成功的消息。""我知道你付出了很多努力，别泄气，机会总是在等待着有准备的人。""态度决定一切，只要决心成功，失败就永远不会把你击垮。别放弃，再试试，坚持下去准能行！"

学生无论是在学习中还是在生活中，都不可能事事如教师所愿，特别是当学生没有达到教师要求的德育目标时，教师要多激励学生，要让学生意识到每个人都会有做得不好的地方，但只要自己努力就会改掉坏习惯；任何时候教师都不要采取讽刺挖苦，甚至体罚的方式来刺激学生，那样极易使学生失去自信。

实训平台

一、表扬语训练

（一）课堂实训

阅读下列材料，按要求完成相应的问题。

1. 美国电影《师生情》中有这样感人至深的一幕：一位白人教师到社区给一群长期遭受种族歧视的黑人孩子上课，在课堂上老师伸出一只手问其中一个孩子说："告诉老师这一共是几个手指？"那个孩子缓缓地抬起头，涨红了脸，盯着老师的5个手指，数了半天，终于鼓足勇气，开口说："3个。"

你觉得教师会说出一段怎样的当众表扬语？

2. 五年级的李辰辰是优等生，今年数学竞赛获得全市一等奖，学校对他进行了奖励。但他开始骄傲起来，学习上也没有以前那么刻苦，同学们都说他变了。

请你设计一段个别表扬语，以劝慰他重新奋发努力。

3. 王雷是班上有名的"足球先生"。他每天早上上学前都要到校园里踢足球，上课时不认真听讲，打瞌睡，同学们都不愿意跟他坐在一起。他认为大家看不起他，所以自暴自弃，集体活动也不参加。有一次，班级有位同学的家长遇到车祸，班干部组织同学到该生家里探望，发现这个同学家里十分困难。王雷听说后，就把自己过年时家长给的100元压岁钱捐给了这个同学。

假如你是班主任，如何借此设计一段迂回表扬语以激发该生的学习积极性？

（二）课外实训

1. 利用课余时间，上网查询，或深入你熟悉的小学与教师交谈，尽量多地收集教师对学生的表扬语素材，整理成册，并试做分析。

2. 目前，小学普遍提倡赏识教育，教育教学活动中，教师频繁使用表扬语。每逢学生正确回答了问题，教师就会热情洋溢地称赞"很好""非常棒""你真聪明"等，还会不时下达"表扬他（她）"的提示。同学们就会爆发出"棒，棒，棒，你真棒""呱、呱、呱，顶呱呱，我们大家学习他"之类的口号式表扬语。请就这种现象，组织一次辩论会。正方的观点是：对小学生进行表扬利大于弊。反方的观点是：对小学生进行表扬弊大于利。

（三）他山之石

运用表扬也有禁忌[①]

时下，教育界存在着一种错误的观念：认为"表扬"是包治学生百病的良药，落实到教育实践中，体现为要以对学生无限度的表扬为至上原则和归宿。其实，表扬也是一把"双刃剑"，恰当、适度的表扬就像一台助力器，它可以扬起学生不懈进取的风帆，鼓舞他们前行；相反，随意、盲目的表扬就是一把"无刃刀"，它在不经意间扼杀学生的尊严，泯灭他们进取的信念。表扬要注意以下几点禁忌：

一忌表扬场合的随意化。对学生的表扬是受场所和情境制约的，那种不区分具体场景而随意进行表扬的做法是不恰当的。表扬应该在大多数同学在场或只有被表扬的同学

---

① 运用表扬也有禁忌 [N]. 镇江日报·教育专刊, 2008-05-26 (C03).

自己在场的情况下才可以进行，这样做不至于伤害其他同学的自尊心。

二忌表扬内容的模糊化。有些教师表扬学生的时候总喜欢概括，而没有明确、具体的内容，会使其他同学感觉到你是在故意找借口表扬某同学，表扬就没有说服力，也就没有针对性的教育意义了。对学生的批评可以模糊化，只要起到暗示、警醒的作用就可以，但表扬必须要有明确的指向对象和具体的内容，要使同学们感觉到教师是"因事而对人"，并非"因人而对事"，这样的表扬才有公正性和可信度。

三忌表扬习惯的定式化和泛滥化。有的老师总习惯于运用表扬的手段，凡事必表扬，这是错误的。"宽容教育"和"赏识教育"有价值，但并不能解决一切问题，适当的惩戒和苛责教育也是必不可少的。一味的表扬会纵容学生不良行为的滋生和蔓延，他们会误认为你是一个不负责任的老师，表扬也就变得软弱无力了。

四忌表扬对象的固定化。有的老师总喜欢表扬某一个（几个）固定的同学，如果表扬被"垄断"，会导致其他同学失去发展的信心和机会，失去对被表扬的良好期待。每个学生都有自己的闪光之处，应该更多地关注每个学生个体的发展程度，给每个学生以平等的机会。

背后表扬的魔力[①]

那是上学期的事了。

有一天下课后，我和同事正在办公室闲聊，门外响起了"嗵、嗵、嗵"的脚步声。我扭头一看，是我班的学生李帅——一个整天松松垮垮、丢三落四、只知贪玩的学生。我随口说："这个李帅呀，人既聪明又帅气，就是学习——"话未说完，上课铃响了，我赶紧朝教室走去。

一节课下来，我有些奇怪：这个李帅，今天像换了个人似的，上课不但坐得笔直，认真听讲，还积极举手发言，曾经在课堂上有过的看漫画、搞恶作剧、吃笔杆、吃纸等等一切坏习惯全都无影无踪。这是怎么了？我赶紧在我的日记本上记下了李帅的变化，并加了大大的问号。

中午放学后，走到校门口，听到李帅正跟来接他的妈妈说："我们数学老师可喜欢我了！"

"你怎么知道？"妈妈好像有点不相信。

"告诉你吧！"李帅说，"今天上午第一节课下课，我从我们数学老师门前走过，听见她在别的老师面前表扬我，她说我既聪明又帅气……"他那抑扬顿挫的调子把妈妈逗乐了。

"老师既然这么喜欢你，你一定要加倍努力！"妈妈说。

"是！"李帅挠了挠头，忽然咧嘴一笑说，"你就看我今天和以后的表现吧！"

[①] 李海云. 背后表扬的魔力 [J]. 文化博览，2007（5）：76. 有删改。

"这小孩真会说话!"我想。

嘿,我上午哪是表扬他呀!多么奇妙的误解。我不由感叹起来。我以前也曾在全班同学面前对李帅提出过真正的表扬,但绝对没有像今天这样取得立竿见影的效果。我想了好久终于明白了这种表扬的魔力:这种表扬来自背后,受表扬的人不在现场,所以不会认为是假情假意或讽刺奚落,这种来自背后的表扬,会使受表扬者感到真诚,受到鼓舞,感到振奋,会产生巨大的推动力。正是这种来自背后的表扬发挥了评价的激励作用,因此取得了意想不到的效果。

二、批评语训练

(一)课堂实训

阅读下列材料,按要求回答相应的问题。

1. 有个同学在课桌上涂画,邻座的同学报告了老师。老师把他叫来准备批评。他理直气壮地说:"班上又不是我一个人画了,为什么就叫我?"他还嘀咕说:"就是××同学打小报告!"

请你为这位老师设计一段正面批评语。

2. 某五年级女生学习好,还能歌善舞,就是爱贪小便宜,比如借了同学的东西不还,还会编造"在某时某地还了"的谎话。有一次,她趁人不备,拿走本班同学的一个发夹,过了几天,竟公然带着上学,人家问她,她还说是姑姑送的。

请你设计一段以褒代贬批评语。

3. 学校为了美化校园,作出规定:摘一朵花罚款1元钱。有位学生摘了一朵花被值日老师发现了,老师叫学生交1元钱罚金。这位学生掏出2元钱交给老师,随手又摘了一朵,并对老师说:"不要找钱了。"老师气得讲不出话来。

请你为这位老师设计四种旁敲侧击批评语。

4. 一个学生偷偷地把一条豆虫带进教室,放在同桌女学生的书包内。上课了,那位女同学掀开书包拿书,摸到软乎乎的豆虫,便"嗷"地尖叫了一声,并像触电一样跳了起来。当老师弄清是那位五官先天不端正的学生干的以后,气得脸色铁青,失去了自控,用手指着那位同学狠狠地说:"瞧你那样子,嘴歪眼斜心不正,尽出坏点子……"此言一出,严重刺痛了那位同学的自尊心,挨训学生一赌气离开了教室,出逃月余。学校、家长花了上万元才找回来,从此该同学辍学在家,老师追悔莫及。

你如何看待这件事,从中你觉得教师在批评学生时应如何使用正确的批评语?

(二)课外实训

1. 利用课余时间,上网查询,或深入你熟悉的小学与教师交谈,尽量多地收集教师对学生的批评语素材,整理成册,并试做分析。

2. 假如你的室友明显做错了事,而班上同学劝导他无效,请你尝试使用有效的批评语促其醒悟。

（三）他山之石

批评学生十禁忌

1. 忌言辞过激和简单粗暴式批评。
2. 忌"一棍子打死"式批评。
3. 忌"揭短"式批评。
4. 忌"一刀切"式批评。
5. 忌重复式批评。
6. 忌当众训斥式批评。
7. 忌羞辱性批评。
8. 忌威胁式批评。
9. 忌埋怨式批评。
10. 忌唠叨式批评。

小学教师该说和不该说的话

1. 小学教师10句最值得说的话：
（1）相信你可以做得更好！
（2）你真是小朋友的好榜样！
（3）小朋友们要友好，因为我们都是好朋友！
（4）大家都很喜欢你！
（5）没关系，再试一试，你一定能成功！
（6）你来了，老师可想你了！
（7）你的声音真好听，能再大声一点吗？
（8）你有进步，继续努力！
（9）改正错误就是好孩子！
（10）你还真是老师的好帮手！

2. 小学教师10句最不该说的话：
（1）你怎么那么笨，大家都会就你不会！
（2）你给我闭嘴！
（3）你给我滚到一边去！
（4）再学坏，晚上不要回家了！
（5）这点小事都不会，爸爸妈妈怎么教你的！
（6）明天别来学校了！
（7）你肯定在说谎，没人会相信你！
（8）就你最坏了！
（9）大家都不要和他（她）做好朋友！

（10）随便你，不管你！

三、说服语训练

（一）课堂实训

阅读下列材料，按要求完成相应的问题。

1. 一天下午的体育活动中，王老师提供了多种活动材料，孩子们自己选材进行活动，不少男孩玩呼啦圈，都把呼啦圈当成方向盘，自己当司机，玩起了开车的游戏，不一会儿车速变快，像是在赛车，王老师的心一下子紧张了起来，怎么说服孩子们减慢车速，避免发生碰撞和意外呢？

请你为王老师设计一段正面说服语。

2. 楠楠是个爱美的小女孩，她非常喜欢色彩艳丽的东西，对花衣服、红帽子、黄发卡等物爱不释手。学校组织孩子们到植物园春游，楠楠在玫瑰花丛下站着不走，非要摘几朵花带回去玩。

请你为带队教师设计一段比喻说服语。

3. 四年级的雷雷是个好胜心特强的学生，从一年级到四年级以来历次考试语文、数学都是班上第一名。但在四年级下学期的期中考试，雷雷数学只考了90分，为此他闷闷不乐，下课后，他暗暗地把分数改成100分。

请你为这位班主任设计一段借事说服语。

4. 寒假前，老师对学生进行安全教育。老师说："过新年，许多人会放鞭炮庆祝，但若不按规定操作，会受伤。未成年人更不能擅自操作。"

请你为这位教师设计一段假设说服语。

（二）课外实训

1. 利用课余时间，上网查询，或深入你熟悉的小学与教师交谈，尽量多地收集教师对学生的说服语素材，整理成册，并试做分析。

2. 假如你的室友在某件事情上明明是错误的，任何人的解说都无法让他回头。请你尝试用说服语和他进行交流，力争促使对方回归正道。

（三）他山之石

<h3 style="text-align:center">直呼其名[①]</h3>

班里有部分学生，在老师面前尊敬地称×老师，背后却直呼其名。班主任刘老师认为这是一个很好的对学生进行文明礼貌教育的机会，于是多次在班上对学生进行教育，告诉学生要懂得学生对老师、晚辈对长辈不应当直呼其名，直呼其名是不文明、不礼貌的。

一天中午，刘老师的办公桌上，放了一张纸条——

[①] 唐思群，屠荣生. 师生沟通的艺术［M］. 北京：教育科学出版社，2001：196-197. 有删改。

老师：

人的姓名不就是给人叫的吗？为什么老师能叫我们的名字，我们就不能叫老师的名字呢？师生不是朋友吗？不是平等的吗？

看来，刘老师的教育并没有奏效，这张字条摆明了是向老师质问和挑战。字条没有署名，但刘老师通过字迹和语气来判断很像是小志写的。这是个思想活跃、反应敏捷而自尊心又极强的孩子。刘老师检讨了自己的教育方式，以前的教育忽略了认识的过程性，忽略了学生的年龄特点和思维特点，不讲究语言策略，对称谓与人际关系的协调作用，学生认识不到位，怎样把正确的观点告诉学生，让他们易于接受呢？

班会上，刘老师装作不知道写字条的人是谁，坦诚地说："借今天班会的机会，我要表扬一个同学，感谢他能大胆地给我写字条表露他的看法。看样子老师还是发扬民主作风的嘛，他是要和我就称谓问题来进行沟通，好得很啊！"讲到这里，刘老师瞄了小志一眼，看见小志的脸有些微微发红。"现在我要回答写字条同学的问题，同时也回答我们班上所有有相同问题的同学。"刘老师用眼睛扫视了一下全班同学：

"举个例子吧，假如我们班里有个同学叫……对，就叫他张小虎吧。他父亲呢，就叫张大虎。（同学们饶有兴趣地笑了）一天，张小虎犯了错误，得请家长来校面谈，我便对张小虎说：'喂，张小虎，今天下午把张大虎叫来，我在办公室等他！'（同学们乐了，大笑）下午，家长一进办公室，我就说：'哦，张大虎，你来啦，坐！'"（学生们笑得更欢了）

讲到这里，刘老师扫视着全班学生，故作诧异地问："你们干嘛笑啊？"

大伙七嘴八舌地议论开了，气氛十分活跃。

"哪能这样叫家长啊？"

"多难看哦，直呼其名……又不是小孩儿。"

"多伤人家家长的面子啊……"

"家长的心里肯定不高兴……"

刘老师觉得时候到了，问同学："那么，我应当怎样称呼张小虎的家长呢？"许多同学举手，要求发言。

"应当说，张小虎，请你的父亲今天下午来校面谈。"

"张小虎的父亲来学校后，老师应当说：'家长同志来啦？'或者说：'张师傅、张先生来啦？'"

这时刘老师觉得该是表明自己观点的时候了："对了。这说明姓名虽然是给人叫的，但一定要看对象、看环境。如果我真的这样对家长直呼其名，可以想象得出，家长和这位同学心里准不会痛快，而且准会在心里嘀咕：'这老师怎么这水平啊？太不尊重人了。'同学们，我讲的可有道理？"

同学们会心地点着头，小志则不好意思地低下了头。

刘老师又说:"当然,如果有那么一天,张大虎触犯了刑法,被押上法庭,审判员就会大声说:'把张大虎押上来!'而不会说:'把张大虎师傅押上来!'"

听到这,全体学生都开怀大笑起来,而小志笑得最欢,他连眼泪都笑出来了。从那以后,刘老师发现班里学生再也不对老师直呼其名了。

四、启迪语训练

（一）课堂实训

阅读下列材料,按要求完成相应的问题。

1. 临近期末考试,五年级数学老师赵老师不断地布置练习。可不少学生盼望有点自由支配的时间,对老师管头管脚、死卡硬压颇为不满。一次,赵老师收作业时,一个同学不但不交,还向他发火:"现在还做啥作业?烦死人啦!"可老师当时只低声提醒:"别嚷嚷,等会儿再同你谈。"下课后,赵老师叫这个同学到办公室。他一进门就犟头倔脑,一副不服气的样子。老师该怎么跟他谈呢?

请你为赵老师设计一段设问启迪语。

2. 二年级小雅同学的奶奶为她做了一件新衣服,才穿了两天,她就吵着要奶奶在新衣服上打上补丁,还说:"打上补丁,老师就会表扬我艰苦朴素了。"奶奶被缠得束手无策,只求救于老师。第二天,老师找小雅谈话。

请你为这位教师设计一段类比启迪语。

3. 假如你在校园内看见有学生存在乱扔垃圾的现象,你该怎么办?请你设计一段事例启迪语,让这类同学有效思考并反省自己。

（二）课外实训

1. 利用课余时间,上网查询,或深入你熟悉的小学与教师交谈,尽量多地收集教师对学生的启迪语素材,整理成册,并试做分析。

2. 假如你的室友对某些问题的认识产生了偏激的观点,请你尝试用启迪语和他进行交流,看看能否让他放弃自己错误的观点。

（三）他山之石

自傲的小老鼠[①]

班主任发现班里有几个属鼠的男生产生了自满情绪,就对他们说:"老师曾经听过这么一个故事:有只小老鼠外出旅游,恰好遇见两个小孩在下斗兽棋,小老鼠就躲在一旁看,结果它发现了一个大秘密,这就是,尽管棋中的老鼠可能被猫吃掉,被狼吃掉,被虎吃掉,却可以战胜大象。于是,它立刻认定,只有老鼠才是真正的百兽之王!这么一想,小老鼠就得意起来了,从此以后,它既瞧不起猫,又看不起狗,甚至还拿狼开心。有一天,它居然大摇大摆地爬到老虎的背上去了,恰好老虎正在打瞌睡,懒得动,

---

[①] 马际娥. 智言妙语巧"说服"[J]. 天津教育,2007 (1):45-46.

没把它怎么样，小老鼠更加得意起来。有一天，它趁着黑夜钻进了大象的鼻子，大象觉得鼻子痒痒的，就打了一个喷嚏，小老鼠立刻像出膛炮弹似地飞了出去。就这么飞呀飞呀，飞了好半天，才'扑通'一声掉进了臭水坑。好，现在就请大家注意一下'臭'字的写法，'自''大'再加'一点'就是'臭'。咱们班有不少属鼠的同学，那么，这些'小老鼠'们会不会也掉进臭水坑里呢？我想不会，但必须有一个条件，那就是永不骄傲！"说到这儿，这位班主任意味深长地看了看那几个"自我感觉良好"的男生。那几个男生当然明白，班主任要告诉他们的道理全包含在那个有趣的故事中了！他们感激班主任的良苦用心，很快便改正了自己的缺点。

五、暗示语训练

（一）课堂实训

阅读下列材料，按要求完成相应的问题。

1. 一年级小学生常犯丢三落四的毛病，班主任李老师尝试用《小猴掰玉米》的故事对学生开展一次教育活动，以教育学生改掉这一毛病。

请你为李老师设计一段故事暗示语。

2. 小李现和小王是非常要好的同学，小学快毕业了，以后就可能各奔东西了，这一段时间小李因此情绪低落。小王想赠言暗示他不要有这种不良情绪，但不知道怎么写这赠言。

请你帮助小王设计一段赠言暗示语。

3. 王老师知道，喜欢说话是孩子的天性，但课堂上少数学生经常性地说些与上课无关的话，严重影响旁边同学的听讲。对此，王老师束手无策。

请你为王老师设计一段幽默暗示语来改变这种现状。

4. 针对下列情况，采用寓言或笑话暗示的形式，设计一段暗示语。

（1）对学习偷懒的学生。

（2）对过分追求打扮的学生。

（3）对不能吃苦、害怕苦难的学生。

（4）对犯过错误、精神不振的学生。

（二）课外实训

1. 利用课余时间，上网查询，或深入你熟悉的小学与教师交谈，尽量多地收集教师对学生的暗示语素材，整理成册，并试做分析。

2. 假如你的室友对某些问题的认识产生了偏激的观点，请你尝试用暗示语和他进行交流，看看能否让他明白你的用意。

（三）他山之石

刻"早"字

有位教师发现一个学生学了《三味书屋》后，仿效鲁迅在课桌上刻"早"字，强行阻止，学生会想不通；不阻止，恐怕班里的课桌都会遭殃，怎么办？老师抓住学生爱听故事的心理，决定回避正面交锋，采用了以下教育语言。

师：古时候，有个人学习非常刻苦，常常读书到深夜，为了不让自己打瞌睡，就把自己的辫子绑起来系在房梁上，当他瞌睡打盹时辫子就会把他拉醒。他就用这种方法鞭策自己读书。这种刻苦学习的精神多么令人敬佩啊！那么，我们应该怎样以实际行动向他学习呢？是不是也要把辫子绑起来系在房梁上？（台下笑）如果是这样，那只有女生才能向他学习了，因为我们男生没辫子。（台下笑）大家既然能够认识到这种效法古人的做法是可笑的，就不能再做出类似的事了。

生：老师，我明白您的意思了，不该在桌上刻"早"字。

师：能认识到自己的错误就好，你能再谈谈你这样做的危害吗？

生：如果我在桌上刻"早"字，别的同学也刻，全班同学都刻的话，那我们的课桌都会受到破坏。

师：是啊，学习鲁迅，我们应学习他刻苦学习的精神，要把"早"字铭刻在心里。只有这样才能像鲁迅那样"时时早，事事早"。

六、激励语训练

（一）课堂实训

阅读下列材料，按要求完成相应的问题。

1. 学校要开展"六一"联欢会，可班上学生没有多大激情，班主任老师不知如何是好。

请你为这位班主任设计一段号召性激励语。

2. 张某对老师说："老师，我觉得李某同学样样都比我强！人长得漂亮，又聪明，还会弹钢琴，老师们都喜欢她。不像我什么都不行。"

请你为这位老师设计一段勉励性激励语。

3. 二年级学生练习跳绳时，性格内向的赵某因为不会跳，干脆坐在椅子上不练。体育老师对她也无计可施。

请你为这位体育老师设计一段逆向性激励语。

4. 一年级的小萌小朋友性格特别内向，课堂上总是不敢主动举手发言，其实她拥有一副天生的好嗓子。

请你设计一段赏识性激励语。

5. 一年级美术课，李老师教学生画小狗。赵某坐在小椅子上，咬着自己的小手，不动笔。老师问他为什么不跟老师学画小狗，赵某说她不喜欢小狗，所以不画。

请你为李老师设计一段忠告性激励语。

（二）课外实训

1. 利用课余时间，上网查询，或深入你熟悉的小学与教师交谈，尽量多地收集教师对学生的激励语素材,整理成册,并试做分析。

2. 假如你的室友因某事受到重大的挫折,产生了厌世的想法,你如何尝试用激励语和他进行交流,力争促使对方振作起来。

(三)他山之石

从小就想飞起来的孩子[①]

一百多年前,一位穷苦的牧羊人带着两个儿子替别人放羊谋生。

有一天,他们赶着羊来到一个山坡上,一群大雁叫着从他们头上飞过,一会儿就消失在远方。牧羊人的儿子问父亲:"大雁要往哪里去?"牧羊人说:"它们要去一个温暖的地方,在那里安家,度过寒冷的冬天。"大儿子眨着眼睛羡慕地说:"要是我们也能像大雁那样飞就好了。"小儿子也说:"要是能做一只会飞的大雁该多好啊!"

牧羊人沉默了一会儿,然后对两个儿子说:"你们能这样想,那你们也能飞起来。"

两个儿子试了试,都没能飞起来,他们用怀疑的眼光看着父亲。牧羊人说:"让我飞给你们看。"于是他张开双臂,但是也没能飞起来。可是牧羊人坚定地说:"我因为年纪大了才飞不起来,你们还小,只要不断努力,将来一定能飞起来,去想去的地方。"

两个儿子牢牢记住了父亲的话,并且一直努力着。等到他们长大——哥哥36岁、弟弟32岁时,他们果然飞起来了,因为他们发明了飞机。

牧羊人的两个儿子,就是美国的莱特兄弟。

[①] 江文. 一分钟人生感悟[M]. 北京:中国戏剧出版社,2009:150.

第十一章 教育口语的综合运用

教育口语的综合运用，就是针对特定的教育对象，根据特定的教育内容，结合具体的教育环境，通过对各种常用教育口语的灵活组合运用，开展教育活动。教育口语综合运用的意义在于，一方面避免了教育活动中教育形式的单一枯燥，另一方面又能将各种教育口语的优势进行整合，产生一加一大于二的教育效果。本章主要讲述个别教育谈话和群体教育谈话两种教育口语形式。

一、个别教育谈话

个别教育谈话，是指教师与个别学生进行的一种有目的的教育谈话，是教师对学生进行思想品德教育最常用的教育口语形式。

（一）个别教育谈话的主要特点

只有掌握了个别教育谈话艺术的老师，才能打开学生心扉，融洽师生关系，找到解决思想问题的关键。那么，教师进行个别教育谈话有哪些主要特点？

1. 话随旨遣，针对性强

个别教育谈话具有针对性。即谈话时教师只能针对"这一个"学生的情况，有的放矢地进行教育。此外，话题还不能散漫，应集中于谈话意旨上。谈话意图的隐与显，教师要根据谈话对象来确定；谈话风格的曲与直，要根据教师对学生的了解以及事情的缘由和事情的性质来确定；谈话内容则根据谈话意旨的不同、谈话过程中情况的发展变化等因素随时予以调整。做到话随旨遣，突出谈话的针对性。

2. 因势利导，交流性强

个别教育谈话具有交流性。即当学生遇到困难、有了困惑时，当教师对学生发生的问题了解不太清楚、需要询问时，采用个别谈话的方式，能够为谈话营造亲切宽松的气氛，既利于教师了解情况，也便于学生向教师吐露心声。教师要善于抓住教育时机，有效进行教育谈话。时机稍纵即逝，教师的教育机智就体现在能及时抓住这样灵光一现的教育时机上。抓住这样的时机，往往等于打开通向学生心灵的通道，谈话几乎就成功了一半。要做到这一点，教师要巧妙引入话题，因势利导，突出谈话的交流性。

3. 营造气氛，私密性强

个别教育谈话还具有私密性。面向个体的教育谈话，是一对一、面对面的交流。由于教师、学生各自身份的不同，教育情境又呈现各种复杂情况。谈话时，教师面前的学生极易产生压抑、紧张甚至抵触的情绪。懂得谈话艺术的教师，在谈话地点的选择、谈话话题的切入、谈话方式的把握上，都能有效地营造谈话现场的气氛，并以平易随和的态度、和风细雨的语言平等交流，消除师生间的隔膜，以使谈话顺利有效。此外，谈话时多采用商讨式、启发式，要善于倾听，切忌随便外传不宜公开的谈话内容，强调私密性。

（二）个别教育谈话的技巧

个别教育谈话，教师要根据学生的个别差异，做到因材施教，掌握一定的技巧。

1. 针对不同性格学生的个别教育谈话

（1）面对性格内向学生的教育口语

性格内向学生的心理活动倾向于内心世界。张祖利等人认为，这类学生接受言语信号的特点是：对负面评价语特别敏感，容易形成自我否定的心理定势；听到正面评价时的愉悦体验，不溢于言表，并可能借此长时间地起着强化积极的内驱力的作用。他们对言语的理解一般较深较细，但往往偏执一端。他们的言语回应大多表现为内部的心理活动，不大喜欢口语交际。

对这类学生的个别教育谈话常用的方式有：一是诱导激励。即教师或用启迪的语言，或用明确的目标，或用已经取得的成绩，来引导、激励学生，帮助他们建立自信，激发他们参与活动的热情。不对他们说泄气失望的话，设法让学生克服自卑感。即使指出学生的错误，也要充分肯定其优点，还要介绍改进的方法和途径。在言辞的选择、语气语调的表达上，始终保持对他们的信任、关爱和期待。二是委婉暗示。即教师用暗示、婉转的言语与学生进行沟通。其目的主要是避免激化矛盾，避免刺激学生，便于学生接受，也有利于保护学生的自尊心。运用这种方法要注意恰当地使用同义词，如错误、毛病、缺点意义相近，但有轻重之分，选用时要慎重，提问要使用商量的语气。

【示例】 小芹在班里比别人整整大了一岁半，个子也比别的同学高一截，学习却比别人差。她十分怕事，胆小如鼠，只要是抛头露面的场合，她总是设法推脱躲避。以往学校举行以班为单位的歌咏比赛，她都不愿上场，这回又要比赛了，教师决定找她单独谈一谈。

老师：（正在纸上画着什么）小芹，你来啦？过来，帮我参谋参谋。

小芹：（怯怯地走近教师，发现教师要她"参谋"的是几幅画）这是什么图？

老师：这是歌咏会的队形设计图。瞧！这一幅叫"孔雀开屏"，这一幅叫"粉蝶展翅"，这一幅像翻开的书卷，这一幅像涌动的波浪。当然，也还有女生站前排、男生站后排的"豆腐块"……

（两人同时大笑起来）

老师：你看，哪一种队形好看？

小芹：（仔细看，不敢确定，许久，发现老师仍在等待，只好说）我喜欢"孔雀开屏"。

老师：（热情、欣喜地）好！咱们想到一块儿了，就排"孔雀开屏"！你看——（用笔指着正中的位置）这，就是你。这个位置最适合你，你个子高。你穿上五彩的连衣裙，戴上金色的孔雀头饰，排成孔雀尾羽的同学们簇拥着你。喏——就这样（做了一个"孔雀望月"动作）呵，太美了！你愿意为咱们班的集体荣誉出一把力吗？

小芹：愿意。但是，我怕。

老师：有我，有同学们呢。别怕！

（小芹激动地笑了，点了点头）

【简析】 该老师设计了一个教育情境——先谈画。在谈画时，使用了表扬语，借此诱导出真正的意图：如何设计歌咏会的队形图。既然"孔雀开屏"队形是小芹的首选，根据其个高的特点，自然而然这个位置非小芹莫属了。最后，教师用激励语，促成性格内向、胆小怕人的小芹高兴地接受了比赛任务。

（2）面对性格外向学生的教育口语

性格外向学生的心理活动倾向于外部世界。张祖利等人认为，这类学生接受语言信号的特点是：不太介意负面评价，或者迅速对负面评价进行反冲性回应，而且不至于就此自我否定；对激励和鼓动性语言比较敏感，并往往为此冲动，转化为意志和决心；对于正面评价的愉悦体验溢于言表，但往往不能持续保持由此激发的积极内驱力。他们对言语的理解一般较肤浅、粗疏，但尚准确；对言语的回应敏捷而外露。

对这类学生的个别教育谈话常用的方式有：一是直接说理。即教师直截了当地讲述道理，或批评，或表扬。语言简洁，语气肯定。在态度和用语上，切忌火上浇油、激化矛盾的责骂训斥和讽刺挖苦，可适当增加口语中的说理性成分，让理智引导学生的行为。二是情感激励。即教师运用口语中的情感因素，调动学生积极的情绪体验，促使学生主动感悟，积极向上。在方法策略上，注意把握时机，以柔中带刚或刚柔相济的言语，以情激情或以冷制热，因势利导地进行教育。

【示例】 小林性格开朗，是班上的体育运动健将，他每参加一项比赛，都要为班级拿冠军。可是，学校规定运动会上每位选手只能参加两项比赛。他想为班里多争分，代替了一些同学参加比赛。班主任知道了，立刻找小林进行单独谈话。

老师：小林，祝贺你，为班里拿了两项冠军，功劳不小！

小林：让我代替小勇跑 200 米吧，准拿第一！

老师：不！这叫冒名顶替，是违反体育道德和竞赛纪律的行为，这样取得的成绩不光彩。何况，被查出来是要挨处分的！我们的目标是比赛成绩和精神文明双丰收。你有比赛经验，给小勇介绍介绍，然后，找一些同学给他当啦啦队。这样做，同样是为班里做贡献，对吗？

小林：（点头，乐意地接受意见）好！

【简析】 教师在制止小林冒名顶替的教育谈话中，态度明确，语气肯定，用语简洁。先是使用个别表扬语对小林为班争光的行为给予了肯定；接着使用正面批评语否定了小林冒名顶替的行为，用"比赛成绩和精神文明双丰收"的目标来因势利导地进行教育，同时指出了替赛问题的严重性；最后，用激励语为小林指明了做贡献的新渠道。

2. 针对不同认知水平学生的个别教育谈话

由于学生正处于身心发展阶段，而且各人身心发展不平衡，他们对教师的教育口语的感知、理解、认同的能力也不可能处于同一层面。这种差异就是教师对其采取不同方式教育谈话的依据之一，对优等生、中等生和后进生应该用不同的谈话方式。

（1）对优等生的个别教育谈话

优等生是指那些思维水平、理解能力、学习成绩等比平均水平出色的学生。他们是教师重点呵护的对象、同学羡慕的偶像、家长心中的宝贝。但由于接受过多的追捧和宠爱，这些学生往往恃宠而骄，虚荣心比较强，自负傲慢，冷漠自私，责任心差，等等。

对这类学生的个别教育谈话要注意：一是褒贬适度，把握分寸。优等生由于多数时间生活在赞扬、羡慕、尊重的氛围中，强烈的自尊心使他们对批评、挫折异常敏感。因此，对他们的批评或表扬，一定要把握好分寸。既不能一味表扬，使之目空一切；也不能批评过分，伤其自尊。表扬要恰到好处，使其受到鼓舞，继续努力；批评要合情合理，使其心服口服。二是精当点拨，积极引导。面对优等生的缺点或错误，与他们进行教育谈话时，教师一般情况下不宜采用直来直去的批评方式，因为这些孩子既聪明又有很强的自尊心。所谓"好鼓不用重锤"，最好的办法是委婉提醒，精当点拨，诱导说理，促其自省，使其自觉认识到自己的不足。

【示例】 马某思维灵活，反映灵敏，学习成绩优秀，但最大的缺点就是骄傲自满、任性妄为，而且不懂得如何尊重人，特别爱给班上的同学取绰号：谁的鼻子大，就叫"蒜头儿"；谁的脖子长，就叫"长颈鹿"；谁长得胖，就叫"肥猪"。这些带有侮辱性的绰号刺伤了同学的自尊，影响了班级团结。班主任的多次劝诫都宣告无效。如何让这个骄傲任性的孩子改变自身的缺点，学会尊重别人，自觉停止这种以取笑他人为乐的游戏呢？他终于找到了一个很好的谈话时机。

师：马某，你知道我最近干嘛老瞧你吗？

生：（摇头）

师：因为——我发现你长得挺有特点的。喏，你的左脸颊靠近耳朵那儿有颗豌豆粒儿大小的黑痣，上面还长了两根小汗毛，挺有生机的……

生：（窘，脸红）老师，您……

师：（故意视而不见其窘态）从今天起，我不叫你赵某了，就叫你"黑豆儿"吧！不，这名儿不好，干脆就叫……对，就叫"两根毛儿"或者"老鼠屎"吧！一会儿上课时，我准备给大家宣布，好吗？

生：（急，摇头，摆手）老师，求您呐！别，可别这么叫我，您这么叫，全班甚至全校准传开了，多让人难堪呐！

师：是啊，要是不尊重别人，随意给别人取绰号，的确让人很不舒服，很伤人的心，也是对人的极大不尊重，所以，我们应该尊重他人，不要给别人乱取什么绰号。

生：（悟出什么，诚恳、急切地）老师，我知道了，我道歉，我改，行吗？

师：那好，你的"雅号"么，我暂时保密。不过——今后你不但不能再给同学取绰号，还要协助我在班里制止其他同学的不文明语言和行为，你看行不行？

生：我自己保证做到，但其他同学，我不敢保证……

师：首先从你做起，老师相信情况会好得多。你听见谁再揪住别人的长相乱嚷嚷，就立即提醒制止。我想，只要你态度真诚，同学们是会接受的，班上这种乱取别人绰号的不文明风气一定会改变。你说呢？

生：好吧。我试试。①

【简析】　班主任老师针对学生不文明礼貌的行为，巧妙地利用了一个有效的教育情境，在平易宽松的气氛下对学生进行教育。教师一改正面劝诫的方式，而是采用旁敲侧击的方式，以其人之道还治其人之身，抓住赵兵的长相特点作为谈话的契机，引而不发，点到为止。当学生领悟后，再进一步启发诱导，晓之以理，取得了良好的谈话效果。

（2）对中等生的个别教育谈话

中等生是指那些在班级中行为表现一般、理解能力一般、学习成绩一般的学生。他们既不像优等生那样优秀突出，也不像后进生那样成为关注的焦点。许多中等生安于现状、自我陶醉，其潜在的能力得不到充分挖掘和发挥。他们在各项活动中表现既不突出，也不落后，自认比上不足而比下有余。

对这类学生的个别教育谈话要注意：一是强化表扬或批评。对他们的优点要及时肯定，特别是一旦发现他们有上进的要求，就要抓准时机给予表扬，最好是实施正面强化表扬。对他们的缺点或不足，也应及时批评，避免情况的进一步恶化。二是适当刺激启迪。适当的刺激可以激发这类学生的自尊心，促其产生逆反心理，"人争一口气，佛争一炉香"，在好胜心理的驱使下他们有可能因此而奋起，表现给老师看。当然，教师的刺激语言要从实际出发，要选准对象，刺激言语要适度，以激发学生斗志为原则，应使学生感觉到是善意的，而非恶意的。

【示例】　一个小学生在校表现不错，但常常在放学回家的路上逗留，很晚才回家，经常受到家长的责难。但这个学生就是改不了晚回家的习惯，还与家长产生了对抗情绪，家长到学校找老师反映了这个情况，老师在放学后把这个学生叫到自己的办公室，他没有直接地批评这个学生，而是表现出很感兴趣的样子问这个学生："你在回家

---

① 毛丽. 教师口语［M］. 北京：人民教育出版社，2010：355-356.

的路上看到了一些什么新鲜事，老师想听听。"这个学生打开了话匣，说自己在放学路上最喜欢和东村的小朋友玩过家家，"那可真有趣！"老师呼应了这个学生的情绪，学生说得更起劲了，谁跟谁是一"家"，谁又和谁"吵了架"，今天做了什么"菜"，谁把"锅子"打烂了……"就这样一直玩吗？""小朋友被妈妈喊回家，就不玩了。"老师说："是呀！小鸟要归巢，小朋友要回家，当然不能玩了。"到这儿，这个学生一下子明白了老师真诚地倾听自己谈过家家的良苦用心，这个学生说："老师，我错了，今后再也不在路上玩，回家晚了，会让爸爸妈妈着急的。"

【简析】 具有叛逆心理是孩子的共性，打骂或责难绝不是解决问题的最好方法。案例中，教师在对这个表现一般的学生的教育过程中，没有责难，也没有多说话，而是专心地听，不时地附和着学生的意见，最后使用了启迪语，让学生切身感觉自己受到教师重视，所以反过来检讨自己，改变了自己的做法。

(3) 对后进生的个别教育谈话

后进生是指那些在班级中行为表现差、理解能力差、学习成绩差的学生。教师不应抱怨后进生工作难做。人性本善，每一个孩子都是善良的。在日常学习、生活中可能出现这样或那样的不良的言行，也是孩子的天性使然，教师应放下身段、静下心来和后进生进行交流沟通。

对这类学生的个别教育谈话要注意：一是学会尊重。后进生的自卑感很强，要想打开他们的心扉，最重要的一点就是尊重他们，公正、平等地对待后进生，尊重他们的人格，听取他们的意见，理解他们的处境。教师应善于捕捉其亮点，多采用肯定的评价语言策略，不讥笑、不挖苦、不斥责，不说过头的话，当宽容时则宽容，当抚慰时就抚慰。二是增强关爱。后进生也有丰富的感情世界，由于他们常常受到冷遇，所以外表给人的印象有时冷漠，有时吊儿郎当，有时甚至不近情理。因此，要转化他们，和他们进行有效的交流，必须大力进行感情投资。正如《学记》中所说，"亲其师，方能悟其道。"学生对教师有了感情，才会听取教师的教育。

【示例】 一位教师面对一个学生问她"喜欢好生还是差生"的问题时，这样开导学生：

师：小刚，你知道什么叫差生吗？

生：不就是像我这样的学生吗？

师：不，差生是各方面都不好的学生，据我了解，我们班可没有差生。就拿你来说吧，你爱劳动，乐于助人，体育方面顶呱呱，人又聪明，怎么能说是差生呢？

生：我……我学习不好。

师：如果你有一件心爱的东西坏了，但它还有可能修好，你会怎么做呢？

生：我会尽全力把它修好。

师：对呀，我说我会像大姐姐一样，以后爱护你们每一个人。作为姐姐，弟弟妹妹有了缺点，自然会努力帮他改掉，就像你对待自己心爱的东西一样，不会因为它有缺点，就不再喜欢它。而且他改掉缺点后，我会更加喜欢他、爱护他。你懂吗？

生：我懂了，谢谢您，老师。以后我有了缺点，请您一定给我指出，我会努力改正的。

【简析】　在多数教师眼中，学习成绩差就归纳为差生一类了。成绩差不代表什么都差，案例中的小刚，教师就能肯定他的诸多优点——爱劳动、乐于助人、体育顶呱呱，由此学生的自信心开始萌发。当教师进一步用比喻句、用富有爱心的话引导学生，而且将学生看成是自己的弟弟妹妹，岂能不打动学生？在这次个别教育谈话中，教师主要使用了表扬语、说服语和激励语。

（三）个别教育谈话的注意事项

个别教育谈话要想取得理想的效果，教师除掌握以上技巧外，还要注意以下事项：

1. 忌用反语

当学生犯错的时候，不少教师认为通过说反语更能引起学生对自己错误的认识，其实不然。低年级学生对反语的掌握能力非常弱，尤其是在受批评教育的环境背景下，他们更不可能很好地理解反语的意思，很容易就会往老师强调的那个方面去理解，然后下次继续犯同样的错误，因为他们会觉得这次是老师的命令，而不是自己的意愿问题。例如，有些老师与个别学生谈话的时候，提到："你下次再做这种事情啊，你再多做一次啊！"接受和理解能力差的学生极有可能下次还会继续做。所以在与学生进行个别教育谈话时，教师尽量不要用反语，要从正面去引导学生，让他们说正确的话，做正确的事。

2. 家校共育

教师对学生的个别教育谈话是针对学生表现出来的不良行为习惯而展开的，而这些不良习惯的养成很大部分是受到家庭教育不当的影响。例如，祖辈的溺爱，家长错误的教育观，等等，所以需要家长的配合。教师应主动与家长联系，将自己与学生的教育谈话内容告知家长，以便教师与家长达成一致的教育方式，如此，才能保证个别教育谈话真正能影响学生，实现家校共育、双管齐下。

3. 勉励巩固

俄罗斯著名的生理学家、心理学家巴甫洛夫的反射实验启示我们，教育孩子要合理运用反射原理，及时勉励巩固效果。因此，个别教育谈话后，教师还要跟踪观察，随时留心学生的思想行为变化，对学生细微的进步及时表扬和鼓励，对他有意识或无意识的不良行为马上提醒。同时，对一些把老师的话当耳边风、为所欲为的小朋友，就要根据新情况，再次与之谈话，并采取补救措施。要想个别教育谈话取得理想的效果，需要持之以恒。

二、群体教育谈话

群体教育谈话，是指教师面向全体或部分学生进行的一种有目的的教育谈话。与个别教育谈话相比，群体教育谈话可以同时围绕多个话题，话题更自由。它也是教师对学生进行思想品德教育最常用的教育口语形式。

（一）群体教育谈话的主要特点

群体教育谈话是教师开展调查研究、了解情况等经常使用的一种有效方法。它可以让教师直接摸清学生的思想动态、表现状况，以及教学与管理的情况，取得第一手资料，增强今后教学工作的针对性、实效性，形成正确的集体舆论，树立良好的风尚。那么，教师进行群体教育谈话时有哪些主要特点？

1. 态度明朗，透明度高

任何一种群体教育谈话都为全体同学所知晓，它具有透明性。这就要求群体教育谈话的主题要公开透明，它常常是为了解决某些带有倾向性的问题，或为了开展集体活动而进行的讲解、宣传、动员。因此，进行群体教育谈话，首先要针对学生群体存在的思想倾向、实际问题等做到准备详尽，态度明朗，从而避免在群体谈话时空话连篇，或模棱两可。同时，要多用肯定性评价，由此激励学生的上进心和自尊心，而慎用否定性评价，特别要掌握批评的分寸和尺度，保护学生的自尊，能不点名批评就尽量不点名批评。

2. 一视同仁，涉及面广

群体教育谈话面对的是全体或部分同学，教育的面广，尤其利于加强班集体的建设。谈话的内容应面向所有同学，一方面，要善于调动学生中的积极因素，让学生互相教育；另一方面，也要避免顾此失彼的现象发生，如进行表扬时，切忌因为表扬这一部分学生而打击、伤害另外一部分学生，还不能遗忘个别学生。眼睛应不断从一个人扫视到另一个人，这样能使所有的人感到本人是整体中的一部分，群体教育谈话的气氛才会融洽。

3. 大处着眼，代表性强

群体教育谈话的内容所涉及的是这个群体中具有代表性的人或事。它所涉及的教育内容要有代表性，要从典型性的大事着眼，这样才能引起学生的兴趣，也才能对大多数同学有教育意义，切忌对个别现象或偶尔出现的问题召开群体会议，喋喋不休地唠叨。要使群体通过典型案例整体受到教育。

4. 把控场面，严肃性强

群体教育谈话是向群体陈述意见、说明情况、表明主张。它既能调动学生的热情，树立正确的集体舆论，鼓舞士气，稳定情绪，又有可能激发众怒，酿成事件。因此，要注意群体教育谈话的严肃性。有可能在学生中产生不良反应的批评与表扬，都应该尽量避免。教师要注意讲话的态势,把握好讲话的语气、语速。讲话要节奏分明,就像一首歌那样,先确定基调,再将引子、主旋律、高潮表达得恰如其分。此外,教师还要观察谈话现场随时发生的不同情况,及时调整谈话内容。

5. 及时施教,时效性强

有效的群体教育谈话能产生巨大的影响,能化消极因素为积极因素,有利于形成健康的集体舆论和良好的班级风貌。只要有人的地方就有矛盾,有经验的教师善于观察,根据群体具体情况及时地对学生加以启迪、引导。比如,当发现学生中出现带有倾向性或典型性的问题,需要全体同学注意时,教师应及时地进行集体谈话,提供谈话的平台让大家表达自己的需求,并学会倾听对方的需求,因势利导,直到对方理解为止。每次进行群体谈话时,要注意控制时间。

(二)群体教育谈话的技巧

根据群体教育谈话的组织方式,群体教育谈话一般可以分为以下三种形式。

1. 召开主题班会

群体教育谈话最常见的方式是召开主题班会。主题班会是在班主任的组织和指导下,针对班上的某一倾向性问题,全班同学围绕一个主题开展活动而召开的班级会议。它是班主任运用班集体对学生进行思想品德教育的一种重要手段,又是学生进行自我教育的一种有效的途径。为保证主题班会的教学效果,班主任应注意几个谈话原则,选择适宜的谈话技巧。

(1)联系实际,选好主题

主题是班会的中心,只有选好主题,才能开好班会。第一,主题的确定要从实际出发。既要有利于集体荣誉与凝聚力的形成和发展,又必须是班内大多数学生共同关心和感兴趣的话题,能激发学生的兴奋点,而且具有一定的深度。第二,主题要有针对性。班主任必须经常了解本班情况,掌握第一手材料,做到有的放矢,即针对学生思想实际及班级存在的主要问题,选择那些具有启发性,对学生思想状况能起到潜移默化作用的主题来组织班会活动。第三,议题单一。即每次班会原则上只解决一个问题,不要贪多求全,不要眉毛胡子一把抓,对班会的议题要有针对性和预见性;以小见大设计班会主题,要尽量从小处着眼,在一个侧面或一个点上综合化,反而能反映比较丰富的内涵。

(2)全员参与,分工合作

主题班会的特点是具有集体性。全班学生参与活动的积极性和主动性是保证实现主题班会教育目标的前提条件,其要求应贯穿于整个活动的各个环节之中。为此,班主任要明确地提出具体的主题,分析活动的价值,设置具有感染力的教育环境,选用新颖有趣的活动方式,引导学生积极参与活动。在班会上,教师只是起主导作用,学生才是主体,教师要让学生充分参与,给每一个学生动脑、动手、动嘴的机会,让他们成为班会的主角,让他们感到自己是班集体的重要成员之一,这样才能培养和增强学生的主人翁意识，增强学生的责任感、自尊心、自信心。特别是对于后进生、集体观点淡漠的学生和有特殊才能的学生，更应该为他们创造锻炼和成长的机会。

（3）形式多样，合理安排

传统的班会是教师一人言，学生只是被动倾听和接受，若长期采用这种单一的形式，容易引起学生的逆反心理，起不到教育学生的目的。班会的形式应该多样化。比如，师生互动型、生生互动型、教师家长学生三者互动型。此外，召开主题班会要做好安排：一是安排好会议的程序（包括班会开始、参会人员就位、主题宣布、主题活动、教师讲评、散会等）；二是安排好班会分工（包括确定班会主持人、主要发言人、记录员、列席人及嘉宾发言人等）；三是安排好座位（如有嘉宾观摩，他们一般坐在教室后边，或者比较靠里面的位置）等。

（4）调控会议，做好总结

教师要注意调控整个会议的进程、气氛和召开的时间，要避免跑题或议而不决。如果主持人是教师，对学生的发言要作积极回应，自己的发言用语要简练、引导要恰当。如果是学生主持，则还要做好学生的指导，会上随时关注，必要时可通过目光、手势、表情甚至合适的语言进行调控。此外，由于班会是围绕着某一个具体的话题展开的，同学们对话题的看法会见仁见智，教师在会议结束前，就要实事求是，一视同仁，不偏不倚，就事论事，对整个班会情况和学生的发言作出准确的总结，肯定成绩，总结经验，指出不足，言简意赅，具有启发性、鼓舞性，给活动成员留下鲜明而深刻的印象。

【示例】 开学初，王老师召开了一次以"责任"为主题的班会。首先，王老师让班长在黑板上写下两个醒目的大字——责任。看到孩子们好奇的目光，王老师宣布："这节班会的主题是'谈责任'，请同学们畅所欲言。"经过十多分钟的讨论，王老师将孩子们的发言作了总结并写在黑板上：

（1）责任是一个人应尽的义务。（第一小组）

（2）责任是一种良好的素质的体现。（第五小组）

（3）责任是一种承认错误的勇气。（江源）

……

看到黑板上出现自己和小组的名字，孩子们眼里闪烁着兴奋的光芒。

接着，王老师故作神秘地说："今天，老师还要给你们讲一个故事。"一听要讲故事，孩子们兴致更高了。

"1920年，一个11岁的美国男孩踢足球时，不小心打碎了邻居家的玻璃，邻居向他索赔12.5美元。在当时，12.5美元可是笔不小的数目，可以买到125只下蛋的鸡。闯了大祸的男孩向父亲承认了错误，父亲让他为自己的过失负责。男孩为难地说：'我哪有那么多钱赔人家？'父亲拿出12.5美元，说：'这钱可以借给你，但一年后要还我。'从此，男孩开始了艰苦的打工生涯，经过半年的努力，终于挣够了12.5美元这一大笔钱,还给了父亲。这个男孩就是后来成为美国总统的罗纳德·里根。他在回忆这件事时说:'通过自己的劳动来承担过失让我明白了什么是责任。'"

故事讲完了,大家不约而同把目光投向小源。此时此刻,孩子们都明白了这节主题班会要解决的问题是"小源与小丹的书包事件"。小源与小丹是前后桌,上周五上书法课时,小源不小心将墨汁撒到小丹的红书包上,结果一个哭哭啼啼要求赔书包,一个态度蛮横坚决不赔。王老师先将二人安抚好,然后给了双方家长一个承诺:下周一的班会上妥善解决此事。

教室里很安静,孩子们屏住呼吸,似乎在期待着什么。王老师微笑着看看小源——刚才将责任解释为"一种承认错误的勇气"的男孩。在全班同学的注视中,他缓缓地站起来,声音不大但是很坚定地说:"小丹,对不起,你的书包我来赔。"话音刚落,教室里便响起一阵热烈的掌声。这时,小丹也站起来,她回过头真诚地对小源说:"我接受你的歉意,但书包就不用你赔了。"

从此,这样的班会便成了王老师和孩子们的最爱。正如学生所说:"班会课让我从故事中学会了做人的道理。"我们不敢说王老师这样带出来的班级是最出色的,但可以肯定这样的班级是和谐的,孩子们的心情是轻松愉悦的。

【简析】 教育之于学生如同雨露之于禾苗,只有淅淅沥沥的小雨才会悄无声息地滋润干涸的禾苗,不懂得教育艺术的喋喋不休的说教和劈头盖脸的训斥,就像肆虐的暴雨,只会摧残禾苗,是不会受到孩子们欢迎的,当然也起不到应有的效果。班会课上,就让我们下一场淅淅沥沥的小雨吧,这样我们将看到孩子们花儿般绽开的笑脸,听到孩子们竹子般成长的声音。

2. 组织集体活动

集体活动既是加强集体自身建设的措施,又是开展思想教育的方式。它不仅能够丰富学生的课余生活,提高学生的知识水平,也有利于培养学生的集体主义观念和组织性、纪律性,形成学生对班集体的向心力和凝聚力。在开展集体活动之前,有时学生对活动的认识存在缺陷,参与的积极性不够,这时就更需要教师临阵游说,只有打动学生,促使他们深刻认识到活动的意义,才能有效开展集体活动;有时学生热衷于活动的表面热闹,而对活动的价值缺乏正确的认识,这时也需要教师正确引导,规范开展活动。在组织集体活动中,要充分调动学生的求知欲和好奇心,用富有鼓励性、号召力的语言,激发学生的参与欲望和热情;用富有哲理的问题,吸引学生的注意力,把学生领入探索、体验的天地之中。

【示例】 贾老师带六年级毕业班,在毕业之际,学校发出了举行广播体操比赛的通知。贾老师在班上宣布这一消息时,一位男生大声说:"马上就要毕业考试了,谁还有心思参加比赛!"绝大多数同学提出"弃权"。

面对这种情形,贾老师不动声色地与学生谈了一些题外事,通过倾听学生的心声,了解到同学们都是乐意给学校、给老师留下一个很好的印象的。摸清了学生的想法后，他给学生读了高尔基给他儿子的信中的一段话："你走了，可是你栽的花却留了下来，在生长着……要是你在任何时候、任何地方，自己一生留给人们的都是美好的东西——鲜花、思想、对你的非常好的回忆，那你的生活将会是轻松和愉快的。"接着，贾老师又说："如果我们同学也想给母校留下美好的回忆，应该怎么办？"

贾老师的话在学生中引起了强烈共鸣，"我们要毕业了，但要给母校、给老师留下美好的回忆"成了全班同学的共同心声。由于全班同学有了统一的指导思想，在广播体操比赛中获得了第一名。

【简析】 面对学生的抱怨，贾老师没有失态，而是借用高尔基给儿子的信中的一段话来说服、激励学生，使他们从中悟出道理，产生了留给学校好印象的想法，学生由不想参加体操比赛到认真对待比赛。需要指出的是，作为一个教师，教书育人是天职，既要负责传授知识与技能给学生，也要负责培育学生健康的思想与情感。在集体活动中，学生难免会出现一些思想、情绪波动，教师只有对他们进行及时而合理的群体教育，才能教育好全体学生。

3. 处理偶发事件

偶发事件就是在预定计划之外偶然发生的事情。如同学之间、班级之间、师生之间、学生与工友之间、学生与校外人员之间常常会因某一事件而引发各种各样的矛盾冲突或酿成较大的事件。在这种紧急情况下，教师除了保持冷静的头脑外，还要能以灵活应变的能力，临场机敏地作出处理，快速有力地运用语言来平息事态或抑制事态的恶性发展，使之朝着良性方向发展。对于偶发事件的处理，教师要表现出一定的灵活性，因时、因地、因人、因事而变化，要审时度势，见机而行，切忌冲动发怒，出言不逊，恶语伤人。常用的方法有以下三种。

（1）幽默化解法

有些偶发事件不是学生恶意而为的，教师不应去和学生争个曲直长短，甚至打破砂锅问到底，如果教师非要问下去的话，结果可能是越问越糟。遇到这种情况，聪明而有效的办法就是用幽默来化解。幽默也是智慧的表现。幽默诙谐的语句，开玩笑的方式，能显露出教师对事情所持的态度，或者把严厉的话说得十分宽松，为学生日后自我纠正错误创造条件。

【示例】 一位老师去上课，刚迈过教室的门槛，一艘纸折的火箭"嗖"的一声飞到了讲台上。见此情景，老师笑容可掬地说："宇宙飞船上天，是人类为征服太空所驱。杨利伟乘坐神舟五号飞船遨游太空，是我们民族的骄傲。这支'火箭'在上课之前射向讲台，看来它的发射者还未掌握足够的技术，不过发射者一定是为渴求知识而来。"那名搞恶作剧的学生平时挨批评已经习惯了，这次老师幽默的"表扬"，反而使得他不好意思起来。这场偶发事情被老师明智地化解了，那位学生上这堂课比以往任何一堂课都认真。

【简析】　像这样的处理，寓教于笑，妙趣横生，学生感受到的是春风拂面，是诙谐风趣，自然就会投入正常的学习中去。

（2）转移注意法

教师在处理偶发事件时，有时会遇到这样的情景：当时所要完成的任务和时间都不允许对偶发事件进行调查和处理，或是这样的事件原本也不必弄个水落石出，过一段时间后这样的事件就不再成为事件。对此，教师就可用转移注意法，巧妙地把对偶发事件的处理转移到另一件事件上去。采用这种方法，关键是转移要自然，不露斧凿痕迹。

【示例】　课间一年级的两个学生在走廊上玩，不知何因发生了口角。上课铃响了，班主任劝他们俩进教室。一个学生很快进去了，另一个学生因为吃了亏，还是气鼓鼓的，不愿进教室。班主任没有硬拽他进去，也没有呵斥他，而是根据这位学生平时乐于助人的优点，亲切地对他说："你看我双手拿这么多东西，你能帮我拿这些作业本吗？"这位学生看了看老师，就接过作业本走进教室。待学生安静后，老师说："刚才两位同学吵了架，但是有的同学顾全大局，为了让大家上好课，还帮老师拿作业本进来，我相信他肯定能上好课，有什么问题课后再解决。"后来，那位同学比较安心地听课了，课后把不愉快的事情也忘记了。

【简析】　像这样的偶发事件在学生当中经常出现，且大多数纠纷学生可以自己排解，老师不必插手，插手多了反而影响学生交往能力的形成和提高。如果教师硬是要当场解决这种纠纷，很可能会影响到教学，也不可能快速达到理想的效果。案例中，老师将学生因纠纷事件不愿进教室转移到请学生帮自己拿作业本进教室，事件转移了，目的也达到了。

（3）威慑抑制法

个别学生蛮横无理，当事态有进一步扩大化时，教师必须采取强有力的措施，用果断的语言和严厉的语气及时断喝对方，制止事态的发展，抑制冲突的升级。教师的应急语言必须干脆有力，毫不含糊，话语中要含有警告和提醒意味，要具有强有力的威慑作用。但这种方法要慎用。

【示例】　王某家境十分富有，是个典型的纨绔子弟，在校称王称霸，无恶不作，对老师的管教不理不睬。一次，有位老师发现他边抽烟边捉弄女生，上前干涉，王某不仅不道歉，反而说这位老师多管闲事，旁观的学生有的跟着起哄。此时，班主任老师刚好路过，见此情形忍无可忍，大声断喝："王某，你也太猖狂了吧！自古纨绔多误身！莫非你想毁了自己不成？如果你不向这位女生道歉，向这位老师作出深刻的检讨，我明天就将你的材料整理上报学校，加上你平时的所作所为，学校有足够的理由开除你，信不信？"王某低着头，默然无语，主动地向女生道了歉，向老师作了检讨。

【简析】　没有班主任的断喝，"你也太猖狂了吧！""自古纨绔多误身！莫非你想毁了自己不成？"；没有班主任的警告，"我明天就将你的材料整理上报学校，加上你平时的所作所为，学校有足够的理由开除你，信不信？"恐怕王某会更猖狂，事态可能会更严重，影响会更恶劣。断喝一个人，教育一大片。

（三）群体教育谈话的注意事项

群体教育谈话要想取得理想的效果，教师除掌握以上技巧外，还要注意以下事项：

1. 话题适宜

群体教育谈话的目的是借助某一现象或事件来教育全体学生，但不是所有话题都适合开展群体教育谈话活动，只有那些具有典型性的话题才适宜开展群体教育谈话。如果教师不了解学生的年龄特点和已有知识经验，在选择教育性话题时，就容易出现话题脱离学生的已有认知能力的情况，则无法取得理想的教育效果。因此，选择恰当的教育话题是群体教育谈话的基础。

2. 氛围宽松

良好的师生关系是教育好学生的前提，民主、宽松、愉快的氛围是群体教育谈话的有效保证。教师应真诚平等地同学生交流，耐心倾听学生的每一句话，不断鼓励、支持学生，做学生的朋友，努力营造宽松的氛围。即使是那些较为严重的事件，教师在给学生讲述道理时，语气也不可过于严厉、生硬，更不要歇斯底里。学生只有在民主、友爱的氛围中才会无压力、无拘束，对教师的话才会言听计从。

3. 引导思考

在群体教育谈话中，有些教师不停地讲、不停地问，学生处于被动的角色。良好的群体教育谈话，应该是教师讲清楚问题之后，要善于引导、鼓励、组织学生充分、有序地对问题表达相关意见。借助于发言，学生才能加深对问题的认识，进而或改进，或继承。高明的教育不是灌输，而是引导。

 实训平台

一、个别教育谈话训练

（一）课堂实训

针对有下列情况的学生，设计相应的个体教育谈话。

1. 对老师和同学说话都没有礼貌的学生。
2. 爱学习但又特别爱炫耀自己的学生。
3. 没有规则意识，喜欢乱扔、乱拿别人物品的学生。
4. 对班集体漠不关心的学生。
5. 喜欢表达但又词不达意的学生。
6. 喜欢运动但学习成绩较差的学生。

7. 有正义感但又经常调皮的学生。
8. 道理都懂但又管不住自己，还是经常犯同样错误的学生。
9. 做事比较快但比较马虎粗心的学生。
10. 做事磨磨蹭蹭且心不在焉的学生。

(二) 课外实训

1. 利用课余时间，上网查询，或深入你熟悉的小学与教师交谈，尽量多地收集教师与学生进行个体谈话的素材，整理成册，并试做分析。
2. 假如你的一位室友因违纪被处理仍不思悔改，尝试和他（她）进行一次个体教育谈话。

(三) 他山之石

两个圆圈的比喻①

有一次，一位很知道爱护学生的班主任发现自己最得意的班干部——一个品学兼优的学生，由于滋长了骄傲情绪而与班上同学闹起了对立。教师分析了这个学生争强好胜的性格特点之后，决定不直接触及其缺点，而是寻找合适的机会对其予以诱导。一天晚自习时，教师到教室巡视，看见那个学生在做数学题，正忙着在本子上画着圆圈，突然，"两个圆圈的比喻"闪现在教师的脑海。机会终于到了，这位教师便和学生聊了起来：

"我给你出个小题做做如何？"

"好啊！"

"甲乙两个大小不同的圆圈，哪个接触的圆外面积大？"

"当然是大圆圈了。"

"为什么？"

"圆圈大，圆周就大，接触的圆外面积自然大喽。"

教师继续用探究的口吻往下说："如果圆圈的面积代表人们已经掌握的知识，圆圈以外的广大面积代表人们还不知道的无穷领域，那么，怎样才能扩大那未知的领域呢？"

"去不断地学习和掌握知识，扩大自身的圆圈面积呗。"

至此，教师的谈话已经开始切入正题了。"这个比喻，你知道是谁提出来的吗？这是两千多年前古希腊哲学家芝诺所设的比喻。它说明了什么呢？"

学生若有所悟，说："它说明，知识多的人才能知道更广阔的未知世界；而知识少的人以为没什么未知数了。"

"你说得对。造诣越高的人，越知道探索学问的路漫长得很，因而就越能坚持学习，越能保持谦逊的作风。相反，知识甚少或偶有一得的人，才自命不凡，得意忘形。"

---

① 鄢月钿. 教师的语言艺术 [M]. 长春：吉林大学出版社，2007：49-50. 有删改。

二、群体教育谈话训练

（一）课堂实训

按要求完成下列群体教育谈话训练。

1. 有人认为："教师节，做学生的应该给教师买礼物。""学习成绩好不如有个好爸爸。""现在的课程考试方式，不作弊的人才是傻瓜。"请从中任选一个教育话题，设计一次主题班会方案，让全班学生对此有个正确的认识。

2. 现在一、二年级学生经常出现厌食、任性、爱哭等现象，请你设计一次集体活动，并撰写一段群体教育谈话。要求使用三种以上常用教育口语。

（二）课外实训

1. 利用课余时间，上网查询，或深入你熟悉的小学与班主任交谈，尽量多地收集教师与学生进行群体谈话的素材，整理成册，并试做分析。

2. 在寝室里，自由选定一人扮演班主任，其他同学扮演学生，商议设置某个教育情境后，进行群体谈话演练。

（三）他山之石

发 书[①]

开学第一天，周老师在分发新课本时注意到有几本书因为包装捆绑过紧，被勒出了深深的印迹。他知道这几本书如果不加以处理就分发，肯定会出现问题。面对着这一偶发事件，周老师进行了下面的教育谈话。

周老师对同学们说："老师这里有几本书因为包装运输留下一些印痕。（沟通语。交代情况，解释原因）这几本书该发给谁呢？"（启迪语。把问题交给学生，让他们设身处地地去思考解决的方法，为后面的教育奠定了基础）教室里窃窃私语，周老师请几个同学发言。有的说按顺序发，轮到谁就是谁；有的说根据成绩发，分给成绩差的同学；有的同学说抓阄……（启迪时很有耐心，让学生充分表达自己的想法，即使这些想法不可取，也没有批评，而是创造一个畅所欲言、民主平等的讨论环境）

终于，有一个同学发言了："老师，发给我一本吧。"（终于有人愿意要有印痕的书了，给问题的解决带来了契机）周老师立即追问："你为什么愿意要有印痕的书呢？"（没有简单表扬，把书发给他，而是抓住契机，引导他说出理由。这样，就把分发书的活动引导到通过这件事教育学生提高认识的教育活动）"因为总得有人得到的，不如我要了吧！"周老师立即表扬："让我们为他的这种为他人着想，宁愿自己吃亏的精神鼓掌！"（表扬语。在表扬语中点明了这位同学"为他人着想，宁愿自己吃亏的精神"，值得肯定，以此教育学生，为他们树立榜样）顿时，全班响起了一阵热烈的掌声。（教师的表扬得到了同学们的认可）

[①] 许迅. 语言实践教程 [M]. 3版. 南京：南京师范大学出版社，2020：258-259.

"还有哪些同学愿意得到一本?"(启迪语。进一步引导,发挥榜样的激励作用,以此说服其他同学接受这种观点,使大家都具有为他人着想、宁可自己吃亏的精神)一些同学的手举起来,也有些同学犹豫着。周老师有意在教室里巡视了一遍,故意在一些目光不够坚定的同学面前停一下。(用动作来鼓励)最后,全班同学的手都举了起来。

周老师微笑着对同学们说:"老师为我们班同学有这种精神感到由衷的高兴(表扬语。表扬全体同学,利用班级的舆论导向),但究竟这几本书该发给谁?我们还是没有一个明确的标准。这样,我们来一次演讲比赛,看谁能把自己要得到书的理由说得充分,说得有理,谁就能得到一本。(巧妙地运用演讲竞赛的形式,激发学生的好胜心,创设学生自我教育的情景。深入一层启迪,要让同学不仅知道怎样做是对的,还要知道为什么这样做是对的)大家做评判员,谁说得好,就给他掌声!"(不失时机地进行鼓动)

一阵七嘴八舌的议论后,有的同学开始发言了:"我们生活在一个集体当中,应当相互帮助,相互关心,宁可自己吃亏,不贪图小便宜,如果人人都争要好的,那书就发不下去了。"顿时教室里一片掌声。(同学们的认识,形成了一种积极的舆论导向)有同学登台了:"鸟美在羽毛,人美在心灵。书籍的好坏重要的不是它的外表,而在于它的内容。所以我愿意要一本。"又是一阵雷鸣般的掌声。"只要我细心爱护,小心修整,书可能比别人的还要漂亮!""孔融让梨的故事大家都听说过吧!古人尚能如此,何况我们新时代的学生!""古人说,一屋不扫,何以扫天下?这点小事都处理不好,我们怎么担当起未来赋予我们的重任?"一阵又一阵的掌声,把教室的气氛推向了高潮。(学生们陈述了种种理由,形成了正确的舆论导向,说者和听者思想都得到了净化,这是同学互相进行说服教育,把朴素的行动上升为正确的认识,不但知事,还要明理)周老师把每一种新颖的观点都归纳概括出来,写在黑板上(无言的肯定,也是表扬),并且适时补充诱导,结果好几个同学的演讲精辟深入。

周老师再一次"穷追不舍":"我们生活在集体中,还有哪些地方需要有这种'吃亏'精神?"(拓展性启迪,由此及彼,学以致用,让学生用新的认识指导自己今后的日常行为)于是,同学们又开始讨论了:"捡起不是自己扔的纸屑,分发东西不挑不选,劳动不拈轻怕重,肯干脏活累活……"

最后,大家评选出演讲的前三名,他们自豪地拿到了有印痕的书。周老师号召全班同学向他们学习。(鼓动语)最后,所有的课本都愉快地被分发下去了。

主要参考书目

[1] 郭启明,赵林森. 教师语言艺术[M]. 北京:语文出版社,1998.

[2] 张锐,万里. 教师口语(试用本)[M]. 北京:北京师范大学出版社,1994.

[3] 国家教育委员会师范教育司. 教师口语(试用本)[M]. 2版. 北京:北京师范大学出版社,1996.

[4] 郭启明,赵林森. 教师语言艺术(修订本)[M]. 2版. 北京:语文出版社,1998.

[5] 傅惠钧. 教师口语艺术[M]. 杭州:浙江教育出版社,1999.

[6] 刘伯奎,王燕,段汴霞. 教师口语训练教程[M]. 北京:中国人民大学出版社,2000.

[7] 赖华强,杨国强. 教师口才训练教程[M]. 广州:暨南大学出版社,2001.

[8] 赵林森,郭启明. 教师口语[M]. 开封:河南大学出版社,1996.

[9] 程培元. 教师口语教程[M]. 北京:高等教育出版社,2004.

[10] 陈国安,王海燕,朱全明,等. 新编教师口语:表达与训练[M]. 上海:华东师范大学出版社,2007.

[11] 罗明东,崔梅,单春樱,等. 教师口语技能训练教程[M]. 昆明:云南大学出版社,2007.

[12] 秦海燕. 教师口语训练教程[M]. 济南:山东人民出版社,2008.

[13] 康青,舒磊. 教师口语训练教程[M]. 南昌:江西高校出版社,2008.

[14] 毛丽. 教师口语[M]. 北京:人民教育出版社,2010.

[15] 路伟. 教师口语[M]. 北京:北京师范大学出版社,2011.

[16] 张亚新. 教师口语[M]. 北京:中国人民大学出版社,2011.

[17] 郑尔君. 教师口语[M]. 合肥:中国科学技术大学出版社,2011.

[18] 孙和平,尤翠云,王玉. 教师口语实训教程[M]. 武汉:武汉大学出版社,2012.

[19] 张祖利. 教师口语技艺[M]. 济南:山东人民出版社,2010.

[20] 陈昕,屠国平. 教师口语艺术[M]. 北京:高等教育出版社,2012.

［21］徐丽华. 教师口语艺术［M］. 杭州：浙江大学出版社，2012.

［22］章晓琴. 教师口语实用技能训练教程［M］. 北京：北京师范大学出版社，2012.

［23］吴雪青. 小学教师口语［M］. 2版. 上海：华东师范大学出版社，2016.

［24］高林广. 教师口语实训教程［M］. 北京：高等教育出版社，2016.